Betriebs- und Wirtschaftsinformatik

Herausgegeben von
H. R. Hansen H. Krallmann P. Mertens A.-W. Scheer
D. Seibt P. Stahlknecht H. Strunz R. Thome

Olaf Schweneker

Entwicklung eines Expertensystems für Absatzprognosen durch Konzeptionelles Prototyping

Springer-Verlag Berlin Heidelberg GmbH

Dr. Olaf Schweneker
Bertelsmann Zentrale Informationsverarbeitung GmbH
An der Autobahn, D-4830 Gütersloh

ISBN 978-3-540-53216-3 ISBN 978-3-662-07046-8 (eBook)
DOI 10.1007/978-3-662-07046-8

Ursprünglich erschienen bei Springer-Verlag Berlin Heidelberg New York 1990.

2142-3140 – 543210 – Gedruckt auf säurefreiem Papier

Vorwort

Expertensysteme halten auf breiter Front Einzug in die Unternehmen. Dabei sehen sich die Entwickler ständig vielfältigeren und komplexeren Aufgaben gegenüber, die nach einer systematischen Vorgehensweise bei der Systemrealisierung und nach einem effizienten Projektmanagement verlangen.

Im Rahmen des vorliegenden Buches wird eine Methode zur Entwicklung von Expertensystemen vorgestellt, die die Vorteile des Prototyping mit denen einer modellbasierten Vorgehensweise verbindet und auf einem für das Projektmanagement in der Praxis unverzichtbaren Phasenschema basiert. Anhand dieser Methode wird die Realisierung des heute im Hause Bertelsmann eingesetzten Expertensystems für Lizenzeinkauf und Erstauflagendisposition (ELIED) beschrieben. ELIED prognostiziert Absatzverläufe von neuerscheinenden Büchern, ermöglicht die Anpassung an betriebswirtschaftliche Rahmenbedingungen und macht Vorschläge für Erst- und Nachauflagen.

Die Arbeit entstand während meiner Tätigkeit als Projektleiter in der Bertelsmann Zentralen Informationsverarbeitung und als wissenschaftlicher Mitarbeiter am Fachgebiet Betriebswirtschaftslehre/Wirtschaftsinformatik der Universität Osnabrück.

Besonders danke ich Herrn Prof. Dr. Peter Stahlknecht für die Förderung und Unterstützung meines Dissertationsvorhabens. Mein Dank gilt weiter Herrn Prof. Dr. Peter Milling für die Übernahme des Korreferats. Weiterhin möchte ich den vielen Förderern und Mitarbeitern des Projektes danken vor allem Herrn Dipl. Ing. Michael Behrens, Herrn Reinhold Schliebitz, Herrn Dipl. Inf. John-Edgar Müller, Herrn Betriebsw. (grad.) Reinhard Linneweber, Herrn Manfred Schüppen und Herrn Dipl. Inf. (FH) Martin Wrede.

Olaf Schweneker

Inhaltsverzeichnis

Abkürzungsverzeichnis

Allgemeine Abkürzungen

AI	Artificial Intelligence
BFuP	Betriebswirtschaftliche Forschung und Praxis
BIFOA	Betriebswirtschaftliches Institut für Organisation und Automation an der Universität zu Köln
DBF	Dateikennung für dBase files
DV	Datenverarbeitung
GMD	Gesellschaft für Mathematik und Datenverarbeitung
HMD	Handwörterbuch der modernen Datenverarbeitung
IFB	Informatik Fachberichte
KE	Knowledge Engineer
KI	Künstliche Intelligenz
MAC	Apple Macintosh
PC	Personal Computer
WAN	Wide Area Network
XPS	Expertensystem

Bertelsmann-interne Abkürzungen

AE	Angebotsende
B	Bertelsmann Club-GmbH
B&S	Buch- und Schallplattenfreunde
CC	Club-Center
ELIED	Expertensystem für Lizenzeinkauf und Erstauflagendisposition
HV	Hauptvorschlags-Band
NE	Neuerscheinung
PKA	Pro-Kopf-Absatz
PKU	Pro-Kopf-Umsatz
RE	Reprisen
VK	Versandkunden
ZI	Zentrale Informationsverarbeitung

Abbildungsverzeichnis

1 Problemformulierung

Die Breite der Anwendungsmöglichkeiten hat bei den wissensbasierten Systemen, insbesondere den Expertensystemen, in den letzten Jahren zu einem starken Marktwachstum geführt /vgl. SCE 88, S. 6/. Wissensbasierte Systeme sind geprägt durch neuartige, sehr leistungsfähige Systembeschreibungsverfahren wie z.B. regel- und/oder objektorientierte Programmierung, semantische Netze und Frames (siehe Abschnitt 4.3.1). Sie werden in einer Reihe neuer Anwendungsfelder der Künstlichen Intelligenz wie Spracherkennung, Bildverarbeitung, Robotik und Expertensysteme eingesetzt.

Unter Künstlicher Intelligenz wird die Beschäftigung mit Methoden verstanden, die einem Computer die Bearbeitung von Aufgaben ermöglichen, zu deren Lösung - wenn sie vom Menschen durchgeführt werden - Intelligenz notwendig ist /MIN 68, S. V/. Intelligenz wird dabei nicht im menschlichen Sinne von Kreativität, Intuition und scharfsinniger Analyse, sondern als Verarbeitung logischen Wissens unter Einbeziehung der Informationsbeschaffung, -aufbereitung und -übermittlung, verstanden /MIL 88, S. 2/. Der Intelligenzbegriff ist in der Wissenschaft noch sehr umstritten. Die Forschung hat gezeigt, daß die Komplexität der Intelligenz alle bisher bekannten Erklärungsversuche übersteigt, insbesondere dann, wenn verschiedene Erscheinungsformen der Intelligenz zugleich auftreten. Das Zusammenspiel unterschiedlicher Leistungen zu intelligentem Handeln ist bis heute selbst bei den einfachsten Dingen für die Wissenschaft noch nicht durchschaubar /HAH 85, S. 14 f./.

In Bezug auf ihre Einsatzreife in der unternehmerischen Praxis sind Expertensysteme als ein Teilgebiet der wissensbasierten Systeme in ihrer Entwicklung am weitesten vorangeschritten /HAN 86, S. 334/. Expertensysteme befassen sich mit der automatischen Bereitstellung von Wissen und der Abbildung der Problemlösungsfähigkeit von menschlichen Experten auf bestimmten Anwendungsgebieten. Leider wird häufig der Eindruck erweckt, Expertensysteme ließen sich als eine Art "General Problem Solver" ansehen. Expertensysteme stellen jedoch lediglich Wissen bereit, das dem Experten im Kontext eines ganz speziellen Anwendungsgebietes erlaubt, Entscheidungen zu fällen. Hier können sie dann aber durchaus die Problemlösungsfähigkeit menschlicher Experten übertreffen /vgl. ALL 87, S. 151; RET 84, S. 75; STR 86, S. 50/. Der Fachspezialist soll jedoch nicht durch Expertensysteme ersetzt, sondern durch eine Arbeitserleichterung bei komplexen Aufgaben, eine Entlastung von Routineaufgaben und eine effiziente Bereitstellung von Erfahrungswissen in verständlicher Form unterstützt werden /HÜR 87, S. 396; NON 89, S. 99 f.; VOL 86, S. 554/.

Auf eine grundsätzliche Einführung in das Thema Expertensysteme wird im folgenden verzichtet, da hierzu bereits umfangreiche Literatur, wie z.B. von Harmon und King /HAM 89a/, Jackson /JAC 87/, Puppe /PUP 88/ und Schnupp/Nguyen /SCN 87/, vorliegt. Ein weitreichender Überblick über betriebliche Expertensystem-Anwendungen findet sich bei Mertens /MER 86; MER 88a, S. 15 ff./ für den deutschsprachigen oder bei Waterman /WAT 86, S. 244 ff./ und Harmon /HAM 89b, S. 243 ff.; HAM 89c/ für den englischsprachigen Raum.

Stellt man die Anzahl der Entwicklungen den tatsächlich eingesetzten Systemen (running systems) gegenüber oder vergleicht den Anspruch der Expertensystem-Verfechter mit der praktischen Realisierung, so ergibt sich eine Diskrepanz /MER 88a, S. 171/. Wenngleich die bisherige Entwicklung optimistisch stimmt, haben Expertensysteme bisher die in sie gesetzten Erwartungen noch nicht voll erfüllt, da sie nur zum Teil die erhoffte Flexibilität, leichte Wartbarkeit und Erklärungsfähigkeit vorweisen können.

Die heute für die Erstellung von Expertensystemen verfügbaren Sprachen, Umgebungen, Shells und Wissensakquisitionssysteme stellen einzelne wertvolle Hilfsmittel zur Verfügung (siehe Abschnitte 4.2 und 4.3). Es handelt sich jedoch um reine Wissensrepräsentations- und Editierwerkzeuge, die keine Unterstützung für den gesamten Entwicklungsprozeß wissensbasierter Systeme (auch als Knowledge Engineering bezeichnet) bieten /KAR 88b, S. 4/. Die Wissensrepräsentation umfaßt die Darstellung des Wissens mit Hilfe spezieller Repräsentationsformalismen wie z.B. durch Regeln und/oder Objekte. Als Wissensakquisition wird das Sammeln und Verarbeiten von Expertenwissen bezeichnet. Das Knowledge Engineering (siehe Abschnitt 4) erstreckt sich von ersten Vorstudien zur Realisierbarkeit der Anwendung und der Auswahl geeigneter Werkzeuge über die Wissensakquisitionsphase bis zur Wissensrepräsentation im Rahmen der Realisierung und späteren Wartung des Systems /vgl. auch NOE 85, S. 110/.

Der Entwicklungsprozeß ist bisher durch hohe Kreativität auf Seiten der Entwickler und fehlender Methodik bei der Projektabwicklung gekennzeichnet. Ein Rückblick auf die Geschichte der Daten- und Informationsverarbeitung zeigt, daß bei der Diffusion einer neuen Software-Technologie in die betriebliche Praxis zunächst eine Erprobung aller Möglichkeiten stattfindet. Der breite kommerzielle Einsatz erfolgt aber erst mit dem Übergang von einer extrem kreativen, alle neuen Möglichkeiten ausnutzenden Entwicklung hin zu einem strukturierten, kontrollierten und somit planbaren Prozeß, d.h. mit dem Übergang von der Kunst des Knowledge Engineering zu einer methodischen Anwendungsentwicklung /SCA 85, S. 314/.

Im Hause Bertelsmann sollte im Rahmen eines Pilotprojektes nicht nur eine praktische Problemstellung gelöst, sondern auch ein systematischer Weg zur Entwicklung von Expertensystemen gefunden werden. Aus einer Reihe von möglichen Anwendungen wurde das Projekt ELIED (Expertensystem für Lizenzeinkauf und Erstauflagendisposition) gewählt. Aufgabe von ELIED ist die Absatzprognose von Neuerscheinungstiteln im "Bertelsmann Buch-Club" und darauf basierend eine Festsetzung von Erstauflagen für die Produktion dieser Bücher.

Eines der größten Probleme bei der Entwicklung von ELIED bestand zunächst in dem Fehlen einer systematischen Entwicklungsmethode. Daher wurde versucht, ein auf den folgenden Grundsätzen basierendes Vorgehensmodell zu entwickeln:

- Einhaltung fester Entwurfsphasen mit einer vertretbaren Anzahl von Iterationen,
- systematisches Projektmanagement mit definierten Meilensteinen,
- Trennung zwischen Wissensanalyse und Wissensimplementation,
- systematisches Akquirieren und Repräsentieren von Wissen und
- Definition von Spezifikationsformalismen.

Ziel und Inhalt der vorliegenden Arbeit ist die Vorstellung einer praktikablen Methode zur Entwicklung von Expertensystemen und deren Anwendung auf das Projekt ELIED. Das Projekt wird dabei von seiner Initiierung bis zu seinem praktischen Einsatz beschrieben.

Das zweite Kapitel beginnt mit einer Diskussion der Anforderungen an eine Entwicklungsmethode für Expertensysteme, bevor verschiedene Vorgehensweisen bei der Entwicklung analysiert und beurteilt werden. Darauf aufbauend wird das Konzeptionelle Prototyping als Entwicklungsansatz für Expertensysteme in der Praxis vorgestellt.

Kapitel drei enthält eine detaillierte Beschreibung des Projektes ELIED mit der Einführung der Expertensystem-Technologie in die Unternehmung, der Auswahl des Anwendungsgebiets, der Systembeschreibung sowie dem Projektmanagement und der Projektorganisation.

Im Rahmen des vierten Kapitels werden als Elemente des Knowledge Engineering die Wissenserfassung und -aufbereitung in den involvierten Fachabteilungen, die Auswahl der Entwicklungsumgebung und die Wissensrepräsentation mit Hilfe des Werkzeuges NEXPERT OBJEKT dargestellt.

Durch die Erläuterung einer Beispielsitzung werden schließlich im fünften Kapitel Funktionalität und Benutzeroberfläche des nunmehr seit Juni 1989 erfolgreich in der Praxis eingesetzten Systems veranschaulicht.

2 Knowledge Engineering-Methoden bei der Entwicklung von Expertensystemen

2.1 Anforderungen an eine Entwicklungsmethode

Um die Anforderungen an eine Entwicklungsmethode für Expertensysteme spezifizieren zu können, werden zunächst die Unterschiede zwischen wissensbasierter und konventioneller Datenverarbeitung (siehe Abbildung 2/1) in Hinblick auf Arbeitsweise, Aufbau und Einsatzgebiete dargestellt /BAD 89, S. 26 ff.; HAM 89b, S. 48; SCE 88, S. 20; SCM 86, S. 504; WAH 87, S. 3 f./. Unter dem vereinfachenden Sammelbegriff konventionelle Anwendungssysteme werden alle daten- und prozedurorientierten Softwaresysteme zusammengefaßt, die im wesentlichen auf Sprachen der 3. oder 4. Generation basieren.

Bei der Realisierung traditioneller DV-Anwendungen wird für eine wohlstrukturierte Aufgabenstellung eine effiziente software-seitige Lösung angestrebt. Demgegenüber verfolgt die Entwicklung von Expertensystemen im wesentlichen das Ziel, schlecht strukturierte Anwendungsgebiete per explorativer Programmierung zu erkennen und abzubilden. Daraus müssen sich zwangsläufig andere Produktionsmittel und -verfahren ergeben /KOE 89, S. 96/. Die Übergänge zwischen gut und schlecht strukturierten Problemen sind fließend. Die mangelnde Strukturierbarkeit kann sich im Zeitablauf ändern. Damit verschieben sich auch die Grenzen zwischen Problemen, für die Expertensysteme den geeigneten Ansatz darstellen, und Problemen, für die sich die konventionelle Softwaretechnik besser eignet /KUR 89b, S. 134/. Tatsächlich werden fertige Expertensysteme gelegentlich zur Verbesserung der Ablaufeffizienz sukzessiv in prozeduralen Routinen reimplementiert. Künftig dürfte die Expertensystem-Technologie darüber hinaus als Spezifikationsinstrument bei der Entwicklung komplexer konventioneller Programmsysteme eingesetzt werden.

Bei der Entwicklung von Expertensystemen gibt es bisher keine Konzepte zur Systemzerlegung wie z.B. für eine Modularisierung nach Daten und Funktionen. Aufgrund der Vielfalt unterschiedlicher Wisseneinheiten ergibt sich im Vergleich zu konventionellen Systemen eine stark zersplitterte Systemstruktur. Mit zunehmender Systemgröße wächst die Komplexität deshalb auch erheblich schneller als bei konventionellen Systemen /KUR 88a, S. 5/.

Konventionelle Datenverarbeitung	Wissensverarbeitung
Durch Verwendung von Algorithmen werden Verfahren in wohldefinierten und klar strukturierten Problembereichen beschrieben.	Es werden i.d.R. komplexe Informationsprozesse, die den intelligenten Umgang mit diffusem Wissen und flexiblen Lösungsstrategien erfordern, automatisiert.
Nur der Programmierer, nicht das System selbst kann einen ausgeführten Verarbeitungsprozeß erklären und rechtfertigen.	Das wissensbasierte System kann prinzipiell jederzeit den ausgeführten Verarbeitungsprozeß erklären und rechtfertigen.
Die Verarbeitungsabläufe sind aus nicht automatisierten Verarbeitungsprozessen bekannt.	Die zu automatisierenden Verarbeitungsabläufe sind i.d.R. kognitive Prozesse und daher nicht direkt beobachtbar.
Es werden hauptsächlich homogen strukturierte Massendaten, wie sie z.B. in Datenbanken vorliegen, verarbeitet.	Es werden viele heterogen strukturierte Wissenseinheiten verarbeitet.
Änderungen der Programmstruktur sind sehr aufwendig.	Die Strukturen sind relativ leicht änderbar.
Typischerweise werden prozedurale Programmiersprachen wie COBOL, PASCAL oder FORTRAN eingesetzt.	Es werden deskriptive Sprachen wie LISP oder PROLOG sowie spezielle Werkzeuge verwandt.
Die Programmerstellung geschieht in einer strukturierten Form.	Ein exploratives Programmieren wird durch inkrementellen Aufbau der Wissensbasis unterstützt.
Die Verarbeitungsschritte werden explizit festgelegt.	Der Inferenzprozeß wird in Abhängigkeit von der Problemstellung durch das System dynamisch gesteuert.
Die Möglichkeit eines Korrektheitsnachweises ist prinzipiell gegeben.	Korrektheitsbeweise lassen sich nicht führen, da die Verarbeitung durch Heuristiken und diffuses Wissen gesteuert wird.
Unvollständige Eingaben werden zurückgewiesen.	Die Verarbeitung unvollständiger Eingaben ist möglich.
Konventionelle Rechnerarchitekturen ermöglichen eine weitgehend effiziente Verarbeitung.	Für eine effiziente Verarbeitung sind parallele Rechnerarchitekturen wünschenswert.
Die Verarbeitung vollzieht sich losgelöst von dem semantischen Inhalt des Dargestellten.	Die Wissensbasis enthält auch Informationen über die Bedeutung der Daten im Verarbeitungsprozeß.

Abb. 2/1: Vergleich von konventioneller Datenverarbeitung und Expertensystemen /BAD 89, S. 26 ff.; HAM 89b, S. 48; SCE 88, S. 20; SCM 86, S. 504; WAH 87, S. 3 f./

Aus diesem Grund muß ein den Besonderheiten der Expertensysteme angemessenes Entwicklungskonzept sowohl für technische als auch für wirtschaftliche Fragestellungen entworfen, entwickelt und getestet werden. Die derzeit angewandten Methoden bei der Entwicklung von Expertensystemen stehen einer schnellen, weit verbreiteten Nutzung der Expertensystem-Technologie im Wege /vgl. auch KOE 89, S. 97 f./.

An eine Entwicklungsmethode für Expertensysteme werden folgende Anforderungen gestellt /vgl. FRE 85, S. 152; GRU 86, S. 17-2; KAR 88b, S. 17 f.; SCA 85, S. 314 ff./:

- Die Methode sollte einfach zu handhaben sein und ein schrittweises Vorgehen erlauben.
- Sie muß den gesamten Entwicklungsprozeß überdecken, wobei eine Trennung von Wissensanalyse und Wissensrepräsentation vorgenommem werden sollte.
- Die Kommunikation der Beteiligten am Entstehungsprozeß muß unterstützt werden.
- Zwischen der Terminologie des Experten und den verwendeten Wissensrepräsentationsformalismen sollte Übereinstimmung bestehen.
- Aus den zu entwickelnden Methoden sollten Techniken und Spezifikationsformalismen hervorgehen, die in konkreten Situationen angewendet werden können.
- Für diese Techniken müssen nach Möglichkeit rechnergestützte Werkzeuge zur Verfügung gestellt werden.
- Die zeitkritische Wissensakquisitionsphase sollte systematisiert und besonders gut unterstützt werden.
- Die Unterstützung folgender Punkte ist erforderlich:
  - Problemanalyse und Verstehen,
  - top-down- und bottom-up-Entwicklung,
  - Validierung und Verifikation,
  - koordinierte Weiterentwicklung des Systems während des gesamten Lebenszyklus anhand einer Definition von Meilensteinen.
- Ein systematisches Projektmanagement muß unterstützt werden.
- Die Methode muß offen für die Integration neuer Erkenntnisse und Entwicklungen sein.

An diesem Anforderungsprofil müssen alle in der Literatur und in der Praxis erarbeiteten Entwicklungskonzepte gemessen werden. Prinzipiell werden bei der Entwicklung wissensbasierter Systeme mit dem Rapid Prototyping und dem Modellbasierten Ansatz zwei grundlegend verschiedene Vorgehensweisen unterschieden, die im folgenden analysiert werden.

2.2 Rapid Prototyping als Ansatz zur Entwicklung kleinerer Systeme

Beim schnellen Entwickeln eines Prototyps (auch als Rapid Prototyping bezeichnet) wird das akquirierte Wissen sofort auf dem Rechner abgebildet. Die Relevanz des Prototyping ergibt sich aus der Architektur wissensbasierter Systeme. Die Trennung von Wissensbasis und Inferenzkomponente ermöglicht ein sukzessives Füllen der Wissensbasis, die von Anfang an durch den Interpreter der Inferenzkomponente lauffähig ist. Auf diese Weise kann die Logik komplexer Problemstellungen schrittweise erarbeitet werden. In einer Vielzahl von Phasenmodellen (siehe Abschnitt 2.4) wird diese Vorgehensweise unterstützt /LEZ 88, S. 2-3/.

Wenn aus dem Prototyp in einem evolutorischen Prozeß allmählich ein einsatzfähiges Expertensystem entwickelt wird, kann man diese Vorgehensweise auch als Evolutorisches Prototyping bezeichnen. Die Zielsetzung beim Rapid Prototyping besteht im wesentlichen in der Beantwortung folgender generelller Fragestellungen /SCW 88, S. 9/:

- Ist die Aufgabenstellung klar genug abgegrenzt bzw. konkretisiert?
- Entspricht der eingeschlagene Lösungsweg überhaupt der Zielsetzung?
- Ist das Wissensgebiet richtig strukturiert?
- Wurde der Problemlösungsprozeß vollständig und korrekt abgebildet?
- Sind für die Wissensrepräsentation geeignete Methoden vorgesehen oder bedarf es eines grundlegenden Redesigns?
- Ist die vorgesehene Benutzeroberfläche für den späteren Einsatz ausreichend oder können hier Akzeptanzprobleme begründet liegen?
- Können die geplanten Schnittstellen mit der gewählten Entwicklungsumgebung realisiert werden?
- Kann die Entwicklungsumgebung den an sie gestellten Anforderungen (wie z.B. hohe Benutzerfreundlichkeit und Funktionalität) gerecht werden?

Mit anderen Worten: "Prototyping a system provides a proof of concept"/OLE 88, S. 17/.

Die heutige Entwicklung von Expertensystemen ist weitgehend durch das Rapid Prototyping gekennzeichnet. Das Wissen wird inkrementell akquiriert, analysiert und in der Wissensbasis repräsentiert, d.h. es findet eine Vermischung von Wissensanalyse und Wissensimplementation statt. Daraus ergeben sich zahlreiche Vor- und Nachteile /vgl. KAR 88b, S. 11; KAR 89, S. 13; OLE 88, S. 27 f.; WIN 84, S. 2f./.

Vorteile:

- Die Korrektheit des Wissenstransfers kann sofort geprüft werden.
- Eine laufende Überprüfung des Systemverhaltens durch den Experten wird ermöglicht.
- Die Implementation der Wissensbasis hilft Fehler zu erkennen und zeigt Probleme auf, die bisher noch nicht als solche erkannt worden sind.
- Annahmen über die Struktur von Fakten und Inferenzstrategien können sofort überprüft werden.
- Schon relativ früh kann die generelle Durchführbarkeit des Entwicklungsvorhabens erprobt werden.
- Die Performance des Systems kann laufend überprüft werden.
- Man erhält frühzeitige Hinweise auf die Entwicklungsdauer.
- Mit Hilfe des Prototyps läßt sich die Arbeitsweise der Anwendung schon früh demonstrieren.
- Der Prototyp ist eine ablauffähige Spezifikation, die als ein Kommunikationsmedium zwischen Knowledge Engineer und Experten dient.
- Schon frühzeitig läßt sich die Akzeptanz beim Benutzer überprüfen.
- Die ständige Verbesserung des Systemverhaltens fördert die Motivation der Beteiligten.

Nachteile:

- Die Systemarchitektur sowie ihre Funktionalität werden schon weitgehend festgelegt, noch bevor eine abschließende Beurteilung der Expertise (gesamtes Expertenwissen) möglich ist.
- Vielfach müssen Vereinfachungen gemacht werden, so daß Probleme übersehen oder unterdrückt werden können.
- Die Denkweise des Knowledge Engineers wird zu früh auf Implementationsdetails festgelegt.
- Verschiedene Wissensarten werden nicht explizit repräsentiert, sondern stecken implizit z.B. in der Reihenfolge von Regeln.
- Es besteht die Gefahr, daß der Knowledge Engineer die Übersicht darüber verliert, welche Teile der Expertise schon implementiert sind und welche noch nicht.
- Erkenntnisse über Objekte und Funktionen aus der parallel ablaufenden Spezifikationsphase der konventionellen Systemteile werden häufig zu spät bekannt.
- Änderungen und Erweiterungen der Wissensbasis sind aufwendig.
- Ein systematisches Projektmanagement ist kaum möglich.
- Die Organisation der Gruppenarbeit ist bei großen Entwicklungen schwierig.

Die beim Prototyping gewonnenen Erkenntnisse werden immer wieder zu inhaltlichen, konzeptionellen und strukturellen Änderungen führen und somit Knowledge Engineer und Experten zum Überdenken der zuvor getroffenen Entscheidungen zwingen. Nach Meinung der in erster Linie aus der Entwicklungspraxis kommenden Verfechter des Prototyping sollte ein Prototyp möglichst früh entwikkelt werden, da auf diese Weise die Probleme frühzeitig erkannt und das System zielstrebig getestet und weiterentwickelt werden kann /vgl. LUC 87, S. 40/. Andererseits haben Prototypen die Tendenz, sich zu verselbständigen, da die Revision bereits entwickelter und getesteter Systemteile immer mit zusätzlichem Aufwand verbunden ist. Deshalb ist es wichtig, bereits in frühen Prototyp-Versionen die am besten geeigneten Wissensrepräsentationsformalismen zu finden /PFE 87, S. 258/. Dieses sei aber häufig nicht möglich: "While we so not disagree with the basic notion that human experts can reveal knowledge and skill in the performance of a specific task (including prototype debugging), we believe that building a prototyp system early in the knowledge acquisition process may result in a commitment to a specific model of thinking (inference process) that does not adequately represent the expertise in question" /JZG 88, S. 125/.

In den meisten Fällen wird der Prototyp schrittweise zum einsatzfähigen System weiterentwickelt. Oft wird er aber auch - nachdem das Problem weitgehend verstanden wurde - einfach weggeworfen. Werden leistungsfähige Werkzeuge (siehe Abschnitt 4.2) eingesetzt, ist der Erstellungsaufwand eines Prototyps verhältnismäßig gering.

2.3 Modellbasierter Ansatz zur Unterstützung großer Entwicklungsvorhaben

2.3.1 Trennung von Wissensakquisition und -repräsentation

Grundlage des modellbasierten Ansatzes ist die vollständige Trennung von Wissensakquisition und Wissensrepräsentation. Das Expertenwissen wird zunächst erfaßt, analysiert und in einem Modell abgebildet, bevor mit dem Design und der Implementation des Systems begonnen wird. Dieses steht im deutlichen Gegensatz zum Gedanken des Rapid Prototyping, bei dem der Knowledge Engineer schon frühzeitig systemnahe Repräsentationsformalismen benutzt /KAR 89, S. 13/.

Im folgenden werden die Vor- und Nachteile einer Trennung von Wissensakquisition und Wissensrepräsentation im Rahmen eines modellbasierten Ansatzes beschrieben /vgl. KAR 88b, S. 12 f.; KUR 88a, S. 11 ff.; LEZ 88, S.2-14; SCA 85, S. 320/:

Vorteile:

- Die Funktionalität des Systems wird vor der Implementation festgelegt. Die funktionale Spezifikation erlaubt eine Verbesserung des Projektmanagements und eine effizientere Entwicklung des Expertensystems.

- Die Durchführbarkeit der angestrebten Lösung kann häufig frühzeitig beurteilt werden, bevor zuviel Aufwand (z.B. mit der Implementation) betrieben wurde.
- Durch die klare Trennung von Analyse und Implementation des Wissens können die beiden Aufgaben von unterschiedlichen Gruppen durchgeführt werden.
- Das Modell vermag die Terminologie des Experten besser abzubilden, da es keine Implementationsdetails enthält.
- Fehler bei der Interpretation der Daten oder Änderungen des Modells vor der Realisierung schlagen sich nicht in unnötiger Codierungsarbeit nieder.
- Für die Implementation ist eine fundiertere Werkzeugauswahl möglich.
- Die Vollständigkeit der Spezifikation - auch in Hinsicht auf eine Dokumentation - ist gewährleistet.
- Die Aufteilung der Wissensakquisition in eine Erhebungsphase und eine systematische Aufarbeitungs- und Dokumentationsphase macht die Ergebnisse für andere transparent und ermöglicht die Realisierung großer Expertensystem-Projekte mit mehreren Experten und Knowledge Engineers.
- Durch den Einsatz gut planbarer Verfahren für die Wissenserhebung und Analyse können die Konsultationen der teuren Experten verringert werden.
- Das Wissensmodell enthält eine vollständige Abbildung des Expertenwissens, so daß eine Implementation der Wissensbasis mit einem anderen Werkzeug oder einer anderen Sprache auf Grundlage des Modells im Vergleich zur Erstimplementation mit erheblich geringerem Aufwand verbunden ist.
- Qualitätssicherungsmaßnahmen nach Erreichen wohldefinierter Ziele werden ermöglicht.

Nachteile:

- An Methoden und Werkzeugen, die die modellbasierte Vorgehensweise unterstützen, herrscht ein großer Mangel.
- Das erstellte Modell läßt sich nicht operational überprüfen.
- Bei der modellbasierten Entwicklung von Expertensystemen handelt es sich bisher im wesentlichen um einen akademischen Ansatz, der in der Praxis noch nicht hinreichend erprobt wurde.

Sollen das Expertenwissen und dessen Struktur dargestellt werden, ist es sehr wichtig, daß zwischen der Terminologie und den fachinhaltlichen Konzepten des Experten einerseits und der Sprache innerhalb des Modells andererseits keine zu großen Unterschiede bestehen. Eine angemessene und nützliche Methode muß Mittel zur Interpretation der Expertise zur Verfügung stellen, so daß Problemanalyse und Problemverstehen kontinuierlich und nachvollziehbar durchgeführt werden können. Dieses geschieht mit Hilfe von Modellierungsverfahren, die eine Repräsentation des Wissens auf verschiedenen Abstraktionsebenen und unter verschiedenen Blickwinkeln erlauben. Die Modellierungsverfahren übernehmen eine ähnliche Funktion für die Entwicklung wissensbasierter Systeme wie z.B. die

Structured Analysis and Design Technique (SADT) für die Entwicklung konventioneller Systeme /SCA 85, S. 317/.

Für die modellbasierte Entwicklung von Expertensystemen gibt es Ansätze wie TAKI (Expert Modell for Knowledge Acquisition) und KADS (siehe Abschnitt 2.3.2), die erheblich über die Zielsetzungen reiner Wissensakquisitionswerkzeuge hinausgehen, da sie nicht nur die Automatisierung des Wissenserwerbs sondern auch die Trennung von Wissensakquisition und -repräsentation - unter Verwendung eines Modells - umfassen /KAR 88a, S. 38 ff./.

Im folgenden wird beispielhaft für einen modellbasierten Ansatz die Knowledge Engineering-Methode KADS vorgestellt, die als am weitesten elaboriert gilt und einen bedeutenden Schritt in Richtung modellbasierte Entwicklung von wissensbasierten Systemen darstellt /KAR 89, S. 13/.

2.3.2 Die Knowledge Engineering-Methode KADS

KADS (Knowledge Acquisition and Documentation System) wurde im Rahmen des ESPRIT-Verbundvorhabens 1098 (methodology for the development of knowledge based systems) an der Universität Amsterdam von Breuker und Wielinga /BRE 87, S.17/ konzipiert. Die KADS Methode bietet dem Knowledge Engineer drei verschiedene Unterstützungsmöglichkeiten /BRE 88, S. 7-2/:

1. *Beschreibungssprachen für Modelle*
   Die Methode stellt Beschreibungssprachen sowohl für das Modell aus der realen Welt (Wirklichkeitsmodell) des Experten als auch für das künstliche Modell (konzeptionelles Modell) des Expertensystems zur Verfügung.
2. *Unterstützung bei der Analyse und dem Design von Wissensbasen*
   Die Analyse und das Design der Wissensbasis werden in verschiedene Phasen mit unterschiedlichen Aufgaben für den Knowledge Engineer aufgeteilt.
3. *Computerunterstützung*
   Verschiedene Werkzeuge sollen den Knowledge Engineer bei der Anwendung der Methode unterstützen.

Das Projekt umfaßt sowohl die Entwicklung von Modell-Beschreibungssprachen und strukturierten Methoden für Wissenserwerb und -design /vgl. BRE 85/ als auch die Implementation eines computergestützten Wissensakquisitionssystems. Mit Hilfe der Computerunterstützung sollen Strukturen in der betrachteten Wissensdomäne aufgedeckt und aufgezeichnet werden. Wesentliche Teile des Systems sind bisher lediglich beschrieben, aber noch nicht realisiert /BRE 88, S. 7-14/.

Der Aufbau und die Arbeitsweise von KADS führen im Rahmen des Entwicklungsprozesses zu einer strukturierten Systemarchitektur mit erhöhter Transparenz der Funktionsweise, verbesserter Kontrolle des Systemablaufs und gesteigerter Wartungsfähigkeit.

Ziel der Methode ist die vollkommene zeitliche und ggf. auch personelle Trennung der Wissenserhebung und -analyse vom Design und der Implementation der Wissensbasis. Grundlage der Entwicklung mit Hilfe von KADS ist der Aufbau und die Verwendung eines konzeptionellen Modells aus Elementen eines oder mehrerer der im folgenden beschriebenen Interpretationsmodelle, die den Wissensakquisitionsprozeß für ein bestimmtes Anwendungsgebiet leiten und kontrollieren.

Studien des Verhaltens von Experten haben gezeigt /vgl. CLA 85, S. 290/, daß Experten häufig globale Problemlösungsmethoden anwenden, die wissensbereichsunabhängig und wohl strukturiert sind, also gute Grundlagen für sogenannte Interpretationsmodelle liefern. Ein Interpretationsmodell ist eine abstrakte Beschreibung des Problemlösungsprozesses für einen bestimmten Aufgabenbereich, wie z.B.:

- Diagnose,
- Überwachung,
- Planung,
- Design,
- Konfiguration,
- Information Management oder
- Entscheidungsunterstützung /vgl. HAY 83, S. 14/.

Ein derartiges Modell enthält eine Reihe von aufgabenspezifischen Hilfsmitteln, von denen eine bestimmte Auswahl die Struktur einer konkreten Wissensdomäne beschreiben kann /BRE 87, S. 30 f./.

Die meisten Anwendungen lassen sich jedoch nicht eindeutig einem bestimmten Aufgabenbereich zuordnen. Deshalb ist es im allgemeinen notwendig, Interpretationsmodelle zu kombinieren, zu erweitern oder zu modifizieren. Die so entstandenen anwendungsunabhängigen Beschreibungen der Expertise werden als Wirklichkeitsmodelle bezeichnet. Werden diese mit dem Domain-Wissen gefüllt, das einen konkreten Anwendungsbereich beschreibt, entsteht mit dem sogenannten konzeptionellen Modell die Basis für die Implementation des Systems (siehe Abbildung 2/2).

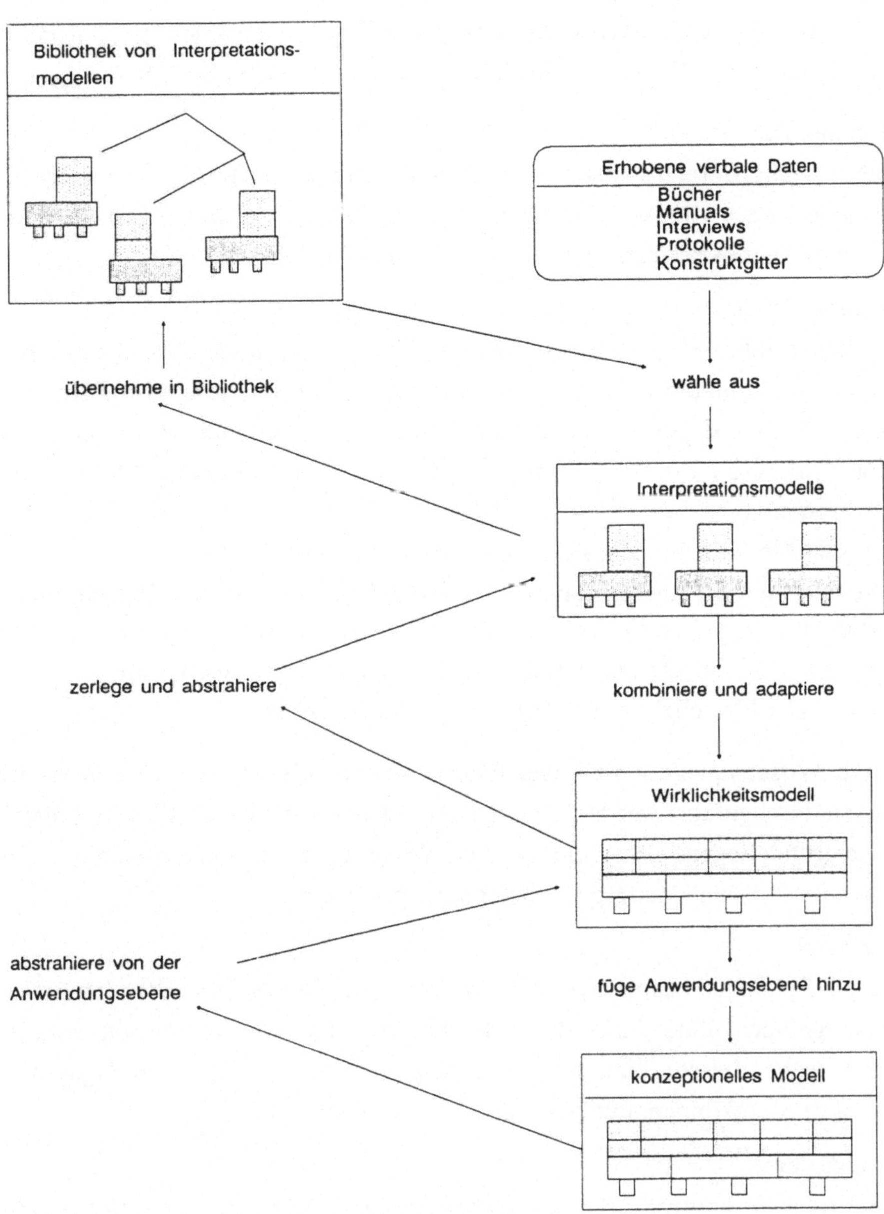

Abb. 2/2: Vom Interpretationsmodell zum konzeptionellen Modell /KAR 88b, S. 41/

Die Darstellung der Expertise im konzeptionellen Modell geschieht mit Hilfe folgender Primitive /BRE 87, S. 29f.; DIE 87, S. 57; KAR 88b, S. 38 ff./:

- Domain level

  Das statische Bereichswissen wird durch Konzepte und Relationen ausgedrückt. Für jede Klasse von Aufgaben können typische Objekte spezifiziert werden, z.B. für eine Diagnoseaufgabe Symptome, Tests, Fehlerklassen und Komplikationen.

- Inference level

  Es werden Inferenzschritte beschrieben, die während des Problemlösungsprozesses auf dem domain level ausgeführt werden (expertise in action). Sie spiegeln wider, wie die Experten ihr Wissen benutzen und können in Regeln, Frames oder komplexen Prozessen formalisiert sein (siehe Abschnitt 4.3.1). Experten benutzen z.B.:

  - kausale Modelle, um Zusammenhänge zu erläutern,
  - Prozeß-Modelle, um Beziehungen zwischen Ereignissen und Operationen herzuleiten,
  - formale Modelle, die auf mathematischen Theorien beruhen, und
  - empirische Modelle, um Erfahrungen zu spezifizieren.

  Durch Wissensquellen wird spezifiziert, welche Inferenzen auf dem statischen Wissen durchgeführt werden, es wird aber nichts über den zeitlichen Ablauf und die zugrundeliegende Strategie gesagt. Wissensquellen können somit als Funktionen im Problemlösungsprozeß angesehen werden.

- Task level

  Für das Erreichen bestimmter Ziele werden einzelne Aufgaben und Möglichkeiten aufgeführt, ohne dabei deren Reihenfolge beim Problemlösen anzugeben. Die Aufgaben beschreiben, wie einzelne Wissensquellen oder Subaufgaben kombiniert werden können, um bestimmte Ziele zu erreichen.

- Strategic level

  Die Strategien kontrollieren den Gebrauch der Wissensquellen und die Reihenfolge, in der Aufgaben ausgeführt werden. Hier wird Planungswissen repräsentiert, das von der Struktur der Wissensbasis abhängt und vice versa.

Durch eine Erweiterung des konzeptionellen Modells um Systemdesign-Anforderungen (external and user requirements) entsteht das <u>Design-Modell</u>. Es hat die Aufgabe, Funktionen, Verhalten und Struktur der Anwendung systemtechnisch zu beschreiben. Funktionsblöcke (Wissensblöcke zur Beschreibung von Systemfunktionen) können ineinander enthalten sein, an andere Funktionsblöcke Daten übergeben, von diesen Daten empfangen oder andere Funktionsblöcke kontrollieren. Um ihr Zusammenspiel und damit das Systemverhalten zu bestimmen, müssen KI-

Methoden, wie z.B. Hypothesize-and-Test, Such- und Vererbungsalgorithmen, Klassendefinitionen und Ist-Ein-Beziehungen, spezifiziert werden. In der strukturellen Beschreibung des Design-Modells werden schließlich die gewählten Methoden physischen und damit rein systemtechnischen Modulen zugeordnet. Dabei gilt wie in der konventionellen DV das Prinzip, die Verbindungen zu anderen Modulen zu minimieren und den Zusammenhalt innerhalb eines Moduls zu maximieren. Die Struktur dieser physischen Module repräsentiert die Architektur des nun vollkommen spezifizierten Expertensystems /BRE 88, S. 7-9 ff./.

Bei der Anwendung der KADS-Methode wird in folgenden drei Schritten vorgegangen:

1) Orientierung:

Auf der Basis von schriftlichen Dokumenten und wenigen Interviews mit den Experten werden Aufgabenbereiche und Zielsetzungen des Systems definiert. Anhand besonderer Charakteristika und Terminologien des Wissensgebietes werden sowohl anwendbare Interpretationsmodelle zusammengestellt als auch die Realisierbarkeit des Systems im Rahmen einer Durchführbarkeitsstudie überprüft.

2) Problem-Identifikation:

Es wird versucht, in der Wissensdomäne Strukturen aufzudecken, Funktionen zu beschreiben und einzelne Aufgaben zu definieren. Die verschiedenen Objekttypen liefern dabei gute Hinweise auf die Organisation des domainspezifischen Wissens. So kann z.B. in einem Diagnoseumfeld nach Symptomen, Beschwerden und Befunden sortiert werden.

3) Problemanalyse:

Einer Analyse der künftigen Einsatzumgebung und der Benutzer folgt eine detaillierte Beschreibung der "expertise in action". Bei dieser Annäherung an die Prozeß-Struktur ist die Reihenfolge, in der Typen von Objekten und Inferenzen vom Experten verwendet oder Fragen an den Benutzer gestellt werden, eine der Hauptquellen für die Identifikation von Strategien. Eine realistische Vorstellung vom Schlußfolgerungsprozeß bekommt man durch das "laute Denken" vom Experten. Probleme treten hauptsächlich dann auf, wenn es verschiedene Problemlösungsstrategien gibt. Die einzelnen Wissensquellen werden unter ständigen Konsistenzprüfungen immer weiter zerlegt und verfeinert. Durch Abstrahieren von Informationen entsteht so allmählich die Konzeptstruktur.

Um den Übergang von der Wissensakquisition - Erhebung und Analyse - zur Implementation zur erleichtern, müssen formale Mittel zur Beschreibung der Analyseergebnisse bereitgestellt werden. Der Übergang von dem konzeptionellen Modell zur operationalen Wissensbasis befindet sich zur Zeit bei den Entwicklern von KADS aber noch im Versuchsstadium /KAR 88b, S. 42; KAR 88c, S. 31-12 ff./.

Weder die Methode noch die Werkzeuge haben bisher den Reifegrad eines kommerziell verwendbaren Produktes erreicht. Es gibt bisher nur rudimentäre Sprachkonstrukte für die einzelnen Ebenen des konzeptionellen Modells und keine festgelegte Semantik für die verwendeten Begriffe. Ein weiterer Nachteil ist die fehlende operationale Überprüfbarkeit des Modells. Das dynamische Verhalten des Systems kann somit erst nach seiner Implementation überprüft werden.

Dennoch bietet KADS grundlegende Vorteile /KAR 88b, S. 42/:

- Es werden nicht nur einzelne Teile, sondern es wird der *gesamte* Entwicklungsprozeß abgedeckt.
- Es existiert eine klare Phaseneinteilung innerhalb des Entwicklungsprozesses, so daß ein systematisches Projektmanagement unterstützt wird.
- Die klare Aufgabenteilung begünstigt die Teamarbeit in großen Projekten.
- Neben den schon vorhandenen lassen sich weitere beliebige Modelle in den Rahmen von KADS integrieren.
- Zwischen verschiedenen Wissensarten gibt es eine klare Trennung.

Die Entwicklung ausführbarer konzeptioneller Wissensmodelle für die Praxis scheint heute noch nicht praktikabel zu sein. Zum einen gibt es grundsätzliche Schwierigkeiten, Expertensysteme im voraus umfassend, eindeutig und problemadäquat zu spezifizieren. Zum anderen wird die Wissensmodellierung auf verschiedenen Abstraktionsebenen nur von wenigen Werkzeugen unterstützt. Entweder besitzen die Werkzeuge keinen Interpreter für das Wissensmodell oder die Art und Weise der Modellierung ist so stark auf die jeweilige Problemklasse oder das spezifische Werkzeug zugeschnitten, daß das Modell nicht mehr implementationsunabhängig ist /KUR 89b, S. 138/. Auch wenn ein Wissensmodell noch nicht umfassend, eindeutig und ausführbar spezifiziert werden kann, so ist der Grundgedanke der konzeptionellen Wissensmodellierung dennoch richtungsweisend /KUR 89b, S. 139/. Künftig müssen Knowledge Engineering-Tools entwickelt werden, die eine modellbasierte Wissensakquisition, Strukturierung, Formalisierung, Konsistenzprüfung und Dokumentation unterstützen /vgl. LAS 89, S. 6/.

2.4 Konzeptionelles Prototyping als Vorgehensweise bei größeren Expertensystem-Projekten

2.4.1 Verknüpfung von prototyp- und modell-orientierter Vorgehensweise

Wie in den vorangegangenen Abschnitten gezeigt wurde, besteht der wesentliche Vorteil des Rapid Prototyping in der schnellen Erstellung einer ablauffähigen und damit gut testbaren Spezifikation, aus der dann schrittweise das endgültige System entwickelt werden kann (vgl. Abschnitt 2.2). Der große Vorteil der modellbasierten Vorgehensweise hingegen liegt in der besseren Strukturierung und Separierung der Aufgabenstellung, deren Wichtigkeit mit der Komplexität des Systems erheblich zunimmt (vgl. Abschnitt 2.3).

Eine Möglichkeit, die Vorteile beider Ansätze zu nutzen, besteht in der Spezifikation von Situationen, in denen jeweils die eine oder die andere Vorgehensweise gewählt wird: "Für kleinere Wissenssysteme (bis ca. 500 Wissenselemente) überwiegen sicherlich die Vorzüge von Prototyping, zumal die Anwendungsgebiete relativ überschaubar sind. Bei größeren Vorhaben ist jedoch eine strukturierte Vorgabe im Sinne eines expliziten Modells der Expertise unerläßlich, die auch die wichtige Aufgabe der Wartung durch einen entsprechend dokumentierten Systementwurf entscheidend verbessert" /LEZ 88, S. 2-3/. Unter Wissenselementen werden dabei sowohl Regeln als auch Objekte verstanden.

Eine andere Möglichkeit besteht darin, eine Kombination der Ansätze in einem einheitlichen Entwicklungskonzept vorzunehmen. Im Rahmen eines Stufenkonzeptes wird dabei zwar ein Prototyp erstellt, aber erst nach besonders ausführlichen konzeptionellen Überlegungen. Der Prototyp hat dabei u.a. die Aufgabe, die Realisierbarkeit des Modells zu überprüfen. Die daraus resultierende Vorgehensweise, die als *Konzeptionelles Prototyping* bezeichnet werden soll, wird im folgenden ausführlich diskutiert.

In der Literatur gibt es zahlreiche Vorschläge für die Vorgehensweise bei der Entwicklung von Expertensystemen /vgl. z.B. BIE 89; BUC 83, S. 127 ff.; FRE 85, S. 154 ff.; HAM 89b, S. 191 ff.; KAR 88b, S. 15 ff.; KOL 88, S. 37 ff.; LEB 88a; LEZ 88, S. 2-14; NOE 85, S. 112 ff.; ROL 88, S. 146 ff.; SCL 89, S. 11 ff.; TAN 88, S. 69 ff.; WAT 86, S. 135 ff./. Unumstritten ist dabei die Verwendung eines Stufen- oder Phasenkonzepts.

Der Einsatz von Phasenmodellen für die Planung und Kontrolle von Projektabläufen hat sich bei der Erstellung konventioneller Systeme - auch wenn es berechtigte Kritik an einer solchen recht starren Vorgehensweise gibt - als sehr sinnvoll erwiesen. Einer der Hauptgründe dafür ist, daß dem Projektleiter mit dem Phasenschema ein Kontrollinstrument für die unabdingbare Überwachung der Projektvorgaben an die Hand gegeben wird /STA 89, S. 226/.

Es gibt aber einige grundlegende Probleme bei der Anwendung des traditionellen linearen Phasenkonzepts zur Entwicklung von Expertensystemen. Die einzelnen Schritte bei der Entwicklung eines Expertensystems sind derartig interdependent, daß es kaum zeitlich streng gegeneinander abgrenzbare Phasen gibt. Es darf auch nicht davon ausgegangen werden, daß die einzelnen Phasen weitgehend abgeschlossen und verifiziert sind, bevor mit der Entwicklung fortgefahren werden kann. Vielmehr handelt es sich bei der Entwicklung von Expertensystemen um einen stark iterativen Prozeß, der andere Entwicklungsmethoden erfordert, wie z.B. evolutionäres Entwickeln mit zahlreichen Iterationen, das auch schon im Rahmen der konventionellen DV diskutiert wurde /vgl. GIL 87/.

Ein bewährtes Ablaufmodell mit reichhaltiger Methodenunterstützung, wie es für konventionelle Projekte auf der Grundlage des Softwarelebenszyklus existiert, ist bisher ebensowenig verfügbar wie eine solide Basis an Projektmanagement-Erfahrung. Die Situation ist weitgehend vergleichbar mit den Anfängen der konventionellen Anwendungsentwicklung /KUR 87, S. 3/.

Möchte man die Vorteile des Rapid Prototyping und des modellbasierten Ansatzes nutzen, so muß man einen Kompromiß finden zwischen derjenigen Vorgehensweise, die für eine möglichst schnelle Prototypkonstruktion eintritt /BUC 83, S. 140 ff.; WAT 86, S. 125 ff./, und derjenigen Vorgehensweise, die zunächst die Aufstellung eines Modells bevorzugt /BRE 87; KAR 88b, S. 37 ff./.

Aus der eigenen Projektarbeit, dem Literaturstudium /vgl. z.B. BUC 83, S. 140 ff.; FRE 85, S. 154 ff.; KAR 88a, S. 37 ff.; KOE 89, S. 97 ff.; KOL 88, S. 37 ff.; KUR 88a, S. 11 ff.; ROL 88, S. 146 ff.; WEI 89, S. 483 ff./ und zahlreichen Diskussionen mit anderen Entwicklern auf Tagungen, Seminaren und Entwickler-Meetings hat sich das in Abbildung 2/3 dargestellte *Konzeptionelle Prototyping* entwickelt.

Im folgenden werden die einzelnen Phasen des Konzeptionellen Prototyping erläutert.

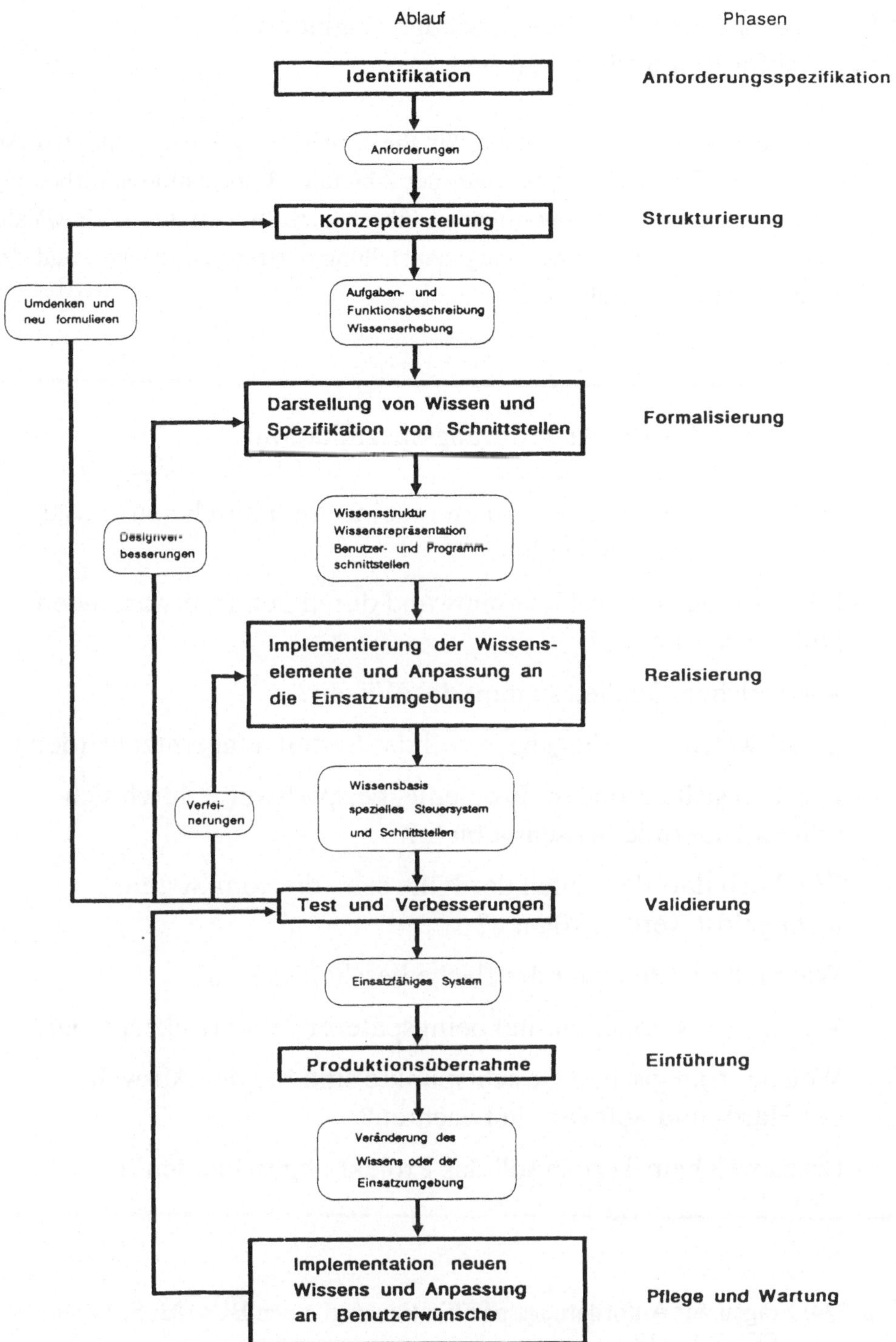

Abb. 2/3: Phasenschema für die Entwicklung von Expertensystemen mit Hilfe des Konzeptionellen Prototyping /vgl. auch LEB 88a, S. 87 ff.; SCN 87, S. 223/

2.4.2 Stufenkonzept für das Knowledge Engineering

2.4.2.1 Anforderungsspezifikation

Im allgemeinen kommt der Vorschlag für die Entwicklung einer konkreten Anwendung aus der Fachabteilung oder aus der Abteilung Informationsverarbeitung. Im Rahmen der Anforderungsspezifikation führen daraufhin erfahrene Entwickler erste Interviews, um sich mit der Aufgabenstellung vertraut zu machen und den Anwendungsbereich zu ermitteln.

Checkliste für die Anforderungsspezifikation

- Welche Verbesserungen sollen im einzelnen durch den Einsatz des Systems erzielt werden?
- Läßt sich der Entwicklungsaufwand durch den zu erwartenden Nutzen begründen?
- Aus welchen Quellen stammt das Wissen?
- Unter welchen Bedingungen soll das System eingesetzt werden?
- Ergeben sich besondere Probleme, beispielsweise durch sich schnell ändernde Wissensgebiete?
- Wie hoch darf der Anteil der Fälle sein, die vom System nicht gelöst werden können?
- Wie muß die Benutzeroberfläche beschaffen sein?
- Welche Antwortzeiten sind beim späteren Einsatz akzeptabel?
- Welche strategischen Gesichtspunkte sind bei der Auswahl der Hard- und Software zu beachten?
- Bis zu welchem Termin soll das Projekt abgeschlossen sein?

Abb. 2/4: Fragen zur Anforderungsspezifikation /vgl. auch BUC 83; S. 140 ff.; SPE 87, S. 119/

Eines der Ziele dieser Phase ist die Entscheidung darüber, ob überhaupt ein DV-Projekt initiiert werden soll, und zwar zunächst völlig losgelöst von der Fragestellung, ob die Entwicklung konventionell und/oder wissensbasiert erfolgen soll.

Dabei haben sich die in Abbildung 2/4 formulierten Fragen als sehr hilfreich erwiesen.

I.d.R. wird man zu diesem Zeitpunkt noch keine Designentscheidung in Richtung wissensbasierter oder konventioneller Realisierung fällen können. Sobald man aber erkennt, daß wissensbasierte Techniken eingesetzt werden sollen (siehe Abschnitt 3.2), sei es im Rahmen der Spezifikation oder bei der Realisierung von Expertensystem-basierten Systemteilen, sollte am Anfang eines jeden Projektes - sofern nicht schon bekannt - sowohl dem Management als auch den Experten eine realistische Einschätzung über das Leistungsvermögen der wissensbasierten Systemtechnik vermittelt werden. Die gesamte KI leidet an einer Überschätzung ihrer Fähigkeiten. Dieses führt zu überhöhten Erwartungen und damit zu einer Diskrepanz zwischen den Vorstellungen der Auftraggeber und der technischen Machbarkeit /SCL 89, S. 20/.

Für die weitere Projektarbeit müssen Kompetenzen festgelegt, Aufgaben zugewiesen, benötigte Ressourcen geschätzt und ein erstes Budget festgesetzt werden (siehe Abschnitt 3.4). Schließlich wird die vorläufige Zusammensetzung des Projektteams festgelegt. Die Erfahrung hat gezeigt, daß es dabei für die Fachexperten besonders wichtig ist, möglichst früh zu erfahren, wie stark sie in den verschiedenen Projektphasen involviert sein werden.

2.4.2.2 Strukturierung

In der Strukturierungsphase muß u.a. festgelegt werden, welche Systemteile konventionell und welche wissensbasiert realisiert werden sollen. Die leistungsfähigen Wissensakquisitions- und Beschreibungsmöglichkeiten der Expertensystem-Technologie führen aber immer häufiger dazu, daß die gesamte Anwendung mit Hilfe wissensbasierter Techniken spezifiziert wird, um sie dann z.B. aus Performance- oder Integrationsaspekten zumindest teilweise konventionell zu reimplementieren.

Selbst wenn es sich im wesentlichen um eine Expertensystem-Anwendung handelt, wird das Gesamtsystem i.d.R. auch konventionelle Bestandteile enthalten /vgl. MER 86, S. 938/. Sollen diese konventionellen Systemteile, die u.U. den größeren Teil der gesamten Anwendung darstellen /vgl. SCM 86, S. 514/, nicht mit Hilfe von wissensbasierten Techniken spezifiziert werden, sind sie mit Hilfe von traditionellen Software Engineering-Methoden zu strukturieren und zu planen. Auf die in den vergangenen Jahren ausführlich diskutierten Software Engineering-Methoden /vgl. z.B. BEN 83; JCK 85; STA 89, S. 223 ff./ soll nicht weiter eingegangen werden.

Checkliste für die Strukturierung

- In welche Teilaspekte läßt sich die Aufgabenstellung zerlegen?
- Welche Teile des Systems sind konventionell und welche wissensbasiert zu realisieren?
- Welches Wissen ist vorhanden und was muß inferiert werden?
- Welche Prozesse sind nötig, um die Aufgabenstellung zu lösen?
- Gibt es häufig benutzte Lösungsmuster oder Hypothesen?
- Welche signifikanten Klassen und Objekte gibt es?
- Werden die ggf. sehr unterschiedlichen Vorkenntnisse der Benutzer berücksichtigt?
- Welche Schnittstellen zu bestehenden DV-Systemen müssen vorgesehen werden?
- Wie kann das Wissen relativ problemlos gepflegt und erweitert werden?
- Mit welchem Entwicklungsaufwand und Personalbedarf muß etwa gerechnet werden?
- Welchen Zeitraum wird die Entwicklung und Einführung des Systems etwa in Anspruch nehmen?
- In welcher Höhe entstehen etwa zusätzliche Hardware- und Softwarekosten, einmalige Anschaffungs- und Umstellungskosten sowie laufende Betriebskosten?

Abb. 2/5: Fragen zur Strukturierung /vgl. auch BUC 83, S. 143 f./

Die Integration der u.U. konventionell erstellten Software-Komponenten und der Expertensystem-Teile kann nur durch die frühzeitige Abstimmung beider Entwicklungen erreicht werden. Eine ausschließlich nachgelagerte Integration reicht nicht aus. Die Schnittstellen müssen exakt definiert und Prüfpunkte zu ihrer Verifikation festgelegt werden /vgl. KOE 89, S. 99/.

Der Strukturierung des Wissens geht eine Intensivierung der Wissensakquisition mit dem Ziel einer Erfassung des Ist-Zustandes und des statischen Bereichswissens voraus. Die Entwickler verschaffen sich einen Überblick über Art und Struktur des relevanten Wissens und bekommen erste Hinweise über den Umgang mit dem Wissen bei der Problemlösung. Objekte, Daten und Aufgaben werden nach bestimmten Klassen, wie z.B. Symptomen und Befunden, geordnet. Es sind sowohl Funktionen zu beschreiben, Aufgaben zu definieren und die Methoden der Wissenserhebung zu bestimmen als auch die Entwicklungskosten abzuschätzen. Dabei muß eine Reihe von Fragen beantwortet werden (siehe Abbildung 2/5).

Spätestens am Ende dieser Phase muß eine Präsentation stattfinden, weil zu diesem Zeitpunkt die Entscheidung über die Fortführung des Projektes zu treffen ist.

Sollten im Rahmen der Strukturierung konventionelle Systemteile identifiziert worden sein, die nicht wissensbasiert spezifiziert werden sollen, sind diese mit herkömmlichen Software Engineering-Methoden zu realisieren. Die im folgenden beschriebenen Phasen beziehen sich lediglich auf die Entwicklung wissensbasierter Systeme.

2.4.2.3 Formalisierung

Im Rahmen der Formalisierung werden die einzelnen Wissensquellen schrittweise in Segmente (Sammlung von Wissenselementen) zerlegt. Dabei sollten die Wissenselemente so gruppiert werden, daß der Zusammenhang innerhalb der Segmente möglichst groß und die Zahl der Verbindungen zu anderen Segmenten möglichst gering ist /ROL 88, S. 153/. Auf der Segmentierung basierend erfolgt eine Beschreibung des dynamischen Wissens - d.h. der Inferenzen auf dem statischen Bereichswissen (expertise in action) - und eine Festlegung der Wissensrepräsentationsmethoden. Anhand von Modellen werden die Strategien innerhalb des Problemlösungsprozesses beschrieben und kleinere Aufgaben zur Erreichung bestimmter Ziele definiert /LAS 89, S. 5 ff./.

Die Wissensbasis kann zweidimensional gesehen werden. In der ersten Dimension sind Objekthierarchien zu spezifizieren, indem Attribute zu Objekten und Objekte zu Klassen zusammengefaßt werden. Die zweite Dimension beschreibt Ketten von Regeln und Suchstrategien. Regeln weisen Attributwertpaare anderen Attributwertpaaren zu und werden auf besondere Art und Weise (z.B. rückwärts oder vorwärts) abgearbeitet. Harmon schlägt vor, die Ergebnisse dieser Analysen in einem komplexen Netzwerk darzustellen (siehe Abbildung 2/6), das auf der vertikalen Achse die Objekthierarchie und auf der horizontalen Achse das Regelnetzwerk beschreibt /HAM 89e, S. 4 f./.

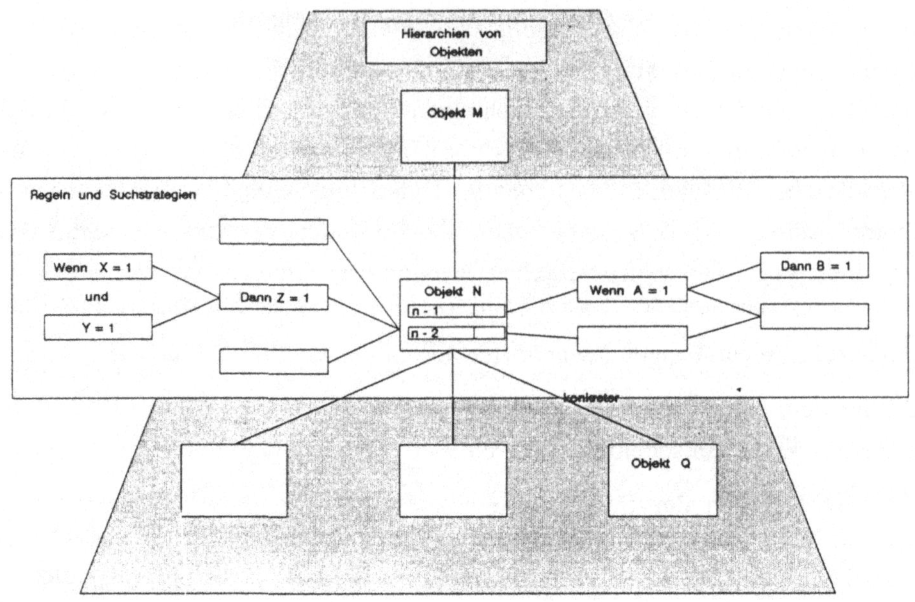

Abb. 2/6: Netzwerk zur Darstellung von Regel- und Objektbeziehungen /HAM 89e, S. 5/

Schließlich sind die Benutzeroberfläche und die Programm-Schnittstellen festzulegen. Bei der Definition der Systemoberfläche sind die Benutzer aktiv mit einzubeziehen, um eventuellen Akzeptanzproblemen frühzeitig entgegenwirken zu können. Die Beschreibung der Schnittstellen zu anderen Programmen erfolgt nach der Analyse der vor- und nachgelagerten Systeme bzw. nach der Spezifikation der konventionellen Systemteile.

Sobald ein geeignetes Werkzeug zur Verfügung steht, können die gewählten Wissensrepräsentationsmethoden, Kontrollstrukturen und Schnittstellen mit Hilfe eines Prototyps getestet werden. "Whenever you feel that the expert is primarily adding 'nice to know' information rather than 'need to know' information, you should shift towards gathering information on specific cases and then start coding a prototype to test the relevance of the knowledge you have been collecting" /HAM 89e, S. 5/. Der Prototyp darf aber nicht mit einer Alpha-Version des endgültigen Systems verwechselt werden. Er hat lediglich die Aufgabe, Hinweise auf geeignete Formalismen und Strategien bei der Realisierung zu geben.

Die Checkliste in Abbildung 2/7 enthält zahlreiche Fragen zur Unterstützung der Formalisierung.

Checkliste für die Formalisierung

- Welche Wissensrepräsentationsmethoden werden benötigt, d.h. in welcher Form werden die Wissenselemente abgespeichert?
- In welche einzelnen Module können die Teilaspekte des Problems weiter zerlegt werden?
- Welche Strategien erfordert der Inferenz-Prozeß und in welchen Situationen werden sie angewandt?
- Welche Methoden lassen sich Klassen und Objekten zuordnen?
- Wo und in welcher Form wird Metawissen eingesetzt?
- Lassen sich bei der Problemlösung Kausalketten bilden?
- Können durch eine weitere Modularisierung Speicherbeschränkungen umgangen oder Performance-Gewinne erzielt werden?
- Welche Fakten und Regeln sind mit Unsicherheiten behaftet und wie soll mit ihnen verfahren werden?
- Welche Datenformate und Besonderheiten müssen bei den Schnittstellen zu anderen Programmen berücksichtigt werden?

Abb. 2/7: Fragen zur Formalisierung /vgl. auch BUC 83, S. 144 ff.; NOE 85, S. 116 ff./

2.4.2.4 Realisierung

Erst wenn das Wissen so weit wie möglich erfaßt und modelliert worden ist, wird mit der endgültigen Realisierung des Systems begonnen. Es besteht also eine weitgehende Trennung von externen (problemorientierten) und internen (implementationsorientierten) Sichten, die sich auch in einer personellen Aufgabenteilung manifestieren kann. Im Rahmen der Codierung können verschiedene Module des Systems von verschiedenen Knowledge Engineers erstellt werden. Diese, insbesondere bei der Entwicklung großer Systeme unvermeidbare Aufteilung der Programmierung setzt eine sehr straffe Projektleitung mit klarer Definition der Schnittstellen zwischen den Modulen voraus.

Bei der Realisierung des Systems müssen die in Abbildung 2/8 gestellten Fragen ständig neu untersucht werden.

Checkliste für die Realisierung

- Ist die Integration in die vorhandene Systemumgebung zufriedenstellend, d.h. ist z.B. die Spezifikation der Schnittstellen korrekt?
- Inwieweit führen Erweiterungen der Wissensbasis zu unerwünschten Seiteneffekten*)?
- Können durch ein Redesign der Systemkonzeption, z.B. durch eine Neugestaltung der Fragetexte, der Ablaufsteuerung und der Erklärungskomponente, Verbesserungen erzielt werden?
- Lassen sich die verschiedenen Wissensmodule des Gesamtsystems wie geplant integrieren?
- Soll das fertige System in einer speziellen Runtime-Umgebung laufen?
- Verändert sich das Systemverhalten mit einer Portierung in eine andere Hardware-Umgebung - z.B. als Runtime-Version - und welche Auswirkungen hat das?

Abb. 2/8: Fragen zur Realisierung /vgl. auch BUC 83, S. 146 f./

Bevor mit der Implementation begonnen werden kann, ist unter Berücksichtigung der konkreten Entwicklungs- und Einsatzsituation eine geeignete Entwicklungsumgebung auszuwählen. Da insbesondere die Eignung des Werkzeuges für den Erfolg des Entwicklungsvorhabens von entscheidender Bedeutung ist, besitzt die Werkzeugauswahl im Rahmen des Konzeptionellen Prototyping eine große Relevanz (siehe Abschnitt 4.2).

Welche Sprache oder Shell (Werkzeug zur Erstellung von Expertensystemen) am besten geeignet ist, hängt im wesentlichen von der konkreten Problemstellung, der

*) Seiteneffekte resultieren aus Veränderungen von Teilen der Wissensbasis und treten dann auf, wenn auch nicht geänderte Teilbereiche von diesen Änderungen (z.B. im Ablaufverhalten) betroffen werden.

schon vorhandenen DV-Umgebung mit ihren Restriktionen und der Verbindung zu den konventionellen Bestandteilen des Gesamtsystems ab /vgl. LUC 87, S. 43/.

Mit der Entwicklung einer ersten Demonstrationsversion kann das eingesetzte Werkzeug getestet und eine bessere Planungsbasis für das Projektmanagement (siehe Abschnitt 3.4) geschaffen werden. Über zahlreiche Realisierungsschritte werden das Expertenwissen abgebildet, die Systemoberfläche gestaltet, die Portierung in eine Laufzeitumgebung vorgenommen und das System viele Male getestet (siehe Abschnitt 2.4.2.5), präsentiert, überarbeitet und neugestaltet.

Parallel zur Systementwicklung muß die *Dokumentation* erfolgen. Da es bisher wenig hinreichend erprobte Darstellungstechniken für Expertensysteme (vgl. Abbildung 2/6) gibt, sollte man nicht nur bei der Spezifikation, sondern auch bei der Dokumentation durchaus auf konventionelle Darstellungstechniken wie z.B. Datenflußpläne und Funktionsdiagramme zurückgreifen. Da Teile des Gesamtsystems i.d.R. konventionellen Ursprungs sind, ergibt sich dadurch auch eine gewisse Vereinheitlichung. Folgende Punkte sollte eine Dokumentation enthalten /vgl. LEZ 88, S. 2-15/:

- eine Beschreibung der Aufgabenstellung und Zielsetzungen,
- ein Knowledge Dictionary, das zum einen alle Regeln und zum anderen alle Objekte und Objektklassen mit ihren Attributen beschreibt,
- eine Beschreibung aller Funktionen und Module mit grafischer Darstellung,
- eine grafische Darstellung des Datenflusses,
- eine Aufstellung von Testfällen mit dazugehörigen Analyseergebnissen und
- ein Projektlogbuch mit Informationen und Daten über das Projekt.

2.4.2.5 Validierung

Im Gegensatz zur konventionellen Systementwicklung kann bei der Validierung kaum von einer eigenen Phase gesprochen werden. Vielmehr erfolgt die Validierung kontinuierlich auf der Basis einer ständig wachsenden Anzahl geeigneter Testfälle /vgl. GAS 83; S. 261 ff./. Es müssen laufend Verfeinerungen, Designverbesserungen oder Neugestaltungen vorgenommen werden, so daß sich mit den vorangegangenen Phasen ein permanenter Zyklus bildet. Aus einem ersten Demonstrationssystem entsteht so über zahlreiche Versionen das Zielsystem /vgl. LEB 88b, S. 76 ff./. Die jeweiligen Versionen müssen während der Implementation ständig auf ihre Korrektheit und Konsistenz überprüft werden /vgl. SHA 88b/. Durch die Beantwortung der Fragen in Abbildung 2/9 können zahlreiche Fehler entdeckt und schließlich beseitigt werden.

Checkliste für die Validierung

- Ist das Wissen korrekt und konsistent dargestellt?
- Lassen sich die spezifischen Wissenselemente mit den zugrundeliegenden Wissensrepräsentationsformalismen problemlos abbilden?
- Ist die Problemlösung umfassend oder ist sie zu speziell (z.B. durch die Berücksichtigung zu weniger Randbedingungen oder das Fehlen wichtiger Heuristiken)?
- Sind die Steuerungs- oder Kontrollstrategien korrekt, d.h. wird eine natürliche Reihenfolge bei der Lösung von Teilaufgaben eingehalten?
- Sind die Ein- und Ausgaben adäquat (z.B. durch verständliche Fragestellungen oder ansprechende Aufbereitung der Lösungen), d.h. entspricht die Oberfläche den Vorstellungen der Benutzer?
- Sind die Testfälle praxisnah und nicht zu trivial (wird z.B. weniger vom Knowledge Engineer und dafür mehr vom Experten getestet)?

Abb. 2/9: Fragen zur Validierung /vgl. auch BUC 83, S. 147 ff.; GAS 83, S. 242 ff./

Wichtig für die Erprobung des Systems ist der möglichst praxisnahe Einsatz. Hierzu sind Schulungsunterlagen zu erstellen und die Systembenutzer sorgfältig zu schulen. Dennoch ist es bei Expertensystemen nach allgemein herrschender Auffassung unmöglich, einen Korrektheitsbeweis zu führen und somit für jede mögliche Problemstellung eine korrekte Lösung zu garantieren /vgl. z.B. KUR 88b, S. 6; ROL 88, S. 155/. Sowohl der Knowledge Engineer als auch der Experte müssen darin übereinstimmen, daß das System korrekt implementiert ist und adäquate Ergebnisse liefert, bevor es zur allgemeinen Benutzung freigegeben wird.

Wie bei allen umfangreicheren Vorhaben steigen die Fehlerbeseitigungskosten überproportional mit fortschreitender Entwicklung. Dadurch wird die Bedeutung sowohl einer weitgehenden Durchdringung und modellhaften Analyse des Wissensgebietes vor der Realisierung als auch die Relevanz eines straffen Projektmanagements nachdrücklich unterstrichen.

2.4.2.6 Einführung

Nach erfolgreichen Tests erfolgt die Einführung und Übergabe des Gesamtsystems. Dabei müssen die in Abbildung 2/10 gestellten Fragen beantwortet werden.

Checkliste für die Einführung

- Verläuft neben der Integration des Expertensystems mit den konventionellen Komponenten des Gesamtsystems die Integration in die DV-Umgebung der Unternehmung erfolgreich?
- Wurden alle organisatorischen Vorbereitungen getroffen, um die neue DV-Anwendung in die betrieblichen Arbeitsabläufe zu integrieren?
- Sind die Experten im Umgang mit der Entwicklungsumgebung unterwiesen worden, so daß sie kleine Pflegearbeiten am Gesamtsystem selbständig durchführen können?
- Sind alle Benutzer ausreichend geschult worden?
- Wurde eine vollständige Dokumentation erstellt?
- Können im Rahmen einer nachträglichen Projektbetrachtung Ursachen dafür gefunden werden, warum bestimmte Ziele nicht erreicht wurden oder Budgets überschritten wurden, d.h. was kann an der künftigen Entwicklungsarbeit verbessert werden?
- Rechtfertigt das Ergebnis ex post betrachtet noch den Entwicklungsaufwand?
- Konnten im Rahmen einer Abschlußpräsentation alle am Projekt beteiligten Personen - inbesondere das Management - vom Erfolg der Entwicklung überzeugt werden?

Abb. 2/10: Fragen zur Einführung

Bei der Integration des Gesamtsystems lassen sich zwei Aspekte unterscheiden:

- die technische und
- die organisatorische Integration.

Die technische Integration i.e.S. bezeichnet die Verknüpfung des Expertensystems mit den konventionellen Systembestandteilen zu einem Gesamtsystem (Anwendung). Bezeichnet man als Gesamtsystem die wissensbasierten Komponenten, die Schnittstellen und die konventionellen Programmteile, so kann, wie die Erfahrung aus der Entwicklung großer Systeme in der Praxis gezeigt hat, der Anteil der konventionellen DV am Gesamtsystem bis zu 80 % ausmachen /SCM 86, S. 514/. I.w.S. ist die technische Integration als Einbettung der gesamten Anwendung in die konventionelle DV-Umgebung der Unternehmung zu verstehen.

Die organisatorische Integration bedeutet die Einführung des Systems in die betrieblichen Organisationsabläufe. Sie erfordert eine frühzeitige Schulung. Sind nicht alle Endbenutzer an der Entwicklung des Systems beteiligt und somit mit dessen Inhalten nicht hinreichend vertraut, muß mit der Einführung des Expertensystems eine umfassende Benutzerschulung erfolgen. Deren Umfang richtet sich nach der Systemmächtigkeit und insbesondere nach der Komplexität des Benutzerdialogs. Neben der Schulung müssen im Rahmen der organisatorischen Integration die einer Systembenutzung vorausgehenden Arbeitsgänge, die Datenbeschaffungsmaßnahmen, die Arbeitsabläufe zur Datenpflege, die Restriktionen bei der Benutzung und die Einsatzzeitpunkte definiert werden.

Nach der Feldeinführung des Expertensystems wird nochmals ein intensiver Erfahrungsaustausch mit Benutzern und Experten angestrebt. Dabei können sich aus dem alltäglichen Gebrauch heraus zahlreiche Verbesserungsvorschläge ergeben. Setzen die Benutzer das System parallel zu ihren bisherigen Arbeitsabläufen ein, können Unterschiede in der Beurteilung konkreter Anwendungssituationen durch den Experten und das Expertensystem leicht festgestellt werden.

2.4.2.7 Pflege und Wartung

Da Expertensysteme häufig in sich schnell ändernden Wissensgebieten eingesetzt werden, kommt der Pflege und Wartung am Ende des Entwicklungsprozesses eine große Bedeutung zu. Dabei müssen die in Abbildung 2/11 gestellten Fragen permanent überprüft werden.

Im Idealfall werden ein oder mehrere Experten mit der Weiterentwicklung der Wissensbasis betraut, um so eine kontinuierliche Wartung zu gewährleisten.

Checkliste für die Wartung

- Hat es im Zeitablauf neue Erkenntnisse im Domänwissen gegeben, die auch in der Wissensbasis implementiert werden müssen?
- Sind die vom System erzielten Ergebnisse immer noch ausreichend oder gibt es Unzulänglichkeiten in der Wissensbasis, die zu einer mangelnden Akzeptanz der Lösungen führen?
- Können Verständlichkeit und Akzeptanz der Konsultationsergebnisse mit vertretbarem Aufwand erhöht werden?
- Sind Maßnahmen erforderlich, die die Effizienz, das Antwortzeitverhalten und die Zuverlässigkeit verbessern?

Abb. 2/11: Fragen zur Wartung

Die Erfahrung hat jedoch gezeigt, daß die Wartung eines Expertensystems, insbesondere bei Änderungen in der Ablaufsteuerung oder der Implementation neuer Wissensbereiche, sehr viel spezielle Systemerfahrung erfordert. Änderungen der Wissensbasis führen sonst sehr häufig zu unbeabsichtigten Seiteneffekten. Bei heutigen Expertensystemen kann - selbst bei der Nutzung komfortabler Werkzeuge - nicht auf die Unterstützung durch einen erfahrenen Knowledge Engineer verzichtet werden. Denn "...the lack of recorded principles for using the representation makes it difficult to interpret the purpose of clauses and rules" /CLA 83, S. 217/. Unmittelbar nach Einführung des Systems ist es deshalb sehr wichtig, daß die Autoren des Systems selbst für kurzfristige Reparaturarbeiten zur Verfügung stehen.

3 Beschreibung des Entwicklungsvorhabens ELIED - Expertensystem für Lizenzeinkauf und Erstauflagendisposition

3.1 Einführung der Expertensystem-Technologie in die Unternehmung

Eine Analyse der Vielzahl von Veröffentlichungen über Entwicklungen und Anwendungen von Expertensystemen zeigt, daß nach den Hochschulen und den KI-Firmen auch die betriebliche Praxis solchen Systemen in letzter Zeit immer mehr Bedeutung beimißt. Auch wenn es in der Bundesrepublik Deutschland 1989 nur etwa 50 running systems gab, so erproben doch viele, inbesondere große Firmen, diese neue Technologie im Rahmen von Pilotprojekten /vgl. MER 88a, S. 15 ff./.

Für eine weltweit tätige Unternehmung wie die Bertelsmann AG, die aufgrund ihres Massengeschäftes traditionell eine große und fortschrittliche Datenverarbeitung hat, ist es deshalb selbstverständlich, schon frühzeitig Erfahrungen in der Expertensystem-Technologie zu sammeln.

Eine neue Technologie in eine Unternehmung einzuführen ist generell nicht einfach. So treten bei der Einführung der Expertensysteme immer wieder folgende Fragen auf:

- Welche Aufgabenstellungen lassen sich durch den Einsatz von Expertensystemen lösen?
- Wie kann das Management von der Notwendigkeit einer Erprobung und der Bereitstellung der dafür nötigen Mittel überzeugt werden?
- Wie findet sich ein geeignetes Anwendungsgebiet für ein Pilotprojekt?
- Wie muß man bei der Einführung und Entwicklung vorgehen, und worauf muß man achten?
- Welche Hard- und Software ist am besten für eine konkrete Aufgabenstellung geeignet?

Der Wunsch, ein Expertensystem zu entwickeln, entsprang bei Bertelsmann - wie in vielen Unternehmungen - dem Bedürfnis, sich mit diesem neuen Themengebiet generell auseinandersetzen zu wollen. Zunächst aber mußte eine geeignete Aufgabenstellung gefunden werden (siehe Abschnitt 3.2).

Es gibt zwei Möglichkeiten, für die Suche nach geeigneten Anwendungsgebieten. Einerseits kann man sich in seiner Unternehmung nach allgemein anerkannten Experten umschauen, sie nach ihren Aufgabengebieten und Problemen befragen und ihnen dann ggf. die Unterstützung durch ein Expertensystem offerieren. Andererseits kann man durch gezielte Management-Präsentationen die neue Technologie in der Unternehmung bekannt machen und zugleich versuchen, die Beteiligten für geeignete Problemstellungen in ihren Verantwortungsbereichen zu sensibilisieren /vgl. CUP 88, S. 540/. Letztere Vorgehensweise wurde bei Bertelsmann angewandt.

Im Dezember 1987 wurde innerhalb der Zentralen Informationsverarbeitung auf Organisationsleiterebene ein eintägiger Workshop zum Thema Expertensysteme durchgeführt. Zielsetzung war nicht, Details der Expertensystem-Programmierung zu vermitteln, sondern vielmehr, Unterschiede zur konventionellen Informationsverarbeitung, Aufbau und Funktionsweise von Expertensystemen, neue Perspektiven der Benutzung von Rechnern und Auswahlkriterien zur Selektion geeigneter Anwendungsgebiete vorzustellen und zu diskutieren.

Der Workshop stieß bei den Teilnehmern auf sehr großes Interesse und ergab in der abschließenden Diskussion über potentielle Anwendungsfelder von Expertensystemen im Hause Bertelsmann zahlreiche konkrete Vorschläge für mögliche Entwicklungen in den unterschiedlichsten Bereichen des Konzerns:

- *Adreßbroking ("Adressenzentrale")*

  Die "Adressenzentrale" pflegt einen Datenbestand von etwa 2,5 Mio. Adressen aus der Bundesrepublik Deutschland, die jeweils durch maximal 50 den Haushalt beschreibende Attribute (wie z.B. Region, Größe des Haushalts, Hoch-/Niedrigpreiskäufer) definiert werden. Nach den Vorstellungen der Adreßkunden (z.B. Versandfirmen) werden aus einem Gesamtdatenbestand, der sich in 52.000 Regionen mit durchschnittlich 400 Haushalten und etwa 1.000 Personen gliedert, möglichst vielversprechende Anschriften selektiert und verkauft (Adreßbroking). Ein Expertensystem-gestützter Dialog sollte im Sinne eines Zugangssystems für Datenbanken den Vorgang der Adreßauswahl beschleunigen und eine hohe Qualität der Selektionsergebnisse gewährleisten.

- *Diskettenerstellung ("Adressenzentrale")*

  Werden im Rahmen des oben beschriebenen Adreßbrokings von Kunden Adressen bestellt, müssen bestimmte DV-technische Fragestellungen geklärt werden. Kann z.B. ein Versand per Disketten erfolgen (auf 8, 5,25 oder 3,5 Zoll-Disketten) oder sollen die Adressen per Datenübertragung versandt werden (welche Netzanschlüsse hat der Kunde)? In Abhängigkeit von der Hard- und Softwareausstattung des Kunden sind bestimmte Datenformate zu generieren. Mit Hilfe eines Expertensystem-gestützten Dialogs für die optimale Zusendung von Adressen könnten Fehler aufgrund von Inkompatibilitäten vermieden werden.

- *Analyse der Erfolgsfaktoren im "Club Deutschland" (Hauptverwaltung)*

  Ein Expertensystem sollte die aus einem Berichtssystem (IPAC) kommenden Kennzahlen im Sinne einer Auswertung für das höhere Management interpretieren und aufbereiten. Die Analyseergebnisse sollten in einer dreiseitigen überblicksmäßigen Darstellung die wirtschaftliche Situation des "Club Deutschland" beschreiben.

- *Absatzprognose für Lizenzeinkauf und Erstauflagendisposition im "Buch-Club" (Disposition "Bertelsmann Buch- und Schallplattengemeinschaft")*

  Mit Hilfe des Expertensystems sollten bessere Absatzprognosen für neuerscheinende Bücher als Basis für den Einkauf von Produktions- und Vertriebslizenzen und für die spätere Festsetzung der Erstauflagen dieser Titel ermöglicht werden. Eines der wesentlichen Ziele sollte dabei die Reduktion der Abschreibungsrisiken auf Lizenzen und Vorräte sein.

- *Qualitätssicherung in der Produktion ("Sonopress")*

  Zur Behebung von Störungen bei der Fertigung von Compact Disks (CD's) sollte ein Expertensystem entwickelt werden, das die Störungen analysieren und mögliche Handlungsalternativen zu deren Beseitigung aufzeigen kann.

- *Trouble-Shooting im Netzwerkoperating (Datenverarbeitung)*

  Ein Expertensystem könnte bei Störungen im Konzern-Netz Hinweise auf mögliche Fehlerursachen geben und gleichzeitig Aktionen zu deren Beseitigung vorschlagen. Im Idealzustand könnte das Expertensystem im Echtzeitbetrieb das Netz überwachen und bei auftretenden Störungen soweit wie möglich selbsttätig die erforderlichen Maßnahmen einleiten.

Aufgrund des großen Interesses für das Thema Expertensysteme wurde vom DV-Management beschlossen, ein Pilotprojekt zu initiieren und aus den oben genannten Vorschlägen zunächst ein Anwendungsgebiet auszuwählen. Die Bertelsmann Datenverarbeitung verband mit dem Pilotprojekt folgende Zielsetzungen:

- Sammlung von Erfahrungen bei der Entwicklung und beim Einsatz von Expertensystemen,
- Test der eingesetzten Werkzeuge oder KI-Sprachen auf Tauglichkeit,
- Prüfung der Leistungsfähigkeit einzelner Bestandteile von Expertensystemen (z.B. Dialog-, Erklärungs-, Wissenserwerbs- und Problemlösungskomponente),
- Aufbau von Erfahrungen über die Möglichkeiten und Probleme bei der Integration des Expertensystems in die konventionelle DV,
- Gewinnung von Erkenntnissen bei der Organisation und Abwicklung von Expertensystem-Projekten und
- Erarbeitung einer Akzeptanzstrategie für Expertensysteme und deren Überprüfung am praktischen Beispiel.

Um diese Ziele erfüllen zu können und dabei die Kosten überschaubar zu halten, sollte das Pilotprojekt folgende Gestalt haben /vgl. auch SCW 88, S. 7f.; CUP 88, S. 539 f./:

- Die Problemlösung sollte für ein gut abgrenzbares und überschaubares Anwendungsgebiet erfolgen.
- Die Bearbeitungszeit durch maximal zwei Knowledge Engineers und zwei Experten sollte nicht länger als 18 Monate betragen.
- Das Budget für ein derartiges Projekt (Personal-, Hard- und Softwarekosten) sollte zwischen 200.000 und 400.000 DM liegen.
- Das Interesse sollte neben dem Sammeln von Erfahrungen auf den tatsächlichen praktischen Einsatz gerichtet werden.
- Es sollten möglichst viele Eigenschaften der eingesetzten Entwicklungsumgebung genutzt und getestet werden.
- Neben der Portierbarkeit auf andere Systeme sollte eine Integration in die bestehende DV-Umgebung vorgesehen werden (Schnittstellen zu Datenbanken, zu verschiedenen Programmpaketen, zu Datennetzen und zum Betriebssystem).

Aus den zahlreichen Entwicklungsvorschlägen galt es nun, die für das Pilotprojekt am besten geeignete Problemstellung auszuwählen.

3.2 Auswahl eines geeigneten Anwendungsgebietes

Expertensystem-Projekte können aus vielen Gründen scheitern /vgl. MER 88b, S. 36 ff.; PIE 88, S. 20/, nicht zuletzt an der Wahl eines ungeeigneten Anwendungsgebietes, dessen Problemstellung u.U. nicht mit Hilfe von KI-Techniken zu lösen ist oder konventionell effizienter bearbeitet werden könnte.

In der Literatur finden sich zahlreiche Vorschläge für die Identifikation einer geeigneten Anwendung /vgl. z.B. MAS 88, S. 5 ff.; PUP 88, S. 148; ROL 88, S. 142 ff.; SPE 87, S. 119; WAT 86, S. 127 ff./. Die im folgenden beschriebene Vorgehensweise hat sich dabei besonders bewährt.

Als erstes erfolgt eine *Identifikation möglicher Anwendungsgebiete* innerhalb der Organisation, wobei man sich mit den Besonderheiten potentieller Aufgabenstellungen vertraut macht. Den zweiten Schritt bildet die *Grobselektion geeigneter Expertensystem-Entwicklungsvorhaben* mit Hilfe einer Checkliste. So kann die generelle Eignung verschiedener Problemstellungen für eine Expertensystem-Lösung überprüft werden. Im dritten Schritt erfolgt eine *detaillierte Aufstellung von Entscheidungskriterien*. Allgemeine und anwendungsunabhängige Fragestellungen werden dabei durch anwendungsspezifische Kriterien ergänzt. Anhand dieses Kriterienkataloges erfolgt im vierten Schritt eine *Analyse und Bewertung* der potentiellen Anwendungen. Im Rahmen einer Nutzwertanalyse werden die verschiedenen Kriterien entsprechend ihrer Bedeutung gewichtet. Anschließend werden die

Entwicklungsvorhaben mit Hilfe des erreichten Nutzwertes in eine Rangfolge gebracht.

Die Nutzwertanalyse umfaßt eine *Wirtschaftlichkeitsbetrachtung*, bei der für alle potentiellen Anwendungen - soweit es möglich ist - eine Gegenüberstellung der zu erwartenden Entwicklungskosten des jeweiligen Systems mit den entsprechenden Erträgen (oder Kosteneinsparungen) vorgenommen wird. Hohe Wirtschaftlichkeit ist eine wesentliche Grundlage für die Initiierung eines jeden Projektvorhabens.

Wie oben erläutert, handelt es sich bei dem Projekt um die Pilotanwendung eines Expertensystems, die somit besonderen Bedingungen unterliegt. Hat sich die Expertensystem-Technologie erst einmal in der Unternehmung bewährt, können weitere Projekte folgen. Dann steht nicht mehr die Auswahl eines geeigneten Anwendungsgebietes im Vordergrund, sondern die Überprüfung der Frage, ob eine konkrete Aufgabenstellung überhaupt durch den Einsatz der DV gelöst werden kann und ob die Entwicklung konventionell und/oder wissensbasiert erfolgen soll.

Mit Hilfe der in Abbildung 3/1 formulierten allgemeinen Fragen lassen sich sowohl Anwendungsgebiete finden als auch die generelle Eignung einer konkreten Problemstellung für die Lösung durch ein Expertensytem überprüfen. Dabei ist aber zu berücksichtigen, daß es in der Praxis keine reinen Expertensystem-Lösungen gibt, da die Gesamtsysteme immer konventionelle Bestandteile enthalten (vgl. Abschnitt 2.4.2).

Die Nicht-Verfügbarkeit der Experten, die fehlende Unterstützung durch das Management und die mangelnde Abgrenzbarkeit des Anwendungsgebietes sind allgemcin gültige K.O.-Kriterien. Die übrigen Fragen aus der Checkliste können bei der Beurteilung eines Anwendungsgebietes i.d.R. nicht immer positiv beantwortet werden. Die Bedeutung eines Kriteriums hängt dabei in starkem Maße von der jeweiligen Anwendung ab. Obwohl es im weiteren einer detaillierteren Analyse bedarf, können mit Hilfe dieses Grobrasters, wie die folgende Beschreibung der Pilotprojektauswahl zeigt, zahlreiche Anwendungsvorschläge ausgeklammert werden /vgl. auch LEB 87, S. 140 ff.; MAS 88, S. 5 ff.; PRE 85; ROL 88, S. 141 ff./.

Checkliste für den Einsatz eines Expertensystems

Bedarf:

- Besteht ein Mangel an Mitarbeitern mit Fachkenntnissen auf speziellen Gebieten?
- Verwenden bestimmte Mitarbeiter viel Zeit damit, anderen zu helfen?
- Gibt es Aufgaben, die nur mit mehreren Personen gelöst werden können, weil das Wissen eines Einzelnen nicht ausreicht?
- Führt ein Spezialistenmangel zu bestimmten Zeiten (Saison, Urlaub, Krankheit) regelmäßig zu Engpässen?
- Ist die Unternehmung von den Spezialkenntnissen weniger Mitarbeiter abhängig?

Voraussetzungen:

- Ist die für die Entwicklung des Systems außerordentlich wichtige Verfügbarkeit der Experten gewährleistet?
- Wird das Entwicklungsvorhaben von seiten des mittleren und höheren Managements voll unterstützt?
- Ist das Anwendungsgebiet gut abgrenzbar und überschaubar?
- Lassen sich die Aufgaben, d.h. ihre Ziel- und Randbedingungen sowie die Anforderungen an das System, klar definieren?
- Ist die Lösung nicht von Allgemeinwissen, "Gefühl", "gesundem Menschenverstand" oder besonderer zwischenmenschlicher Kommunikation abhängig?
- Ist die Problemlösung nicht zu einfach oder zu komplex, d.h. kann ein menschlicher Experte derartige Problemstellungen in etwa einer halben bis zwei Stunden lösen?
- Kann das Problem durch die schrittweise Anwendung einer Vorschrift, also auch auf konventionellem Wege, gelöst werden?
- Wird durch die Entwicklung des Systems der Experte wirklich von lästigen Routineaufgaben befreit, d.h. findet das System später Lösungen, für die es sonst der Konsultation des Experten bedurft hätte?
- Läßt das Kosten-/Nutzen-Verhältnis die Problemlösung überhaupt sinnvoll erscheinen.

Abb. 3/1: Allgemeine Fragen zur Einsatzfähigkeit von Expertensystemen

In einer ersten Phase, die bei der Auswahl des Pilotprojektes etwa einen Monat in Anspruch nahm, wurden mit Hilfe der oben beschriebenen Checkliste nach ersten Interviews in den potentiellen Anwendungsbereichen die Entwicklungsvorhaben herausgefiltert, die bestimmten Minimalanforderungen nicht genügten. Zum Beispiel solche, bei denen K.O.-Kriterien, wie die Verfügbarkeit der Experten oder eine hinreichende Abgrenzbarkeit des Anwendungsgebietes nicht erfüllt waren. Mit dem Trouble-Shooting im Netzwerkoperating, dem Adreßbroking und der Absatzprognose für Lizenzeinkauf und Erstauflagendisposition konnten schließlich drei für ein Pilotprojekt besonders geeignete Entwicklungsvorhaben identifiziert werden.

In einer zweiten Phase, die etwa drei Wochen dauerte, mußten auf Basis einer weiteren Gesprächsrunde mit den Experten die jeweiligen Aufgabenstellungen noch weiter konkretisiert werden. Die endgültige Entscheidung für eine Pilotanwendung wurde, wie oben allgemein beschrieben, mit Hilfe der Nutzwertanalyse getroffen /vgl. auch MAS 88, S. 8 ff./. Bei der Sammlung aller entscheidungsrelevanten Faktoren in einem gegenüber der obigen Checkliste erheblich verfeinerten Kriterienkatalog wurden in Anlehnung an Rolston folgende Untersuchungsfelder unterschieden /ROL 88, S. 141 ff./:

- Anwendbarkeit der Expertensystem-Technologie auf die Aufgabenstellung,
- Expertenverfügbarkeit,
- Beurteilung des Problembereichs,
- Rahmenbedingungen und
- Wirtschaftlichkeitsbetrachtung.

Nach Diskussionen mit allen an der Auswahl beteiligten Personen wurden die einzelnen Kriterien entsprechend ihrer Bedeutung für den Erfolg des Projektes gewichtet. Jedes Teammitglied bewertete die verbliebenen Entwicklungsvorhaben mit Hilfe der Kriterien. Die Summe der gewichteten Einzelbewertungen ergab den Nutzwert einer Anwendung. Basierend auf den für das Pilotprojekt relevanten Entscheidungskriterien errechneten sich die in Abbildung 3/2 dargestellten Nutzwerte.

Kriterien	Gew.	Alternativen: Adreß-broking Bew.	Ges.	Absatz-prognose Bew.	Ges.	Trouble-Shooting Bew.	Ges.
Anwendbarkeit der Expertensystem-Technologie							
- Expertenwissen ist knapp	30	4	120	4	120	3	90
- Experten stark durch Routineaufgaben gebunden	10	3	30	3	30	3	30
- Wissen muß gesichert werden	10	3	30	3	30	3	30
- Verschiedene Experten notwendig	40	2	80	4	160	2	80
- Wissen muß verteilt werden	40	3	120	4	160	5	200
- Schwerpunkt nicht auf umfangreichen Berechnungen	10	5	50	3	30	3	30
- Kaum Algorithmen zur Problemlösung	10	3	30	2	20	4	40
- Anwendung in großen Suchräumen	20	2	40	3	60	4	80
- Primär kognitive Aufgabenstellung	10	3	30	4	40	1	10
- Aufgabe gleicht existierenden Expertensystemen	20	3	60	3	60	2	40
	(200)		(590)		(710)		(630)
Expertenverfügbarkeit							
- Das Problem wird heute schon von Experten gelöst	30	3	90	4	120	2	60
- Die Experten sind als solche anerkannt	20	3	60	5	100	4	80
- Experten sind bis zu 10 Stunden/Woche verfügbar	50	4	200	4	200	3	150
- Experten sind bereit, ihr Wissen preis zu geben	40	4	160	4	160	4	160
- Experten sind kooperativ und motiviert	50	3	150	5	250	4	200
- Experten haben selbst Interesse an Problemlösung	60	4	240	5	300	5	300
- Experten können ihr Wissen formulieren	30	4	120	4	120	4	120
- Inhaltliche Übereinstimmung mehrerer Experten	20	4	80	3	60	4	80
	(300)		(1100)		(1310)		(1150)
Beurteilung des Problembereichs							
- Schwierigkeitsgrad der Aufgabenstellung	30	5	150	4	120	1	30
- Vermeidbarkeit eines Fehlschlages	10	4	40	3	30	1	10
- Abgrenzbarkeit des Aufgabengebietes	50	5	250	4	200	4	200
- Relativ statischer Problembereich	10	4	40	5	50	1	10
- Häufigkeit der Nutzung des XPS	10	4	40	2	20	5	50
- Input und Output des Systems sind bekannt	30	4	120	3	90	3	90
- Modularisierbarkeit der Problemlösung	10	3	30	4	40	3	30
- Problemlösung ist weder sensitiv noch kontrovers	20	1	20	5	100	3	60
- Prozentsatz ungenügender Lösungen wird toleriert	10	1	10	3	30	3	30
- Projekt ist auf keinem kritischen Pfad	10	5	50	5	50	5	50
- Es handelt sich nicht um ein Real-time-System	20	4	80	5	100	1	20
- Gestaltung der Oberfläche ist nicht zu aufwendig	20	4	80	3	60	5	100
- Einfache Datenerfassung	10	3	30	3	30	4	40
- Akzeptanz bei den Benutzern vorhanden	10	4	40	5	50	2	30
- Testfälle sind verfügbar	10	5	50	5	50	5	50
- Die Einführung des Systems ist problemlos	10	3	30	4	40	1	10
- Integration in die konventionelle DV notwendig	20	3	60	3	60	4	80
- Publikumswirksamkeit gegeben	30	2	60	5	150	1	30
	(320)		(1180)		(1270)		(920)
Rahmenbedingungen							
- Unterstützung durch das Management gewährleistet	60	3	180	4	240	5	300
- Einhaltung des Entwicklungsrahmens (u.a. Budget)	30	4	120	3	90	2	60
- Entwicklungsdauer (etwa 18 Monate)	30	4	120	2	60	1	30
	(120)		(420)		(390)		(390)
Wirtschaftlichkeitsbetrachtung							
- Schnelles Erreichen des Break-Even-Points	40	3	120	5	200	2	80
- Günstiges Verhältnis von Aufwand und Ertrag	40	3	120	4	160	3	120
	(80)		(240)		(360)		(200)
Nutzwert insgesamt			(3530)		(4040)		(3290)
Rangfolge			2		1		3

Abb. 3/2: Nutzwertanalyse im Rahmen der Projektauswahl /vgl. PRE 85, S. 27 ff.; PUP 88, S. 148 ff.; ROL 88, S. 141 ff./

Es gab mehrere ausschlaggebende Faktoren, die schließlich zu einer Entscheidung für das Pilotprojekt "Absatzprognose für Lizenzeinkauf und Erstauflagendisposition" führten. Die Expertensystem-Technologie war in fast idealer Weise einsetzbar. Das weitgehend diffuse Wissen ließ sich mit Hilfe von Erfahrungsregeln problemlos in der Denkweise der Experten abbilden und modifizieren. Hierin bestand z.B. ein großer Vorteil gegenüber einer konventionellen Systementwicklung.

Die Verfügbarkeit der Experten während der Dauer des Projektes war grundsätzlich gewährleistet, da das Interesse der beteiligten Fachabteilungen an der Lösung der konkreten Problemstellung überaus hoch war. Auch die Aufgabenstellung dieses Projekts war gut abgegrenzt und durchdacht, so daß auch die Gefahr der Nichteinhaltung des Entwicklungsrahmens im Vergleich zu den anderen Entwicklungsvorhaben relativ gering schien.

Da externe Berater und Knowledge Engineers am Projekt beteiligt waren, spielte die Sensitivität der Aufgabenstellung, d.h. die Wahrung des Expertenwissens in der Unternehmung, eine große Rolle. Der Lizenzeinkauf und die Erstauflagendisposition sind aber derart Bertelsmann-spezifisch, daß sich durch eine Veröffentlichung der Ergebnisse keine für Mitbewerber direkt verwertbaren Informationen ergeben.

Die Art der Aufgabenstellung war zudem von großem allgemeinen Interesse, was eine hohe "Publikumswirksamkeit" garantierte. Nicht nur in der Disposition innerhalb des "Bertelsmann Buch-Clubs", sondern auch in anderen Firmen des Konzerns gibt es gleichartige Dispositionsaufgaben. Ein erfolgreich eingesetzes Expertensystem würde also mit hoher Wahrscheinlichkeit zahlreiche Anschlußprojekte in ähnlichen Anwendungsgebieten zur Folge haben.

Das Projektteam hatte die volle Unterstützung durch das obere Management, was für den Erfolg des Projektes von großer Wichtigkeit ist. Expertensystem-Entwicklungen sind noch zu neu, zu kostspielig und zu risikoreich, um lediglich durch das mittlere Management verantwortet zu werden /CUP 88, S. 538/. Die ideale Konstellation für ein Expertensystem-Projekt besteht in der vollen Unterstützung sowohl durch den DV-Leiter als auch durch den Fachbereichsleiter des Experten. Kommt das Projekt in eine schwierige Phase, sind die wichtigen Entscheidungsträger involviert. So kann z.B. der DV-Leiter zum Ausgleich von Engpässen kurzfristig weitere Projektmitarbeiter zur Verfügung stellen oder eine grundlegende Entscheidung in Bezug auf Hard- und Software-Erweiterungen fällen. Der Fachbereichsleiter kann dem Projekt eine so hohe Priorität innerhalb seines Verantwortungsbereiches geben, daß auch knappe Ressourcen ständig verfügbar sind.

Die mangelnde Erfahrung und die vielen Unsicherheitsfaktoren bei der Erfolgsbewertung und der Abschätzung der Kosten von Expertensystemen machen eine fundierte Wirtschaftlichkeitsrechnung zu einer fast unlösbaren Aufgabe. Bei der im Rahmen obiger Analyse durchgeführten Wirtschaftlichkeitsbetrachtung wurden die in besonders starkem Maße von der jeweiligen Aufgabenstellung abhängenden Erträge oder Kosteneinsparungen den folgenden Aufwendungen für das Projekt gegenübergestellt:

- Kosten für das Werkzeug,
- Kosten für den Aufbau der Wissensbasis (hauptsächlich Personalkosten),
- Kosten für die Einführung des Expertensystems (Schulung der Benutzer, Reibungsverluste bei der Umstellung) und
- Kosten für die Wartung.

Wie an den Teil- und Gesamtnutzwerten der drei potentiellen Anwendungen unmittelbar zu erkennen ist, war die Entscheidung für das Pilotprojekt ELIED relativ eindeutig. Im folgenden werden die Problemstellung und die einzelnen Wissensbereiche des Expertensystems beschrieben.

3.3 Systembeschreibung

3.3.1 Aufgabenstellung

In einem quartalsweise neu erscheinenden Katalog, in besonderen Mailings und in zahlreichen "Club-Centern" bietet Bertelsmann seinen "Club-Mitgliedern" die Möglichkeit, aus einem breit angelegten Angebot von Büchern, Tonträgern und sonstigen Artikeln (wie z.B. elektronischen Geräten) zu wählen. Da es sich hierbei um ein Massengeschäft handelt, wird ein ständig wachsender Teil der Aufgaben schon seit Anbeginn der elektronischen Verarbeitung von Massendaten rechnergestützt bearbeitet. Dennoch gibt es eine Vielzahl von Problemstellungen, für die man bisher noch keine DV-Unterstützung schaffen konnte, da es sich z.B. um auf diffusem Wissen basierende Aufgabenstellungen handelt, deren wirtschaftliche Bearbeitung erst seit relativ kurzer Zeit mit Hilfe eines Expertensystems möglich ist. Eine dieser Anwendungsgebiete ist die Absatzprognose für Lizenzeinkauf und Erstauflagendisposition innerhalb des Buchgeschäfts, bei der Experten aus verschiedenen Bereichen auf Basis ihrer langjährigen Erfahrungen gemeinsam Absatzzahlen und Auflagen für in der Zukunft erscheinende Bücher prognostizieren.

Obwohl im "Bertelsmann Buch-Club" in großer Zahl Bücher vertrieben werden, handelt es sich dabei nicht um einen eigenständigen Verlag. Um Bücher verkaufen zu können, muß Bertelsmann die Lizenzen für die Produktion und den Vertrieb dieser Titel von anbietenden Verlagen kaufen.

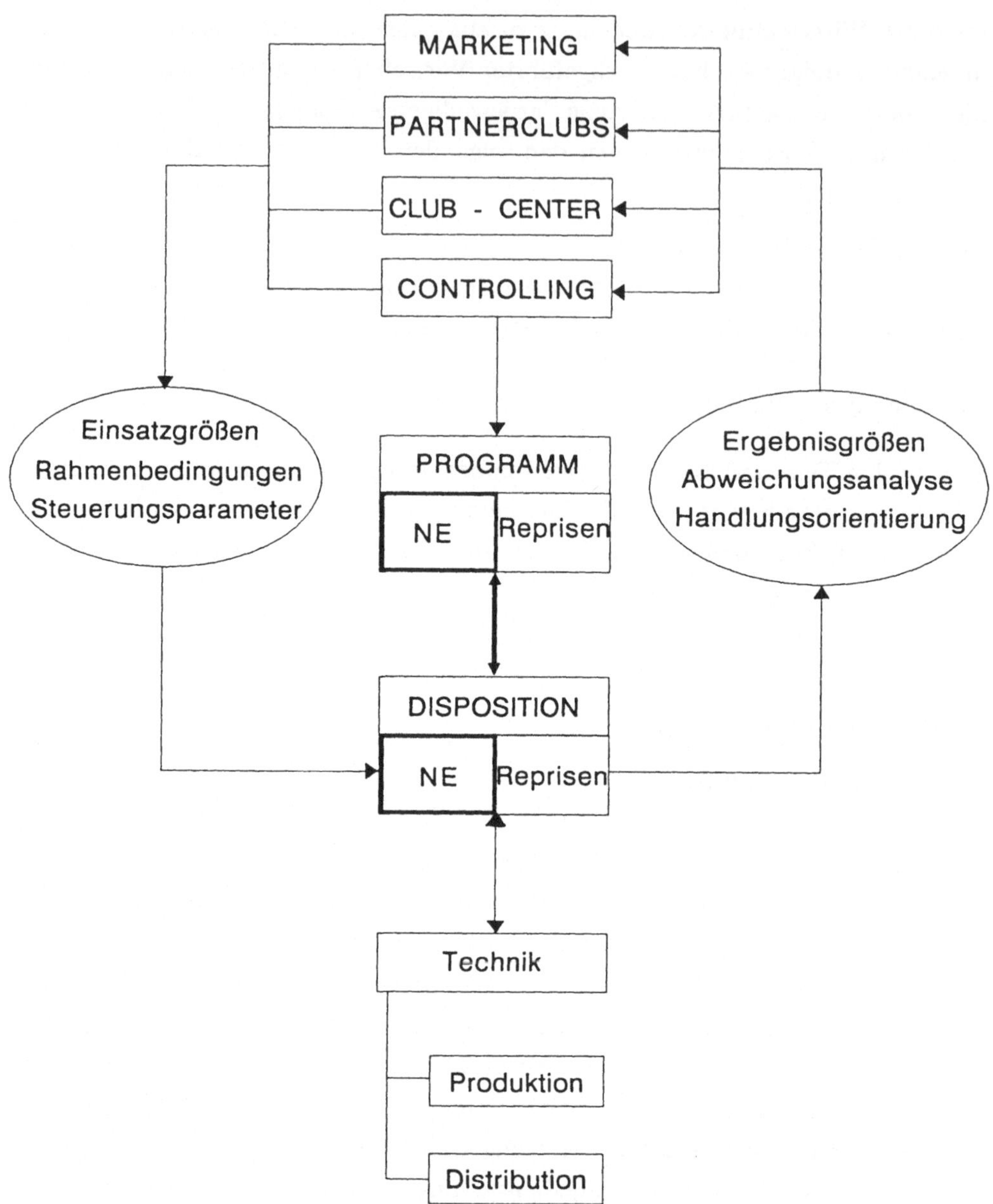

Abb. 3/3: Informationsfluß und -verarbeitung im "Buch-Club"

Anhand des strategischen Gesamtkonzepts für das "Clubgeschäft" (vgl. Abbildung 3/3) werden im folgenden sowohl die Aufgabenstellungen von ELIED innerhalb des "Clubgeschäfts" als auch der Informationsfluß zwischen den einzelnen Bereichen erläutert.

Die Disposition nimmt innerhalb des Informationskreislaufes im "Club" eine wichtige Position ein. Aus den vom Controlling-Bereich kommenden betriebswirtschaftlichen Rahmendaten wie z.B. Entwicklung des Mitgliederbestandes, des Pro-Kopf-Absatzes und des Nachfragepreises (Quotient aus Umsatz und Absatz) erstellt die Disposition eine vertriebswegbezogene Absatzplanung (nach "Club-Centern" und "Versand"), eine Auflagenplanung (Auflagenfestsetzung für Neuerscheinungen und Reprisen) und eine Planung der Bestandsentwicklung. Bei den Reprisen handelt es sich um in früheren Quartalen neu erschienene und noch im Angebot befindliche Titel. Im Gegenzug erhält das Controlling u.a. mitglieder- und katalogbezogene Ergebnisdaten.

Aus dem "Club Deutschland" heraus werden Empfehlungen an die "Partnerclubs" in Österreich ("Donauland") und der Schweiz ("Buch & Schallplattenfreunde") gegeben. Durch stärkere Einflußnahme auf das Bestellverhalten der "Partnerclubs" soll eine Erhöhung der Lieferbereitschaft bei einer gleichzeitigen Verringerung der Risiken (auf Vorräte und Lizenzen) für das identische Programmangebot erreicht werden.

Den für die Bevorratung der "Club-Center" zuständigen Warenwirtschaftssystemen DISPO (zentrale Prognose, Bedarf- und Bestellrechnung) und ISABEL (Warenverteilung auf die Filialketten) müssen auf Einzeltitel bezogene Prognosedaten zur Verfügung gestellt werden.

Aus dem Marketing erhält die Disposition regelmäßig Hinweise auf geplante Werbeaktionen und Aktivierungen der Mitglieder, die erheblichen Einfluß auf dispositive Entscheidungen haben können. Im Gegenzug muß das Marketing Informationen über Einlieferungen, Absätze und Bestände in aufbereiteter Form erhalten.

Aus der Produktion (Technik) werden Daten über vertraglich fixierte Auslastungsgarantiemengen, Ausstattungen (Sorten/Formate) und Produktionskosten zur Verfügung gestellt. Die produktionsnahe Distribution muß Informationen über Absatzprognosen und Auslieferungstermine einzelner Titel sowie Planmengen für Lagerbewegungen bekommen.

Aufgabe des Programmbereiches im "Club" ist die Gestaltung eines ausgewogenen Buchprogramms bei einer marktorientierten Preispositionierung in den vier Segmenten Belletristik, Sachbuch, Kinder-/Jugendbuch sowie Reihen und Serien. Um interessante und aktuelle Titel zu bekommen, ist der Einkäufer im allgemeinen zur Abnahme vertraglich festgelegter Lizenz-Mindestmengen bei festen Preisen gezwungen. Kann diese garantierte Mindestmenge später nicht abgesetzt werden, ergeben sich daraus Abschreibungen auf die zuviel gekauften Lizenzen und - falls schon produziert - auf die überschüssigen Rohbände und fertigen Titel. Unter Berücksichtigung der Auswahlkriterien

- Umsatz- bzw. Absatzentwicklung im "Club Deutschland" und bei den "Partnerclubs",
- Einkaufskonditionen beim Lizenzeinkauf (Termine, Mengen und Kosten),
- Risiken auf Honorare, Lizenzen und Vorräte,
- Preispositionierung und
- Ausstattungsmerkmale der Bücher

sowie der aus dem Controlling kommenden betriebswirtschaftlichen Rahmendaten wird das "Club-Programm" zusammengestellt.

Das Gesamtangebot besteht aus dem vierteljährlich erscheinenden Hauptkatalog, eventuellen Zusatzkatalogen (z.B. der im November erscheinenden Weihnachtspost), dem nicht im Katalog angebotenen CC-exklusiv-Programm und bestimmten Aktionstiteln, die häufig schon als fertig produzierte Titel eingekauft wurden.

Ziel der Disposition ist die Bereitstellung der durch den Programmbereich ausgewählten Titel in der richtigen Menge, zum richtigen Zeitpunkt, am richtigen Ort und zu möglichst geringen Kosten. Dabei werden je Titel eine Prognose-, eine Bedarfs- und eine Bestellrechnung durchgeführt:

- Bei der *Prognoserechnung* werden titelindividuelle Absatzschätzungen für das Planungsquartal im "Club Deutschland" vorgenommen, die als Basis für die weiteren Berechnungen dienen.
- Im Rahmen der *Bedarfsrechnung* wird, unter Berücksichtigung der Bestände, der Angebotsdauer eines Titels sowie der Nachfrage der "Partnerclubs" in Österreich und der Schweiz, der Gesamtbedarf jedes einzelnen Titels prognostiziert.
- Basierend auf dem prognostizierten Bedarf werden in der *Bestellrechnung* titelindividuelle Auflagen errechnet, die dann die Grundlage der Bestellungen bilden.

Grundsätzlich wird bei der Disposition zwischen Neuerscheinungen und Reprisen unterschieden. Die Disposition der Reprisen erfolgt DV-gestützt durch das System DISPO. Basis der Prognoserechnung sind dabei die Absatzmengen im NE-Quartal (Neuerscheinungs-Quartal) und die empirisch ermittelten Standardverlaufskurven, die eine Art Produktlebenszykluskurve je Titelgruppe, wie z.B. für Gesellschaftsromane, darstellen.

Bei der Absatzprognose von Neuerscheinungen wird innerhalb der betriebswirtschaftlichen Rahmenbedingungen auf Basis von Analogietiteln, unter Einbeziehung subjektiver Einschätzungen der Experten, der Absatz im NE-Quartal prognostiziert. Auf diese Prognose stützt sich dann sowohl eine Empfehlung für den Lizenzeinkäufer im Programmbereich als auch die Erstauflagenfestlegung innerhalb der Disposition. Generelle *Zielsetzung* von ELIED muß also die DV-Unterstützung der Prognose-, Bedarfs- und Bestellrechnung für Neuerscheinungstitel sein, wobei das Hauptaugenmerk auf einer Reduzierung von Lizenz- und Warenrisiken liegt.

Die kurze Beschreibung dieses Gesamtkonzeptes innerhalb des "Club Deutschland" zeigt, daß es eine ganze Reihe interessanter DV-technischer und organisatorischer Aufgabenstellungen im "Club" gibt. In diesem Gesamtrahmen muß das Projekt ELIED als Unterstützung des Lizenzeinkaufs und der Erstauflagendisposition gesehen werden.

Auf Basis der Plandaten des Geschäftsjahrs 88/89 ergab sich im Rahmen der Wirtschaftlichkeitsrechnung, daß bei einer Verringerung des Abschreibungsrisikos um nur 10% durch den Einsatz von ELIED schon eine Kosteneinsparung von etwa 200 TDM jährlich zu erzielen wäre. Auf eine detaillierte Wirtschaftlichkeitsrechnung muß an dieser Stelle aus Gründen der Vertaulichkeit verzichtet werden.

Bevor im folgenden die Beschreibung der Aufgabenstellung fortgesetzt wird, soll zunächst eine Einordnung von ELIED vorgenommen werden.

Wie in zahlreichen Literaturquellen beschrieben, können Expertensysteme generell zur Unterstützung folgender Aufgaben eingesetzt werden /vgl. z.B. HAY 83, S. 14; HEN 85, S. 138 ff.; KOE 88; KRA 88, S. 89 ff.; MEN 85, S. 984; NON 89, S. 100 f./:

- Interpretation,
- Design und Konstruktion,
- Planung, Vorhersage und Beratung,
- Diagnose, Fehleranalyse und -behebung,
- Überwachung und Kontrolle,
- Konfiguration.

Ein Expertensystem kann i.d.R. mehreren Aufgabenbereichen zugeordnet werden. So enthält ELIED sowohl Bestandteile eines Interpretations- als auch eines Planungs-, Vorhersage- und Beratungssystems, da in Form eines Beratungsdialoges aus einer Interpretation von Analogie- und Neutiteldaten der Absatz für einen Neuerscheinungstitel prognostiziert wird.

Neben dieser üblichen Differenzierung lassen sich mit den administrativ-dispositiven und den konzeptionell-planenden Anwendungen zwei weitere grundlegende Klassen von Einsatzgebieten für Expertensystemen unterscheiden /vgl. KOE 89, S. 96/. Administrativ-dispositive Anwendungen haben die Aufgabe, den Menschen von häufig wiederkehrenden Routinearbeiten zu entlasten und sind von vergleichsweise geringer Komplexität. Sie erfordern eine enge Anbindung an zentrale Verarbeitungssysteme, so daß den Schnittstellen zur konventionellen DV eine besonders große Bedeutung zukommt. Konzeptionell-planende Anwendungen sollen den Experten in seiner Zielfindungs- und Gestaltungsarbeit unterstützen. Dabei handelt es sich um Transaktionen von hoher Komplexität.

ELIED kann den administrativ-dispositiven Anwendungen zugerechnet werden. Bei der bisherigen Erörterung der Aufgabenstellung sind mit der Reduktion von Risiken im wesentlichen quantifizierbare Ziele betrachtet worden. Die im Projekt involvierten Fachabteilungen verbanden mit der Realisierung von ELIED aber weitere für administrativ-dispositive Systeme typische qualitative Zielsetzungen /vgl. auch KOE 89, S. 96/:

- Verbesserung von Entscheidungen durch eine präzise Verarbeitung einer großen Zahl von Einflußfaktoren,
- Systematisierung und Objektivierung von Entscheidungsprozessen (Ausschluß subjektiver Bewertungen),
- Bereitstellung möglichst vieler entscheidungsrelevanter Informationen,
- Nutzung von Expertenwissen aus verschiedenen Wissensbereichen,
- schnellere Anpassungen an Marktveränderungen,
- Entlastung der Experten von zeitraubenden Routineaufgaben,
- Dokumentation und nachträgliche Überprüfbarkeit der Entscheidungen sowie
- Verbesserung der Schulungsmöglichkeiten.

Im folgenden werden die mit der Systementwicklung verbundenen Zielsetzungen weiter konkretisiert.

3.3.2 Verknüpfung der Wissensbereiche Disposition, Programm und Marketing

Der Lizenzeinkauf und die Erstauflagendisposition eines Neuerscheinungstitels im "Club" hängen entscheidend von dessen Absatzschätzung ab. Durch die gemeinsame Entwicklung eines Systems, das alle für die Absatzprognose relevanten Funktionsbereiche umfaßt, können die Risiken auf Lizenzen und Vorräte erheblich verringert werden.

Da es sich bei der Prognose von Neuerscheinungstiteln um vielfältiges und diffuses Erfahrungswissen handelt, das auf die Bereiche Disposition, Programm und Marketing verteilt ist, lag es nahe, dieses Wissen in einem Expertensystem zu verknüpfen und systematisch aufzubereiten, um schließlich, im Rahmen einer Prognose-, Bedarfs- und Bestellrechnung, Empfehlungen für Lizenzeinkauf und Erstauflagendisposition geben zu können (siehe Abbildung 3/4).

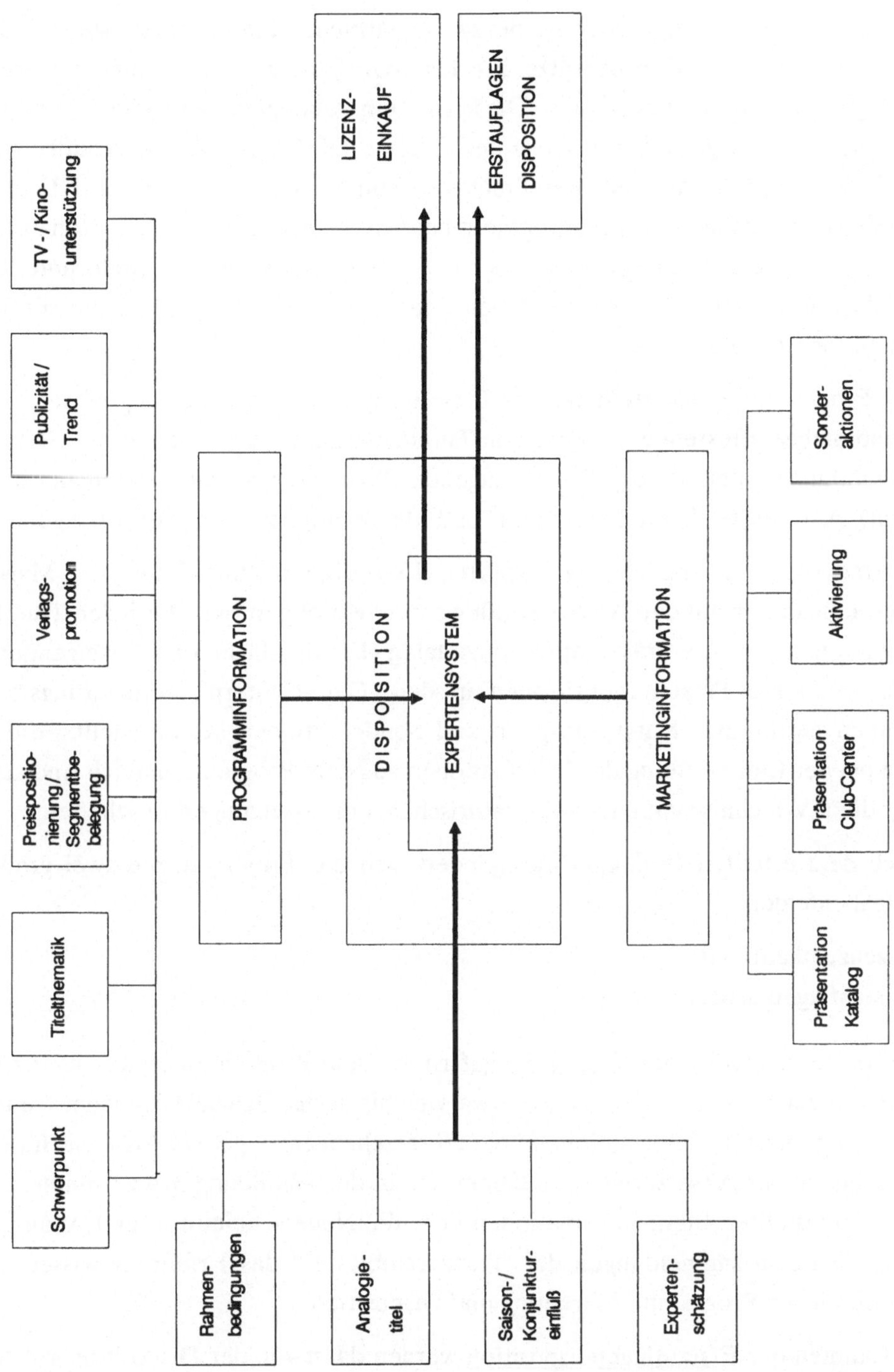

Abb. 3/4: Verknüpfung der Wissensbereiche Disposition, Programm und Marketing

Die Disposition verfügt über betriebswirtschaftliche Rahmendaten wie Mitgliederentwicklung, Pro-Kopf-Absätze, Pro-Kopf-Umsätze, Kapitalbindung, Lagerumschlag, Wareneinsatz und Risiko. Diese sind um Analogiedaten (Stamm- und Bewegungsdaten vergleichbarer Titel) der Systeme DISPO (Warenwirtschaftssystem für Prognose-, Bedarfs- und Bestellrechnung von Reprisen) und TITELINFO (Titelinformationssystem für den Programmbereich) zu ergänzen. Darüber hinaus hat die Disposition Erfahrungswissen über die Vergleichbarkeit von Titeln und über die Auswirkungen von Saisoneinflüssen, Marktentwicklungen und Medieneinflüssen auf den Absatz.

Der Programmbereich stellt für das Expertensystem sein Erfahrungswissen über die absatzbeeinflussende Wirkung von Titelthematik, Preispositionierung, Schwerpunktbildung innerhalb des Gesamtangebots, Promotion aus den Verlagen (Sortiment), Autorenpublizität, Lesertrends und Medienunterstützung zur Verfügung.

Im Marketing muß zunächst das Expertenwissen über die Auswirkung von Marketing-Maßnahmen auf den Absatz erfaßt werden. Künftig müssen für jeden Titel Informationen über die Präsentation im Katalog (Katalogfläche und Anzeigenqualität), besondere Präsentationsformen in den "Club-Centern", Aktivierungsmaßnahmen bestimmter Kundengruppen und Sonderaktionen bereitgestellt werden. Wie bei der Einbeziehung der Informationen aus dem Programmbereich sind auch hier die DV-technischen und organisatorischen Voraussetzungen zu schaffen.

Nach dem erteilten Projektauftrag gliedert sich das Projekt in die zwei großen Aufgabenfelder

- Lizenzeinkauf und
- Erstauflagendisposition.

Ziel des Systems für den Lizenzeinkauf ist es, dem Programmbereich beim Einkauf von Buchlizenzen frühzeitig - etwa vier bis sechs Quartale vor dem Neuerscheinungsquartal - Informationen über Absatzchancen zu geben. Als Basis für die Berechnung der Absatzprognosen dienen die in der Abbildung 3/4 zusammenfassend dargestellten Input-Informationen über die Neuerscheinungs- und Analogietitel, die Bedarfsanmeldungen der "Partnerclubs" und das Erfahrungswissen aus den Bereichen Programm, Marketing und Disposition.

Im Rahmen der Erstauflagendisposition werden dann von der Disposition auf Basis einer verbesserten Absatzprognose etwa 2 Quartale vor dem Neuerscheinungs-Quartal wirtschaftliche Erstauflagen festgesetzt. Dabei müssen produktionstechnische Gegebenheiten, Bedarfsanmeldungen der "Partnerclubs", Wareneinsätze, Bestellkosten, Lagerkosten und Zinssätze berücksichtigt werden.

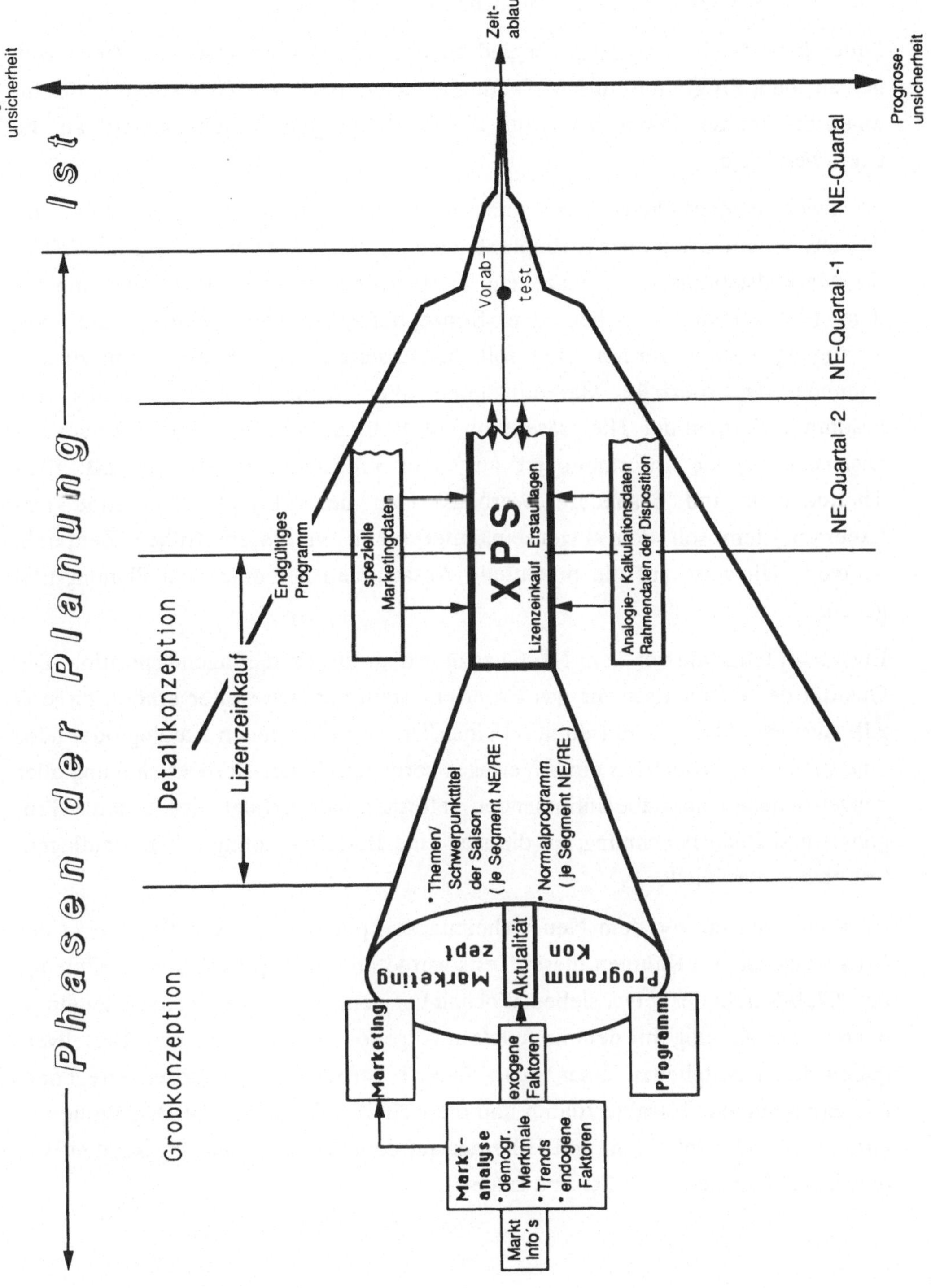

Abb. 3/5: Einsatzzeitpunkt des Systems im Rahmen der Planung

Abbildung 3/5 verdeutlicht den zeitlichen Ablauf des Systemeinsatzes.

Unter Berücksichtigung exogener und endogener Faktoren sowie der Zielsetzungen aus dem Programm- und Marketingbereich entsteht ein Grobkonzept, das für einen bestimmten Planungshorizont die Ausrichtung des "Clubangebots" an Büchern beschreibt.

Etwa vier bis sechs Quartale vor einem konkreten Neuerscheinungszeitpunkt werden aus diesem Grobkonzept Empfehlungen für den Lizenzeinkauf abgeleitet. Um die Marktakzeptanz eines einzelnen Titels prognostizieren zu können, müssen dem Lizenzeinkäufer neben den Konzeptinformationen weitere Daten zur Verfügung gestellt werden. Hier soll das Expertensystem ELIED zum Einsatz kommen, das spezielle Marketingdaten über geplante Werbeaktionen und bestimmte Formen der Titelpräsentationen, Rahmen- und Analogiedaten aus der Disposition sowie Informationen aus dem Programmbereich wie z.B. über Titelthematik und besondere Werbeaktionen der Verlage verarbeitet. Das Expertensystem soll dem Lizenzeinkäufer schon zu diesem frühen Zeitpunkt wertvolle Hinweise auf die potentielle Absatzahlen der einzelnen Planungstitel geben.

Etwa zwei Quartale vor dem NE-Quartal erfolgt die Erstauflagendisposition. Die Qualität der Information für das Expertensystem hat sich weiter erhöht, da jetzt z.B. Aussagen über die Präsentation eines Titels in dem neuen Katalog oder über eine verstärkte Promotion eines Verlages vorliegen. Unter Berücksichtigung aller neugewonnenen absatzbeeinflussenden Informationen erfolgt eine erneute Prognose- und Bedarfsrechnung, an die sich eine Bestellrechnung mit Erstauflagenfestsetzung anschließt.

Etwa ein Quartal vor dem Neuerscheinungszeitpunkt liegen die Ergebnisse des Vorabtests vor. Im Rahmen dieses Tests wurde an eine repräsentative Teilmenge der "Club-Mitglieder" etwa sieben Wochen vor dem Beginn des Neuerscheinungsquartals der Katalog mit dem kompletten Angebot versandt. Aus dem Bestellverhalten dieser Mitglieder lassen sich erheblich verbesserte Prognosen errechnen. Die Erfassung der Vorabtestdaten und die weitere DV-technische Begleitung der einzelnen Titel erfolgt dann mit Hilfe der auf dem Großrechner eingesetzten Warenwirtschaftssysteme DISPO und ISABEL.

3.4 Projektmanagement und Organisation

3.4.1 Aufgabenverteilung

Ebenso wie konventionelle bedürfen auch wissensbasierte Entwicklungsvorhaben eines straffen Projektmanagements. Die Projektorganisation muß dabei auf die Besonderheiten des Knowledge Engineerings (vgl. Abschnitt 2), wie z.B. die zyklische Vorgehensweise, abgestimmt sein. In Abbildung 3/6 ist die dem Projekt ELIED zugrundegelegte Organisationsstruktur skizziert.

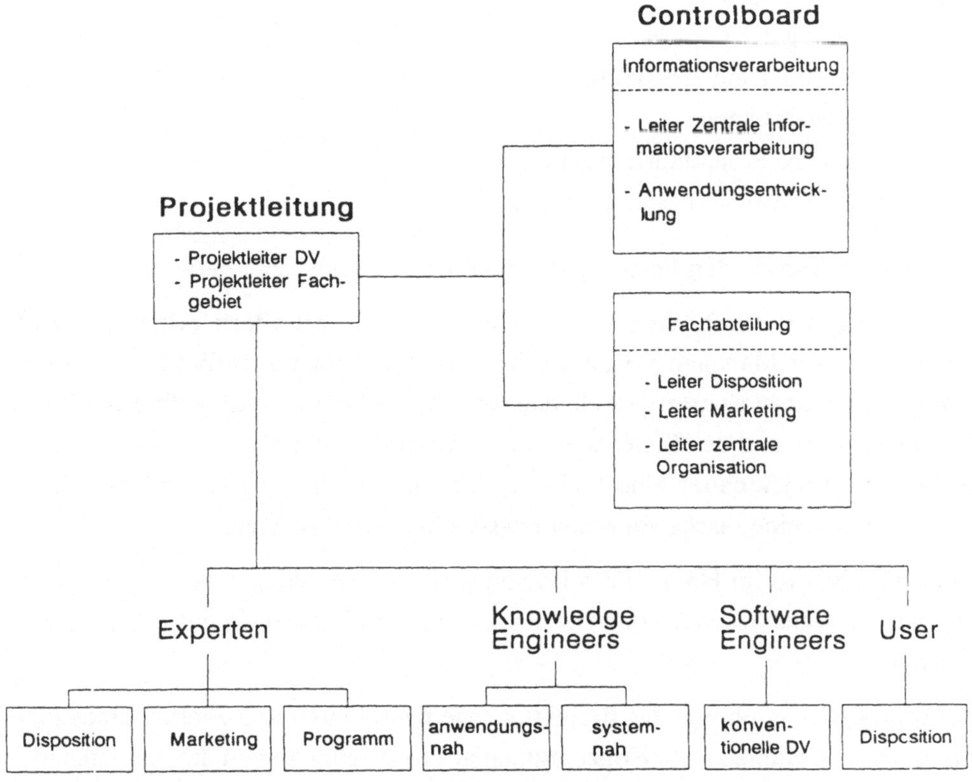

Abb. 3/6: Organisationsstruktur des Projektes ELIED

Im wesentlichen lassen sich dabei die im folgenden beschriebenen organisatorischen Einheiten unterscheiden:

- Controlboard,
- Projektleitung,
- Experten,
- Knowledge Engineers,

- Software Engineers (konventionelle Systementwickler) und
- User (Vertreter der Systemnutzer).

In Abhängigkeit von der Projektgröße können generell die einzelnen Rollen sowohl von Einzelpersonen als auch von Gruppen wahrgenommen werden.

Das Controlboard setzt sich aus führenden Vertretern der Informationsverarbeitung und der beteiligten Fachabteilungen zusammen. Aufgabe des Controlboards ist es, über

- das Budget und den Entwicklungsaufwand,
- den Entwicklungsrahmen,
- die Entwicklungsdauer,
- die Freistellung der Experten,
- die Bereitstellung von Hilfskräften,
- Terminverschiebungen,
- Änderungen des Projektauftrages und
- Einsatz- und Entwicklungsumgebungen

zu entscheiden sowie den Fortgang des gesamten Projektes zu überwachen.

Realisierung und Einführung eines Expertensystems erfordern erhebliche Aufmerksamkeit des Managements, auch des Top Managements. Insbesondere bei einem Pilotprojekt ist es erforderlich, daß die Unternehmungsleitung die Einführung der Technologie und des Systems in vollem Umfang unterstützt. So läßt sich über die gesamte Projektdauer eine hohe Motivation aller Beteiligten und bei Management-Fragen eine rasche Entscheidungsfindung gewährleisten.

Das Controlboard im Hause Bertelsmann wird in regelmäßigen Abständen (etwa alle vier bis sechs Wochen) von der Projektleitung über den Stand des Projektes informiert.

Der Projektleitung obliegt das Projektmanagement. Durch den Einsatz eines Phasenschemas im Rahmen des Konzeptionellen Prototyping ähneln die Aufgaben des Projektmanagements bei Expertensystem-Entwicklungen in weiten Teilbereichen denen konventioneller Systementwicklungen. Sie lassen sich im wesentlichen in Projektplanung und -steuerung unterscheiden. Die *Projektplanung*, die sich in einem Projektplan manifestiert, beinhaltet /vgl. LEB 88a, S. 88; STA 89, S. 402/:

- die Definition von Zielen und Zwischenzielen,
- die Abschätzung des Aufwandes an Entwicklungszeit, Mitarbeitern, Sachmitteln und Kosten,
- die Bildung des Projektteams,
- die Planung des Mitarbeitereinsatzes und der Termine,
- die Konzeption eines Ablaufplanes mit Meilensteinen,

- die Schaffung geeigneter personeller, finanzieller und organisatorischer Rahmenbedingungen,
- die Planung des Knowledge Engineering,
- die Konzeption des Erprobungsplans,
- die Planung der Produktionsübernahme und späteren Pflege und
- die Gegenüberstellung des tatsächlichen und des geplanten Aufwandes nach Abschluß des Projektes mit den sich daraus ergebenden Konsequenzen.

Im Rahmen der *Projektsteuerung* wird das Projekt laufend überwacht, und ggf. werden korrigierende Maßnahmen eingeleitet, um die Einhaltung

- der Projektziele,
- der geplanten Termine und
- der Vorgaben über Personaleinsatz, Sachmittel und Projektkosten

zu gewährleisten. Kommt es zu Plan/Ist-Abweichungen, kann die Projektleitung in bestimmten Grenzen Terminverschiebungen vornehmen. Bei grundlegenden Verzögerungen, die den geplanten Einsatztermin gefährden, muß das Controlboard verständigt werden. Die Projektleitung kann dann z.B. vorschlagen, das Projektteam zu verstärken oder später zu realisierende Teilprojekte abzuspalten.

Darüber hinaus sorgt die Projektleitung für die Kommunikation zwischen den beteiligten Gruppen und die stetige Motivation aller Beteiligten. Die Aufgabe des Projektmanagements unterscheidet sich grundsätzlich von den Tätigkeiten des Experten und des Knowledge Engineers. Es ist daher insbesondere bei großen Projekten wichtig, mit der Projektleitung mindestens eine weitere Person zu beauftragen, die über die nötige Entscheidungskompetenz verfügt.

Aufgrund der geringen Erfahrungen mit der Entwicklung der erst seit wenigen Jahren in der betrieblichen Praxis eingesetzten Expertensysteme /vgl. MER 86, S. 936/ und bedingt durch den iterativen Entwicklungsprozeß ist eine verläßliche Projektplanung sehr schwierig. Würde bei der Entwicklung des Systems nicht modellbasiert und methodisch vorgegangen, sondern ließe man sich allein vom Gedanken des Rapid Prototyping leiten (vgl. Abschnitt 2.2), wäre eine solide Projektplanung fast unmöglich. "One major advantage of a methodological approach to knowledge engineering is that it provides a basis for communicating about the progress of a knowledge engineering project. All too often, knowledge engineering projects become a black hole, and managers have difficulty perceiving signs of progress" /FRE 85, S. 158/.

Nur eine methodische Vorgehensweise erlaubt die Aufstellung eines Projektplans und ist deshalb der betrieblichen Praxis angemessen. Die Projektüberwachung und damit die Einhaltung des Projektplanes erfolgt durch /vgl. STA 89, S. 404/:

- Projektbesprechungen in festen Zeitabständen,
- mündliche Berichterstattung in Ausnahmesituationen,
- regelmäßige schriftliche Projektberichte oder
- Demonstration des Projektstatus anhand fertiger Module auf Anforderung.

Im Rahmen der Projektüberwachung kommt der Qualitätssicherung eine große Bedeutung zu. Zum einen soll die Korrektheit des Systems durch geeignete Tests und Reviews mit den Experten gewährleistet werden, zum anderen ist die Einhaltung der Methode des Konzeptionellen Prototyping, z.B. die Beantwortung der kritischen Fragen aus den Checklisten, das Systemdesign vor der Implementation und die Überwachung der Vorgehensweise bei der Validierung und Verifikation, sicherzustellen /FEL 89a, S. 42/.

Die Experten sind i.d.R. der Engpaßfaktor des Projektes. Ihre Zeit ist knapp und teuer. Während des Projektes ELIED hat sich immer wieder gezeigt, daß die Experten in kritischen Projektphasen häufig schwer verfügbar waren. Aufgabe der Experten muß es daher sein, sich auf der einen Seite möglichst große Freiräume für die Projektarbeit zu verschaffen und auf der anderen Seite bei eigener Unabkömmlichkeit versierte, ausreichend motivierte Mitarbeiter für die Systementwicklung zur Verfügung zu stellen.

In Anlehnung an das Modell des Konzeptionellen Prototyping (vgl. Abschnitt 2.4) gliedern sich die Knowledge Engineers in zwei Gruppen (siehe Abschnitt 4.1). Die anwendungsnahen Knowledge Engineers führen die Wissensakquisition durch und entwerfen das Gesamtkonzept. Die systemnahen Knowledge Engineers haben die Aufgabe, mit Hilfe der zur Verfügung stehenden Entwicklungsumgebung eine adäquate Repräsentation des Wissens vorzunehmen. Bei kleineren Projekten übernehmen sie häufig auch die Programmierung der konventionellen Systembestandteile.

Die konventionellen Programmierer gewährleisten die programmtechnische Integration des Expertensystems in die DV-Umgebung der Unternehmung sowie die Entwicklung und Pflege der konventionellen Systembestandteile. Die bei großen Projekten häufig noch anzutreffende Trennung zwischen systemnahen Knowledge Engineers und konventionellen Systementwicklern, die im wesentlichen auf dem großen Mangel an Knowledge Engineers im Verhältnis zu den vielfältigen Anwendungsgebieten für wissensbasierte Systeme beruht, dürfte mit der Diffusion der Expertensystem-Technologie in alle Bereiche der Datenverarbeitung allmählich verschwinden. Künftig wird es kein Nebeneinander, sondern eine völlige Integration der heute vielfach noch getrennten Welten zu einer wissensbasierten Systementwicklung geben.

Sofern nicht die Experten selbst die Zielgruppe des einsatzfähigen Systems sind, sollte zusätzlich mindestens ein Vertreter der Systemnutzer im Projekt mitarbeiten. Er kann wesentlich zur Gestaltung der Benutzeroberfläche sowie zur Definition des Dialoges und damit zu einer erheblichen Akzeptanzsteigerung des Gesamtsystems beitragen.

Das Projektteam sollte möglichst klein sein, da der im Rahmen des Projektmanagements anfallende Koordinations- und Integrationsaufwand bei einer größeren Zahl von Projektmitarbeitern überproportional wächst. So bewirkt eine Erweiterung des Projektteams um qualifizierte Mitarbeiter nicht automatisch eine Erhöhung der Leistungsfähigkeit, sondern kann sogar das Gegenteil bewirken (Brooksches Gesetz) /BRO 75, S. 25/.

Für die Durchführung von Software-Entwicklungsprojekten wurden in der Vergangenheit zahlreiche computergestützte Projektmanagement-Systeme entwickelt. Der iterative Prozeß der Expertensystem-Entwicklung aber verhindert einen sinnvollen Einsatz von ursprünglich für konventionelle Entwicklungsvorhaben erstellten Projektmanagement-Systemen, da in einem Expertensystem-Projekt im Vergleich zur konventionellen Systementwicklung häufigere und flexiblere Reaktionen auf Veränderungen der Anforderungen erforderlich sind /KUR 89a, S. 101/.

Künftig müssen geeignete Organisationsmittel entwickelt werden, die auf die spezielle Aufbau- und Ablauforganisation des Projektes abgestimmt sind. Zunächst werden folgende Organisationsmittel eingesetzt /vgl. KUR 88b, S. 12 f.; KUR 89a, S. 101 ff./:

- Der *Gesamtaktivitätenplan* enthält eine Übersicht über die wichtigsten Aufgabenkomplexe und deren Reihenfolgen bei der Durchführung. Bei großen Projekten können hier Netzpläne eine hilfreiche Unterstützung bieten.
- Der *Teilaktivitätenplan* wird aus dem Gesamtaktivitätenplan ermittelt, beschreibt die jeweiligen Aufgaben (Teilaktivitäten), setzt verbindliche Termine und dient als Hilfsmittel für die individuelle Arbeitsplanung einzelner Projektgruppen.
- *Mängelberichte* zeigen Fehler und Mängel auf, die dem Projektleiter vorzulegen sind und als Grundlage für Diskussionen der einzelnen Projektgruppen untereinander dienen.

Die konventionellen Projektmanagement-Systeme müssen künftig um die speziellen Anforderungen von Expertensystem-Entwicklungen erweitert werden, um so das Berichtswesen sowie die Projektplanung und -steuerung vereinfachen zu können /FRÖ 88, S. 66 f./.

3.4.2 Aufwandschätzung

Eines der größten Probleme für das Projektmanagement von Expertensystem-Projekten stellt die Aufwandschätzung dar. Auch bei Bertelsmann wollten die Auftraggeber des Projektes im Vorfeld wissen,

- wie teuer die Entwicklung ist (Kosten- und Budgetplanung),
- wie lange der Entwicklungsprozeß dauert (absolut und in Mannmonaten) und
- welche Voraussetzungen geschaffen werden müssen (z.B. Hard- und Software).

Harmon und King unterscheiden nach der Regelanzahl kleine (bis 350 Regeln), große (bis 3000 Regeln) und sehr große Systeme (über 3000 Regeln). Nach ihren Erfahrungen belaufen sich die Projektkosten bei der Entwicklung dieser Systeme auf 80.000 bis 120.000 DM, 100.000 bis 2 Millionen DM bzw. 4 bis 10 Millionen DM /HAM 89a, S. 224/. Die Bezugsbasis "Regelanzahl" entspricht der zu Recht äußerst umstrittenen Beurteilung des Umfanges von konventionellen Systemen nach Lines of Codes und ist daher entsprechend vorsichtig zu bewerten. Je nach Anwendungsgebiet können sich im Einzelfall völlig andere Kosten ergeben, ganz abgesehen von der Tatsache, daß es überaus schwierig ist, im Vorfeld der Entwicklung die Regelanzahl des Systems auch nur annähernd richtig zu prognostizieren.

Die Gesamtkosten für ein Expertensystem ergeben sich aus /vgl. PUP 88, S. 152; SCD 87, S. 268/:

- Kosten einer Entwicklungs- und Einsatzumgebung (je nach Art zwischen 20.000 und 400.000 DM),
- Kosten für das Projektmanagement (Arbeitszeit der Projektleitung),
- Kosten für den Aufbau der Wissensbasis (Arbeitszeit der Knowledge Engineers und der Experten),
- Kosten der Wissensakquisition (Reise- und Kommunikationsspesen),
- Kosten der Portierung von einer Entwicklungs- auf eine Runtime-Umgebung (Personal- und Sachkosten),
- Kosten für die Einführung des Expertensystems (Schulung der Benutzer und Reibungsverluste bei der Einführung),
- Kosten des laufenden Betriebs (Hardwarekosten und Lizenzgebühren) und
- Kosten für die Wartung (Personalkosten für die Anwendungspflege und zugehöriges Schulungsmaterial).

Bisher entschieden sich die meisten Unternehmungen, die große Expertensysteme entwickelten, für aufwendige Projekte mit sehr hohem erwarteten Nutzen und entsprechend kurzen Armortisationszeiten. Mit der zunehmenden Verbesserung der Expertensystem-Technologie zeichnet sich ein Trend zu weniger teuren Projekten mit etwas längeren Armortisationszeiten ab /HAM 89a, S. 224/.

Nach Waterman beträgt die Entwicklungsdauer eines großen kommerziellen Systems (nach heutigen Maßstäben mehr als 5.000 Wissenselemente) in Abhängigkeit vom Schwierigkeitsgrad etwa 2 bis 4 Mannjahre /vgl. WAT 86, S. 185/.

Weitere Erfahrungen aus der Entwicklung von Expertensystemen in der Praxis zeigen, daß bei der Realisierung eines mittelgroßen Expertensystems (über 1000 Wissenselemente) mit einem Entwicklungsaufwand von mindestens 12 Mannmonaten zu rechnen ist, wozu noch Tool- und Hardware-Kosten kommen /vgl. LEB 88a, S. 91/.

Schild beziffert die maximale Dauer für die Entwicklung von Expertensystemen auf 48 Monate. Dieser Zeitraum entspräche etwa der Generationslebenszeit von Hard- und Software und sollte deshalb aus Gründen der Wirtschaftlichkeit nicht überschritten werden. Gelänge es, das System innerhalb von 18 Monaten fertigzustellen und innerhalb der nächsten 6 Monate voll einzuführen, hätte die verwendete Hard- und Software eine Restlebenszeit von etwa 24 Monaten, die sich eventuell noch etwa 12 weitere Monate im Vergleich zur Nachfolgelösung wirtschaftlich pflegen und warten ließe /SCD 87, S. 268/. Eine mögliche Aufwärtskompatibilität bzw. Konvertierbarkeit des Systems würde diese Aussage sicherlich relativieren.

Die Heuristiken können zwar als Richtgröße dienen, ermöglichen aber im konkreten Einzelfall kaum eine seriöse Aufwandschätzung. Da das allgemeine Know-how über Expertensystem-Entwicklungen allmählich wächst und immer leistungsfähigere Werkzeuge verfügbar werden, mag die Entwicklungsdauer im Laufe der Zeit sinken. Dennoch stellen Expertensystem-Projekte auch künftig umfangreiche Vorhaben dar, die nicht mit wenigen Mannmonaten Entwicklungsaufwand durchzuführen sind /KUR 89a, S. 183/.

Mangels anderer Instrumente orientiert man sich auf der Suche nach geeigneten Schätzverfahren somit häufig an konventionellen Vorgehensweisen /vgl. NOT 86/. In Analogie zur konventionellen Datenverarbeitung läßt sich u.a. folgendes Verfahren anwenden /STA 89, S. 403 f./:

- Zerlegung des Gesamtsystems in überschaubare Kontrollblöcke.
- Aufgrund von Erfahrungswerten aus früheren Projekten wird der Aufwand für jedes Modul geschätzt (Analogie-Methode).
- Die Einzelschätzungen werden, unter Verwendung von Zuschlagsfaktoren für den Schwierigkeitsgrad des Projektes oder für die Qualifikation und die Erfahrung der Projektmitarbeiter, korrigiert.
- Das Verfahren wird mit fortschreitender Projektdauer mehrfach wiederholt.

In Anlehnung an das evolutorische Prototyping schlägt Kurbel ein Verfahren zur Aufwandschätzung vor, das phasenbegleitend zu einer Abschätzung gelangt. Nach der Definition des Anwendungsgebietes und ersten Interviews mit den Experten wird ein Prototyp gebaut, der den Funktionsumfang in etwa definieren und Hinweise auf den Entwicklungsaufwand des Systems geben soll. "Da die Ergebnisse nicht exakt angegeben werden können, geht man von einem plausibel erscheinenden Leistungsumfang aus, der in einem absehbaren Zeitintervall mit einer realistischen Projektmitgliederzahl erreichbar erscheint" /KUR 89a, S. 186/. Entweder sind also Projektdauer, Mitarbeiterzahl und damit auch das Budget variabel oder der Leistungsumfang des Systems wird bei der Aufwandschätzung lediglich grob festgelegt. Mag diese Vorgehensweise bei der Erprobung einer neuen Technologie zunächst praktikabel sein, so wird sie häufig selbst bei Pilotanwendungen von den Auftraggebern des Projektes abgelehnt, da diese i.d.R. den Leistungsumfang und die Kosten des Systems im Vorfeld des Projektes spezifiziert haben möchten. Der Erfolg des Projektes wird später u.a. von der Einhaltung dieser Projekt-Eckdaten bestimmt /vgl. FRÖ 88, S. 65/.

Fachaufwand je Phase in Prozent

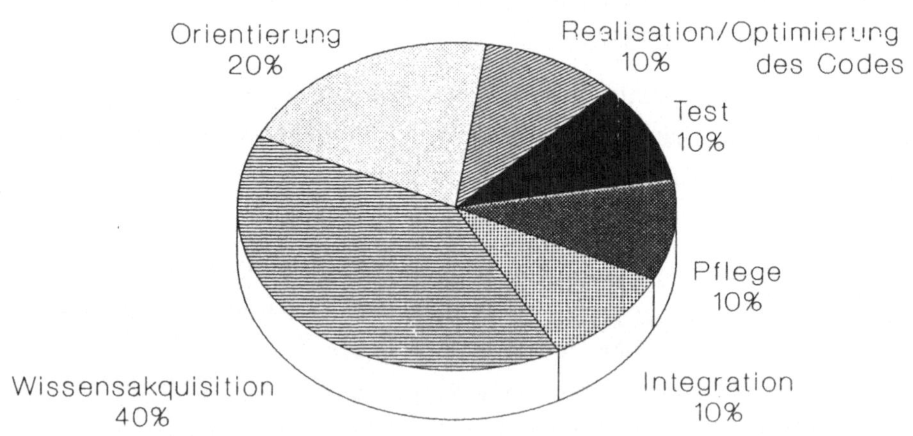

Abb. 3/7: Fachaufwand je Phase in Prozent /BEH 88, S. 8-13/

Wie bei konventionellen Verfahren, so wird auch bei Expertensystem-Entwicklungen versucht, den Aufwand einzelner Projektphasen abzuschätzen. So ermittelte beispielsweise Behrendt die in Abbildung 3/7 dargestellten Erfahrungswerte aus zahlreichen Projekten der IBM.

Mangels pragmatischer Vorgehensweisen und vorhandener Expertensystem-Projekterfahrungen wurde für das Projekt ELIED im Hause Bertelsmann die Aufwandschätzung derart durchgeführt, daß im Rahmen einer Grobkonzeption die Aufgabenstellung des Systems zunächst in überschaubare Teilaufgaben zerlegt wurde (siehe Abschnitt 4.1.2). Die einzelnen Teilaufgaben wurden dann schrittweise weiter segmentiert und dabei immer genauer spezifiziert. Aus dieser Feinspezifikation heraus konnte eine Aufwandschätzung vorgenommen werden, die eine Entwicklungsdauer von 18 Monaten bei folgender Zusammensetzung des Entwicklungsteams ergab:

- ein Projektleiter aus der Informationsverarbeitung, der zugleich mit anwendungs- und systemnahen Knowledge Engineering-Aufgaben betraut werden sollte (18 Mannmonate),
- ein Projektleiter aus der Fachabteilung,
- ein systemnaher Knowledge Engineer (8 Mannmonate),
- ein konventioneller Programmierer, der die Erstellung der Datenbank-Pflegeprogramme und die Integration in die konventionelle DV-Umgebung vornehmen sollte (4 Mannmonate),
- ein Hauptexperte und
- vier beratende Experten.

Neben den Personalkosten der Informationsverarbeitung für etwa 30 Mannmonate (siehe oben) wurden im Rahmen der Budgetfestlegung die Anschaffungs- bzw. Mietpreise der Entwicklungs- und Einsatzumgebungen sowie die Kosten für den laufenden Betrieb berücksichtigt. Da die anteiligen Personalkosten der Experten (sie arbeiteten nur zu einem Teil ihrer Arbeitszeit am Expertensystem) nicht über die Projektkostenstelle abgerechnet wurden, blieben diese bei der Festlegung des Budgets unberücksichtigt.

Die Einsatzumgebung in Form eines Apple-Macintosh II mit einer Runtime-Version der Expertensystem-Shell NEXPERT OBJEKT, dem Datenbankverwaltungssystem FOXBASE und dem Tabellenkalkulationsprogramm EXCEL sollte zunächst für die Entwicklung gemietet und zum Zeitpunkt des Systemeinsatzes von der Fachabteilung gekauft werden. Für die Entwicklungsarbeit sollten zwei MAC II-CX mit der gleichen Software sowie einer NEXPERT OBJEKT Entwicklungsversion gemietet werden. Zusätzlich stand ein IBM PS/2 Modell 70 zur Verfügung.

4 Knowledge Engineering bei der Entwicklung von ELIED

4.1 Wissensakquisition in den verschiedenen Wissensbereichen

4.1.1 Erfassung der Expertise

Die Wissensakquisition besteht aus dem Sammeln und Verarbeiten von Daten über

- das Funktionieren von Expertise in einem ausgewählten Fachgebiet,
- Interaktionen mit der Einsatzumgebung und
- Anforderungen der späteren Systemnutzer,

um wissensbasierte Systeme zu entwerfen, zu realisieren, zu erweitern, anzupassen und zu verändern. Die Wissensakquisition ist ein permanenter Prozeß, der alle Phasen vom Entwurf über die Implementation bis zur Wartung eines wissensbasierten Systems begleitet /SCA 85, S. 320/.

Die Wissensakquisition (engl. Knowledge Acquisition) ist die Aufgabe der Knowledge Engineers, die als Vermittler zwischen Experte(n) und Computer fungieren. Folgende Kenntnisse und Fähigkeiten sollten die Knowledge Engineers dabei idealtypischerweise haben /vgl. auch KRE 89, S. 35 ff./:

- Sicherer Umgang mit den Methoden der Künstlichen Intelligenz, insbesondere Implementations- und Repräsentationsformalismen,
- Verständnis des Anwendungsgebietes und der vom Experten verwendeten Terminologie,
- Erfahrungen im Software Engineering,
- Vertrautheit mit der Hardware,
- psychologisches Geschick und
- pädagogische Fähigkeiten.

Einzelne Personen werden dabei häufig überfordert sein, so daß eine Aufgabenteilung erforderlich ist. Bei der im Abschnitt 2.4 vorgestellten Systemarchitektur mit einer weitgehenden Trennung von Wissensakquisition und Wissensrepräsentation wird eine Aufteilung in systemnahe und anwendungsnahe Knowledge Engineers empfohlen /TAN 88, S. 74/.

Die <u>anwendungsnahen Knowledge Engineers</u> führen die eigentliche Wissensakquisition durch und übernehmen die implementationsunabhängige Beschreibung der Wissensbasis. Sie akquirieren, strukturieren und bewerten Informationen, klassifizieren sie und steuern den Konsultationsprozeß mit den Experten.

Die systemnahen Knowledge Engineers haben die Aufgabe, eine problemadäquate Repräsentation des in der Beschreibung spezifizierten Wissens und der Kontrollstrategien vorzunehmen. Sie sollten sowohl sehr gute Kenntnisse in Techniken und Methoden der Künstlichen Intelligenz als auch Erfahrungen im Umgang mit den eingesetzten Werkzeugen haben.

Neben einer Entmystifizierung der Person des Knowledge Engineers hat diese Trennung weitere Vorteile (vgl. Abschnitt 2.3.1):

- Die anwendungsnahen Knowledge Engineers müssen sich lediglich um Strukturierungs-und Konfigurationsprobleme kümmern und werden nicht durch implementationsspezifische Details wie z.B. Dialogführung oder Wissensrepräsentationsformalismen beeinflußt.
- Es müssen nicht alle an der Entwicklung einer bestimmten Wissensbasis beteiligten Knowledge Engineers gemeinsam an den sehr zeitaufwendigen Gesprächen mit den Experten teilnehmen.

Die personelle Trennung von Wissensakquisition und Wissensrepräsentation hat aber auch nicht zu unterschätzende Nachteile (vgl. Abschnitt 2.3.1):

- Es kann zu Informationsdefiziten bei der Implementation des Wissens kommen, da evtl. vom anwendungsnahen Knowledge Engineer nicht alles weitergegeben oder sinnvoll dargestellt werden konnte, was an Expertise akquiriert wurde. Das dem systemnahen Knowledge Engineer vorliegende Wissen kann daher veraltet oder unvollständig sein.
- Dem systemnahen Knowledge Engineer fehlen Eindrücke und Erfahrungen aus den Gesprächen mit den Experten.

Insbesondere bei den ersten Sitzungen mit den Experten bei der Entwicklung von ELIED war es daher sehr wichtig, daß auch die systemnahen Knowledge Engineers an den Gesprächen teilnahmen. So bekamen sie ein besseres Verständnis für das Anwendungsgebiet und lernten, die Experten besser einzuschätzen. Auch später wurden sie je nach Bedarf wieder hinzugezogen.

Die Wissensakquisition läßt sich in drei Phasen mit unterschiedlichen Arten von Ergebnissen unterteilen /GRO 83, S. 436 ff.; KID 87, S. 3; SCA 85, S. 321/:

- Mit Hilfe von Wissensakquisitionstechniken (siehe S. 63 ff.) sind Informationen über das Fachgebiet und die Einsatzumgebung zu sammeln. Dabei wird die Rolle des zukünftigen Expertensystems festgelegt, um Komplexität, Kosten, Funktionalität und Nutzen der Automatisierung der Expertise bestimmen zu können.
- Die Daten werden interpretiert und analysiert, wobei die Aufgaben des Systems genau spezifiziert werden.
- So weit wie möglich wird versucht, die Erkenntnisse in einem Modell zu spezifizieren, das das Wissen und die Strategien des künftigen Expertensystems enthält.

Bei der Entwicklung des Gesamtsystems darf aber nicht übersehen werden, daß es auch konventionelle Bestandteile enthalten wird. Die Spezifikation der konventionellen Programme und der Schnittstellen wird i.d.R. einen beträchtlichen Zeitaufwand erfordern. Da der Knowledge Engineer häufig nicht nur die Verantwortung für die Realisierung der wissensbasierten Systemteile trägt, sollte er Erfahrungen aus der konventionellen Anwendungsentwicklung haben /KRE 89, S. 37 f./.

Die Aufgabe, Wissen von spezialisierten Fachleuten zunächst überhaupt zu gewinnen, dann aber auch in geeigneter Form zu strukturieren und durchschaubar zu machen, stellt sich dabei als ein noch ungelöstes Problem dar. " The identification and encoding of knowledge is one of the most complex and arduous tasks encountered in the construction of an expert System" /DUD 83, S. 265/.

Das von den Knowledge Engineers zu akquirierende Expertenwissen läßt sich folgendermaßen klassifizieren /vgl. JZG 88, S. 128; SCI 89, S. 53/:

- Konzeptionelles Wissen und Wissen um Beziehungen:
  gleicht einem Glossar, das die gesamte Domäne beschreibt.
- Prozedurales Routinewissen:
  stellt einen wesentlichen Teil des Expertenwissens dar und beschreibt die Art und Weise, wie bestimmte Problemstellungen gelöst werden.
- Faktenwissen und Heuristiken:
  setzt sich aus konkreten Sachverhalten und Erfahrungswissen zusammen, um einzelne Situationen zu beschreiben.
- Klassifizierendes Wissen:
  ermöglicht feinere Unterscheidungen in ähnlich gelagerten Fällen.

Routinewissen, Faktenwissen und Heuristiken haben oft den Charakter von verdecktem Wissen, d.h. erfahrene Experten können häufig nicht erklären, wie sie bestimmte Probleme lösen. Konzeptionelles und klassifizierendes Wissen sowie das Wissen um Beziehungen lassen sich hingegen insbesondere durch Interviews relativ leicht ermitteln /vgl. BAS 87, S. 32/.

Für den Knowledge Engineer stellt die Wissensakquisition eine große Herausforderung dar. Er allein muß die Experten motivieren, die Gespräche oder Interviews leiten, die Sitzungen organisieren und vorbereiten, den Fortgang der Erhebung steuern. Er ist Diskussionsleiter, Interviewer und Moderator, d.h. der Motor der Erhebung /SCI 89, S. 54/:

"...designing a knowledge base is not a matter of picking out of expert's brain something that's already there. It is the creation of a systematic domain - a new construct that reflects what is important in the situation of interest" /DAV 89, S. 63/.

Die Knowledge Engineers sollten sich vor intensiven Interaktionen mit den Experten zunächst mit der Anwendungsdomäne vertraut machen. Auch wenn hierbei am

Anfang Zeit verloren geht, so hilft es den Knowledge Engineers während des Projektes, Zusammenhänge schneller und besser zu verstehen.

Es gibt zahlreiche Techniken, um das Expertenwissen zu extrahieren und zu verbalisieren /vgl. GAM 85/. Man unterscheidet

- nonreaktive und
- reaktive

Verfahren.

Zu den nonreaktiven Verfahren, bei denen der Knowledge Engineer nicht gezwungen ist, auf den Experten zu reagieren, gehört die *Inhaltsanalyse*. Sie umfaßt die Auswertung schriftlicher Unterlagen über das Anwendungsgebiet, wie z.B. Handbücher, technische Beschreibungen oder Vorschriften. So wurden im Projekt ELIED Mappen mit Musterfällen und Beschreibungen bisheriger Verfahrensweisen analysiert. Bei der *Sekundäranalyse* wird bereits vorhandenes Datenmaterial einer Primärerhebung unabhängig von dessen ursprünglichen Zweck ausgewertet. Z.B. halfen statistische Analysen bei der Projektarbeit, Auswirkungen von Veränderungen absatzbestimmender Größen zu quantifizieren.

Schriftliche Quellen sind oft sehr umfangreich und enthalten exakte Definitionen und Beschreibungen. Ihr Inhalt ist aber häufig stark vom Ziel des Schriftstückes geprägt, er kann konzeptionell veraltet oder aus Sicht der Fakten nicht aktualisiert sein oder fälschlicherweise den Eindruck der Vollständigkeit erwecken /GIE 88, S. 5-2/.

Primär aus der experimentellen und kognitiven Psychologie stammen die reaktiven Verfahren, die sich anhand der zugrundeliegenden Techniken in folgende Kategorien einteilen lassen /vgl. GAM 85; HOF 87, S. 56 ff.; KAH 85; KAR 88b, S. 59 f.; SCI 88, S. 69 ff.; WEL 83/:

- Interviewtechniken,
- Beobachtungstechniken,
- indirekte Techniken und
- Review-Techniken.

Interviewtechniken basieren auf expliziten Fragen, mit denen der Knowledge Engineer versucht, Wissen vom Experten zu akquirieren. Diese Technik wurde im Rahmen des Projektes am häufigsten zur Wissensakquisition eingesetzt. Mit Hilfe *unstrukturierter Interviews* gewinnen die Knowledge Engineers einen Überblick über das Anwendungsgebiet, erhalten eine Einführung in die Problemstellung und können sich innerhalb der Terminologie orientieren. Ziel von *strukturierten Interviews* ist es, in systematischer Weise das Anwendungsgebiet zu durchdringen und

Lücken und Inkonsistenzen zu entdecken. Beim *fokussierten Interview* werden einzelne Konzepte und Zusammenhänge tiefergehend analysiert.

Mit Hilfe der Beobachtungstechniken können die Vorgehensweisen bei der Problemlösung erfaßt werden, die sich der direkten Introspektion sowie der Verbalisierung durch den Experten entziehen und nur in konkreten Problemsituationen angewandt werden. Z.B. kann der Experte durch sogenanntes *lautes Denken* (und anschließender *Protokollanalyse)* während der Lösung einfacher oder besonders komplexer Fälle seine Vorgehensweise schildern. Bei dem Versuch einer *Introspektion* gibt der Experte eine Beschreibung seiner eigenen Denkprozesse bei der Problemlösung. Die Ergebnisse der Introspektion sind aber sehr umstritten /vgl. z.B. WEL 83, S. 2 ff./. Eine weitere Methode besteht darin, dem Experten unvollständige Fallbeschreibungen vorzulegen und aus den folgenden Fragen Rückschlüsse auf den Problemlösungsprozeß des Experten zu ziehen /HOF 87, S. 57 f./. Begleitende *Gruppendiskussionen* helfen, strittige Punkte und Widersprüche zwischen den Experten zu verdeutlichen und Klärungsprozesse in Gang zu bringen.

Indirekte Techniken sollen dem Knowledge Engineer helfen, durch neutrale Fragestellungen unbewußtes Wissen vom Experten zu akquirieren. So wird z.B. im *Konstruktionsgitter-Verfahren* (siehe S. 68) ein Experte gebeten, einige Konzepte aus einem zusammenhängenden Bereich zu nennen. Aus diesen Konzepten werden sukzessive Tripel gebildet, bei denen der Experte angeben soll, durch welches Attribut sich eines der Konzepte von den anderen unterscheidet. Dieses Verfahren konnte im Gegensatz zur Induktion im Projekt ELIED noch nicht eingesetzt werden, da seinerzeit die entsprechenden Wissensakquisitions-Werkzeuge (wie das später entwickelte NEXTRA von Neuron Data) fehlten. Durch die *Induktion*, bei der Experten aufgefordert werden, Beispiele für Problemlösungen zu geben, kann intuitives Wissen eruiert werden. Die Wissensakquisition durch Beispiele wird von einer Reihe induktiver Shells (vgl. Abschnitt 4.2) unterstützt.

Review-Techniken dienen der Überprüfung des bereits erworbenen Wissens. I.d.R. präsentiert der Knowledge Engineer dem Experten das, was er verstanden, notiert und implementiert hat. Auf diese Art und Weise werden Unzulänglichkeiten aufgedeckt, die dann unmittelbar zu neuen Diskussionen führen. Obwohl die Knowledge Engineers ständig mehr über das Anwendungsgebiet erfahren, dürfen sie sich nicht selber als Experten fühlen, denn ihre Kenntnisse sind nur oberflächlicher Natur. Durch das *Brainstorming* (kritikfreie Ideenfindung in Gruppen) und die *Delphi-Methode* (mehrstufige Ermittlung von Gruppenmeinungen durch kritische Rückkopplung der Ergebnisse mehrerer Befragungsrunden von jedem Teilnehmer) kann die kritische Betrachtung des bisher akquirierten Wissens unterstützt werden.

Bei der Nutzung verbaler Quellen können Mißverständnisse durch Rückfragen sofort geklärt und die Beziehung zu den Experten intensiviert werden. Hingegen sind häufig die Protokollierungen lückenhaft, und die zeitaufwendigen Auswertungen von eventuell gemachten Tonbandaufzeichnungen unterbleiben /GIE 88, S. 5-4/.

Beim Einsatz der Wissenserhebungstechniken im Rahmen des Projektes traten eine Reihe schon in der Literatur verschiedentlich diskutierter Probleme auf /vgl. auch BAS 87, S. 32 f.; BUC 83, S. 153 ff.; DIE 87, S. 12; GAI 88b, S. 3; GAI 88c, S. 4 f.; KAR 88b, S. 83 ff.; MÄH 87, S. 16; PIE 88, S. 20/. Zum einen gab es grundsätzliche Schwierigkeiten bei der Erfassung der Expertise und zum anderen führten eher pragmatische Gründe zu Problemen:

Grundsätzliche Probleme bei der Wissenserhebung

- Die Anwendungsgebiete, in denen die Experten arbeiten, zeichnen sich i.d.R. durch hohe Komplexität und lange Lernzeiten aus. Man darf daher nicht erwarten, daß die Erhebung und die Abbildung des Wissens weniger komplex sind.
- Die Experten verfügen über eine große Menge an Wissen über Konzepte und Zusammenhänge, das im Laufe der Jahre durch Lernen und Erfahrung allmählich entstanden ist. Das Akquirieren und Protokollieren dieser großen Wissensmenge ist daher aufwendig und langwierig.
- Die Experten sind häufig nicht in der Lage, ihr Wissen zu verbalisieren, oder aus dem Gesagten lassen sich keine Rückschlüsse auf das Problemlösungsverhalten ziehen.
- Das Ergebnis der Wissensakquisition ist vage, d.h. der Knowledge Engineer und der Experte wissen nicht genau, was im Expertensystem abgebildet sein muß und wann man sicher sein kann, daß der Abbildungsprozeß vollständig ist.
- Das erhobene Wissen ist häufig unvollständig oder fehlerhaft, ohne daß die Auswirkungen sofort sichtbar werden.
- Die Experten weichen häufig von Richtlinien (offizielles Wissen) ab und wenden inoffizielles Wissen zur Problemlösung an, das sich nur schwer im System verankern läßt.
- Die Expertise kann unbewußt sein, d.h. der Experte ist sich nicht immer bewußt, warum er bestimmte Schritte beim Problemlösen durchführt und welche Konzepte wichtige Rollen spielen.
- Es gibt keine formalen Methoden, mit denen man implizites, sich nur in bestimmten Handlungsweisen manifestierendes Erfahrungswissen in explizite Strukturen überführen kann.
- Bestimmte Fähigkeiten werden oft erst durch bestimmte Anforderungen (Stimulussituation) aktiviert. Man muß den Experten häufig erst in seiner vertrauten Arbeitssituation agieren lassen, um das notwendige Wissen durch strukturierte Beobachtungen gewinnen zu können.
- Für die Abbildung des Wissens sind häufig keine adäquaten Repräsentationsformalismen vorhanden, so daß z.B. nicht-monotones Schließen oder Schlußfolgerungen über Raum und Zeit nicht abgebildet werden können.

<u>Pragmatische Gründe</u>

- Die Experten sind nicht verfügbar, da sie z.B. häufig abwesend sind oder so in das Tagesgeschäft eingebunden sind, daß für die Sitzungen mit den Knowledge Engineers nur wenig Zeit bleibt.
- Die Experten sind nicht genügend motiviert, weil ihnen z.B. der Zeitaufwand für das Projekt zu groß wird.
- Beim Experten treten Akzeptanzprobleme auf. Vielleicht sieht er seine eigene Position als Experte gefährdet oder er wird skeptisch in Bezug auf die Formulierbarkeit seiner Wissensdomäne und stellt damit den Sinn des Systems in Frage.
- Die Kommunikation zwischen Experten und Knowledge Engineer ist mangelhaft, da beide zu stark den Fachtermini ihres eigenen Gebietes verhaftet sind oder auf der menschlichen Ebene Probleme miteinander haben.

Durch die Trennung von anwendungs- und systemnahen Knowledge Engineer wird zwar die Sichtweise des anwendungsnahen Knowledge Engineers auf die Expertise kaum durch die Repräsentationsformalismen in der Wissensbasis beeinflußt, aber dennoch gilt: "Knowledge acquisition in a strictly rule-based architecture is ultimately rule acquisition. And if it is difficult for an expert to express problem solving expertise as rules, then it is hard to acquire the knowledge" /GRU 86, S. 17-2/.

Wie im Abschnitt 3.3.2 beschrieben, war das zu akquirierende Wissen auf die Bereiche Disposition, Programm und Marketing verteilt. In jedem dieser Bereiche standen für die Projektarbeit Experten mit langjähriger Erfahrung in der Wissensdomäne (über 10 Jahre) zur Verfügung. Es gelang zwar immer wieder, die Experten auf ein gemeinsames Vorgehen zu einen, aber es war schwierig, in Einzelfragen einen breiten Konsens herbeizuführen.

Diese Erfahrung deckt sich auch mit zahlreichen Berichten in der Literatur /vgl. z.B. ALE 88; MIT 85; ROL 88, S. 166; SHA 88a/. "In any case, much research needs to be done to resolve issues such as identifying different aspects of a problem and corresponding experts, integrating knowledge from various experts, resolving conflicts, assimilating competing strategies, personalizing community knowledge bases, and developing programming technologies for supporting these activities" /MIT 85, S. 36/.

Man kann drei verschiedene Ansätze zur Integration des Wissens mehrerer Experten unterscheiden /Vgl. ALE 88, S. 49 ff./:

- Bei der <u>Konsensusmethode</u> wird versucht, für eine Gruppe von Experten mit Hilfe von Diskussionen oder analytischen Methoden eine einheitliche Gruppenmeinung zu finden. Dieses Vorgehen kann u.U. sehr zeitaufwendig sein, ist aber sicherlich die praktikabelste Lösung.

- Bei der Auswahl eines bestimmten Problemlösungsverfahrens innerhalb einer konkreten Konsultation können mehrere Expertenmeinungen gleichberechtigt nebeneinander bestehen und es muß kein Konsens gebildet werden. Welche "line of reasoning" in einer konkreten Konfliktsituation gewählt wird, kann von der Philosophie des Benutzers abhängig gemacht werden.
- Der blackboard-Ansatz beruht auf einer Aufspaltung der Anwendungsdomäne in völlig getrennte Wissensquellen mit möglichst geringen Verbindungen untereinander. Verschiedene Experten sind für verschiedene Wissensquellen verantwortlich, so daß bei den geringen Interaktionen untereinander kaum Konflikte auftreten.

Im Projekt ELIED wurde folgendes sehr praktikables Verfahren angewandt: Da das Expertensystem zunächst innerhalb des Dispositionsbereichs eingesetzt werden sollte und hier auch von Seiten der Fachabteilung das umfassendste Wissen für die Lösung der Problemstellung vorhanden war, wurde einer der Dispositionsexperten zum Hauptexperten ernannt. Traten fortan Konflikte auf, wurde eine Lösung zunächst mit dem Hauptexperten zusammen gesucht und erst in zweiter Instanz mit den anderen Experten diskutiert. Blieben die Konflikte bestehen, mußte entweder mit allen Experten gemeinsam eine Lösung gefunden werden, was aber häufig aufgrund von Terminen und zeitlichen Restriktionen unmöglich war, oder es mußte in Einzelgesprächen zwischen Knowledge Engineer und Experten ein Konsens herbeigeführt werden.

Solange noch nicht mehr über die Art des menschlichen Denkens bekannt ist, bleibt die Wissenakquisition ein experimentelles "Trial and Error". Das Knowledge Engineering ist bis heute eine Kunst und keine Technik /JAC 87, S. 215 f./.

Da Studien gezeigt haben /vgl. LIT 88, S. 93 ff./, daß erfahrene Knowledge Engineers in gewissen Situationen immer wieder die gleichen Lösungsmuster verwenden, lassen sich Werkzeuge einsetzen, die dem Knowledge Engineer bei der Wissensakquisition und -repräsentation eine effiziente Unterstützung bieten /vgl. DIE 87, S. 36 ff.; GAI 88a; HAT 87; JOH 88; SAM 85, S. 49; SHA 88b/. "We would then engineer our knowledge about knowledge engineering into knowledge acquisition programs. It seems plausible to suppose that, if we could understand the skills and knowledge, that knowledge engineers use when they build models of someone's reasoning in a domain, we could contribute to the goal of understanding how to build general automated knowledge acquisition tools" /LIT 88, S. 93/.

Diese Werkzeuge reichen von Softwarepaketen, die dem Knowledge Engineer helfen, sein Wissen zu katalogisieren, bis zu Entwicklerschnittstellen, die dem Experten erlauben, sein Wissen direkt in das System einzugeben. Obwohl sich die Wissensakquisitionswerkzeuge noch in den Anfängen ihrer Entwicklung befinden, nimmt ihre Bedeutung stetig zu. Die 1989 am Markt erhältlichen Werkzeuge lassen sich nach Harmon in fünf Kategorien einteilen /HAM 89f, S. 7 ff./:

- Entscheidungsbaum-Systeme
  Der Benutzer entwirft mit Hilfe dieser sehr einfachen Werkzeuge einen Entscheidungsbaum. Dieser kann kein heuristisches Wissen enthalten und kommt einem Algorithmus gleich. Werkzeuge wie PROCEDURE CONSULTANT (Texas Instruments) können aus dem Entscheidungsbaum automatisch Regeln generieren.
- Induktive Systeme
  Der diesen Werkzeugen, wie z.B. VP-EXPERT, zugrunde liegende Algorithmus ist ein Schritt in Richtung maschinelles Lernen. In den Kopf einer Tabelle werden alle entscheidungsrelevanten Attribute sowie das Ergebnis (Ziel) eingetragen. Dann werden anhand von Beispielen die konkreten Attributausprägungen und deren Ergebnisse beschrieben. Aus den zahlreichen Beispielen generiert das Werkzeug Regeln. Diese Vorgehensweise funktioniert nur bei kleinen Datenmengen, die alle den gleichen Abstraktionslevel haben, zufriedenstellend. Erfordert das Problem ein Schlußfolgern in die Tiefe über die Verkettung zahlreicher Regeln (verschiedene Abstraktionslevel), sind induktive Werkzeuge häufig überfordert /vgl. auch BIE 89, S. 66 f.; KLU 88, S. 46/.
- Konstruktgitter-Systeme
  Auf Basis von Elementen (Schlußfolgerungen), Konstrukten (bipolare Attribute zur Beschreibung von Problemen) und Verbindungsmechanismen (Beziehungen) erstellt der Experte ein Modell, das zur Erklärung und Vorhersage des Systemverhaltens in verschiedenen Kontexten dient (vgl. auch S. 64). Anhand einer Fünfer-Skala werden im Rahmen der Konstruktextreme (z.B. hoch/niedrig) einzelne Elemente beschrieben. Ist die Matrix vollständig, kann das Konstruktgitter entweder in eine Baumstruktur oder in einen Grafen konvertiert werden, um die Ähnlichkeit verschiedener Konstrukte zu zeigen. Mit Hilfe von Werkzeugen wie ETS (Expertise Transfer System) werden diese Konstruktgitter immer weiter verfeinert, um schließlich daraus Regeln zu erstellen. Wie die induktiven Werkzeuge helfen die Konstruktgitter-Systeme, anfängliche grundlegende Attribute und Regeln zu definieren /vgl. auch DIE 87, S. 16 ff.; LAF 88, S. 83 ff./.
- Werkzeugspezifische "front ends" zum Wissenserwerb
  Einige Firmen bieten Wissensakquisitionswerkzeuge für ihre Expertensystem-Entwicklungsumgebungen an. So bietet beispielsweise Neuron Data als "front end" für NEXPERT OBJEKT ein Werkzeug namens NEXTRA an, das sowohl eine induktive Komponente als auch ein Konstruktgitter-System beinhaltet (vgl. S. 64). Aus den Entscheidungsbäumen bzw. Konstruktgittern werden syntaktisch korrekte Regeln und Objekte für eine Wissensbasis in NEXPERT OBJEKT erzeugt.
- Werkzeuge zur Wissensstrukturierung
  Werkzeuge wie CAMEO (Anbieter: Arthur D. Little) wurden entworfen, um in der anfänglichen Wissensakquisitions- und Strukturierungsphase einer Anwendung, völlig losgelöst von einer konkreten Entwicklungsumgebung Regeln, Zuweisungen, Attribute und Objekte zu verwalten. Sie automatisieren zwar nicht den Wissensakquisitionsprozeß, helfen aber dem Knowledge Engineer bei der

Akkumulation, Strukturierung und Verwaltung des Wissens. CAMEO ermöglicht es, daß verschiedene Entwickler zusammen an dem gleichen Projekt arbeiten.

In der Forschung arbeitet man nicht nur an der computerbasierten Unterstützung /vgl. LIN 88a; LIN 88b; MOR 89, S. 132/, sondern auch an der Automatisierung des Wissenserwerbs /vgl. ANG 86; BUM 89; ESF 88; MIC 84/. Trotz beachtlicher Erfolge auf dem Gebiet des *maschinellen Lernens* /vgl. MIC 84/ kann das Ergebnis nicht mit dem menschlichen Wissenserwerb korrespondieren. Menschen eignen sich ihr Wissen durch aktive Auseinandersetzung mit der Welt an, d.h. durch Handeln in bestimmten Situationen. Von diesem Lernen aus Erfahrungen und Gegenbeispielen sind heutige KI-Systeme noch weit entfernt /BAR 89, S. 20 f.; DIE 87, S. 13/.

4.1.2 Strukturierung

Neben der eigentlichen Wissenserhebung hat der Knowledge Engineer die Aufgabe, die erhobenen Daten zu analysieren, zu strukturieren und zu formalisieren. Dabei muß er grundlegende Strukturen des Schlußfolgerungsprozesses identifizieren und das Problem lösen, wie man am Beginn des Entwurfprozesses ein Modell findet /KAR 88b, S. 87/. "Knowledge Engineering is very much a chicken and egg phenomenon. The types of knowledge that will be useful and the forms in which this knowledge should be represented depend on the inference strategies to process the knowledge. On the other hand, determining an appropriate inference strategy requires knowing something about the knowledge required to solve the problem" /FRE 85, S.158/. Es muß somit eine Struktur für ein Problem gefunden werden, das zu diesem Zeitpunkt noch nicht vollends bekannt ist.

Wie im Rahmen der Projektbeschreibung verdeutlicht, sollte ELIED beratend in den Feldern Lizenzeinkauf und Erstauflagendisposition eingesetzt werden (vgl. Abschnitt 3.3). Eine weitergehende Strukturierung des Problembereichs ermöglichte die Erfassung und Interpretation der Expertise (siehe Abbildung 4/1).

Die ad hoc-Abfragemöglichkeiten für den Lizenzeinkauf gliedern sich in eine Prognose- und eine Bedarfsrechnung für Einzeltitel.

Im Rahmen der *Prognoserechnung* werden in den Segmenten Belletristik, Sachbuch und Kinder-/Jugendbuch sowie den jeweiligen Repertoiregruppen (z.B. Thriller/Kriminalromane) einzelne Neuerscheinungstitel mit ausgewählten Analogietiteln verglichen. Dieser Vergleich bildet die Basis einer titelbezogenen Absatzprognose. Durch die Berechnung der absatzbeeinflussenden Wirkung bestimmter Merkmale werden die titelindividuellen Sondereinflüsse berücksichtigt.

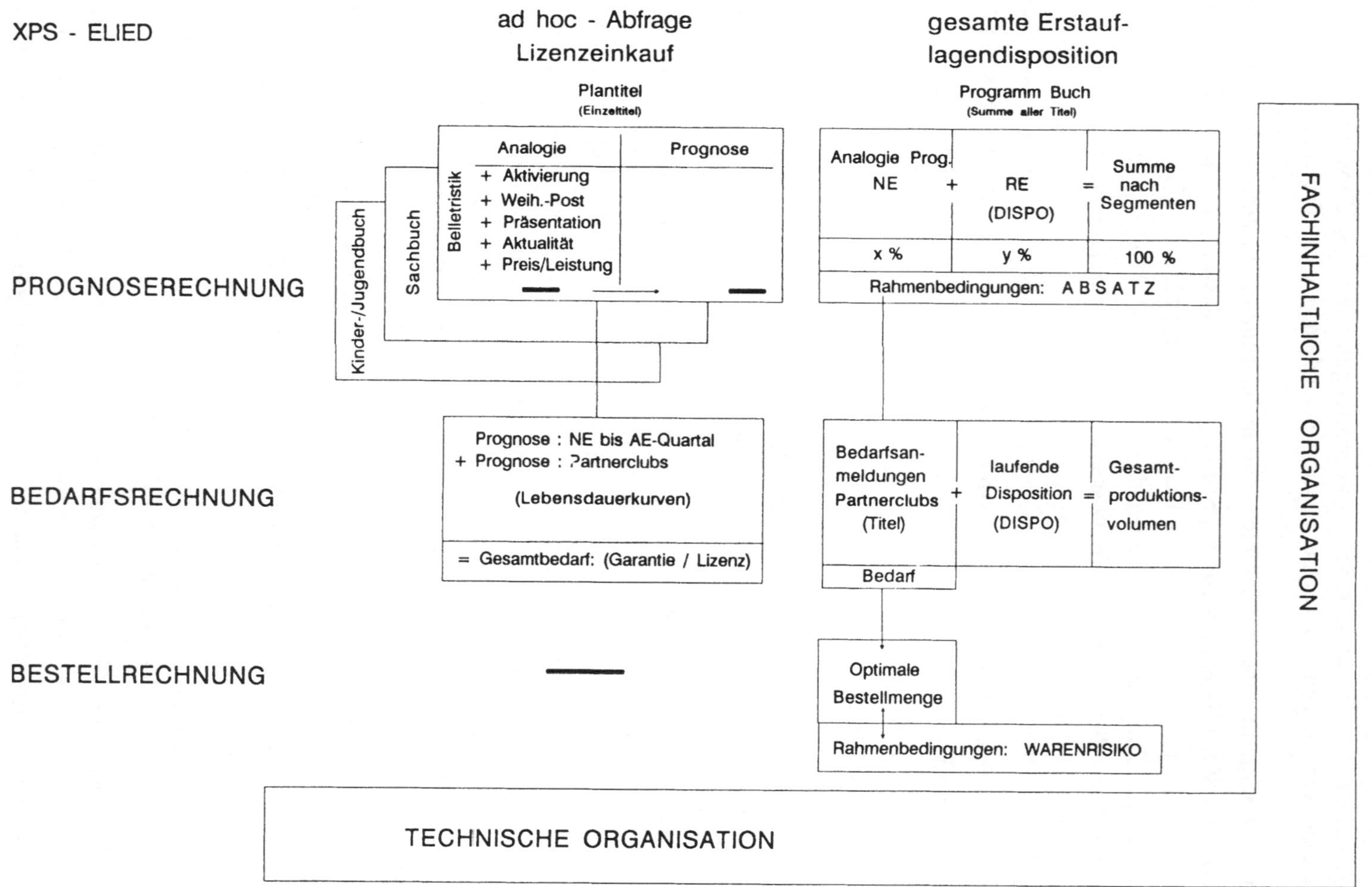

Abb. 4/1: Aufgabenfelder von ELIED

Um die absatzbeeinflussende Wirkung der Titelmerkmale quantifizieren zu können, sind zahlreiche Prozesse innerhalb der Prognoserechnung nötig. Zunächst müssen die den Neutitel charakterisierenden Daten in einem Eingabedialog erfaßt werden. Innerhalb der Repertoiregruppe des NE-Titels, die eindeutig einem bestimmten Segment zugerechnet werden kann, sind dann entsprechende Analogietitel aus einer Datenbank zu ermitteln. Dabei kann in der Repertoiregruppe nach Autor, Systembandcharakter (z.B. einfacher Wahlband oder Quartalsband), Preisklasse, Neuerscheinungszeitpunkt und Autorenakzeptanz bei den "Club-Mitgliedern" selektiert werden. Im Rahmen der vom System gefundenen Analogietitel wählt der Benutzer einen Titel aus. Die absatzbeeinflussenden Wirkungen der besonderen Merkmale des Analogietitels werden herausgerechnet, so daß sich ein von allen Sondereinflüssen bereinigter Basisabsatz ergibt. Zu dem bereinigten Absatz des Analogietitels werden dann Schritt für Schritt die Auswirkungen jedes einzelnen absatzbeeinflussenden Merkmals des Neuerscheinungstitels addiert und so der prognostizierte Absatz des NE-Titels berechnet. Die Ergebnisse müssen aufbereitet und am Bildschirm angezeigt werden. Dieser Ablauf ist sowohl für einen einzelnen Neuerscheinungstitel im Vergleich mit zahlreichen Analogietiteln als auch für alle NE-Titel eines Quartals beliebig wiederholbar.

Der zweite Baustein im Rahmen der ad hoc-Abfragen zum Lizenzeinkauf ist die *Bedarfsrechnung*. Bisher wurde lediglich der Absatz eines Titels im "Club Deutschland" für das NE-Quartal prognostiziert. Um den Lizenzbedarf insgesamt bestimmen zu können, müssen die Absatzverläufe des NE-Titels über den Angebotszeitraum im "Club Deutschland" <u>und</u> in den "Partnerclubs" (Österreich und Schweiz) prognostiziert werden.

In dem schon verschiedentlich erwähnten Großrechnersystem DISPO sind für den "Club Deutschland" sogenannte Lebensdauerkurven gespeichert. Bezogen auf einzelne Titelgruppen, wie z.B. Gesellschaftsromane, beschreiben diese Lebensdauerkurven den empirischen Absatzverlauf eines Titels vom Vor-Quartal über das NE-Quartal bis zum Angebotsende-Quartal. Im Vorquartal werden Vorababsätze an Testgruppen oder Verkäufe innerhalb der Weihnachtspost (erscheint mitten im vierten Quartal) erfaßt, die dem NE-Quartal zugerechnet werden müssen. Mit Hilfe der in ELIED zu übernehmenden Lebensdauerkurven läßt sich der gesamte Lizenzbedarf eines Titels im "Club Deutschland" prognostizieren.

Derartige Lebensdauerkurven sind für die "Partnerclubs" nicht vorhanden. Liegt zum Zeitpunkt des Lizenzeinkaufs die Information schon vor, daß ein konkreter Titel auch im Ausland angeboten werden soll, geht man davon aus, daß die Absatzentwicklung in den "Partnerclubs" der in Deutschland entspricht, wobei aber die geringeren Mitgliederzahlen zu berücksichtigen sind. Entscheidend ist der Angebotszeitraum in den "Partnerclubs", denn i.d.R. werden die Titel dort später angeboten. Dieses hat den Vorteil, daß man dann für die Produktion der Titel erheblich bessere Prognosedaten hat, da schon Ist-Absätze eines Titel aus einem anderen "Club" vorliegen.

Aus der Kenntnis der Angebotszeiträume, der Absatzverläufe und der Mitgliederzahlen in den "Partnerclubs" lassen sich schließlich der gesamte Prognoseabsatz und damit der Gesamtbedarf für den Lizenzeinkauf errechnen.

Mindestens zwei Quartale vor dem Neuerscheinungsquartal soll das Expertensystem im Rahmen der Erstauflagendisposition ein weiteres Mal eingesetzt werden. Wie Abbildung 4/1 zeigt, basiert auch die Erstauflagendisposition auf einer Prognose- und Bedarfsrechnung, die im Gegensatz zum Lizenzeinkauf durch eine Bestellrechnung ergänzt wird.

An der Vorgehensweise innerhalb der *Prognoserechnung* hat sich im Vergleich zum Lizenzeinkauf nichts geändert. Lediglich die Qualität der titelbeschreibenden Daten hat sich im Zeitablauf durch die abnehmende Prognoseunsicherheit erhöht (vgl. Abbildung 3/5). So sind z.B. erst jetzt die absatzbeeinflussenden Informationen über die Katalogflächengestaltung verfügbar. Aus der zum Zeitpunkt des Lizenzeinkaufes vagen Vorstellung über das künftige Angebot ist ein konkretes Programm für das NE-Quartal entstanden. Die Summen der Einzelabsätze müssen nun segmentweise mit den betriebswirtschaftlichen Rahmendaten verglichen und ggf. korrigiert werden.

Aufgrund des einerseits relativ konstanten und damit gut planbaren Mitgliederbestandes und des andererseits im Bereich "Buch" relativ fixen Pro-Kopf-Absatzes (PKA) und Pro-Kopf-Umsatzes (PKU) pro Mitglied lassen sich sowohl der gesamte Absatz als auch der zu erwartende Umsatz recht genau prognostizieren. Da auch das Absatzverhältnis von Neuerscheinungen zu Reprisen nur geringen Veränderungen unterliegt, sind größere Sprünge, wie sie bei einer anonymen Käufermasse häufiger auftreten würden, nicht zu erwarten. Daraus ergibt sich eine gute Planbarkeit von Absatz und Umsatz.

Wie Abbildung 4/2 zeigt, sollen beim Abgleich mit den Rahmendaten Systembände und Wahlbände, letztere unterscheiden sich wiederum in Neuerscheinungen und Reprisen, getrennt berechnet werden. Bestimmte Systembände, wie Packages (mehrere Titel als preiswertes Paket) oder HV-Bände (Hauptvorschlags-Bände), weisen zahlreiche titelspezifische Besonderheiten auf und bedürfen daher besonderer Korrekturen des Disponenten. Der Anteil der Systembände am gesamten Absatz wird explizit geplant.

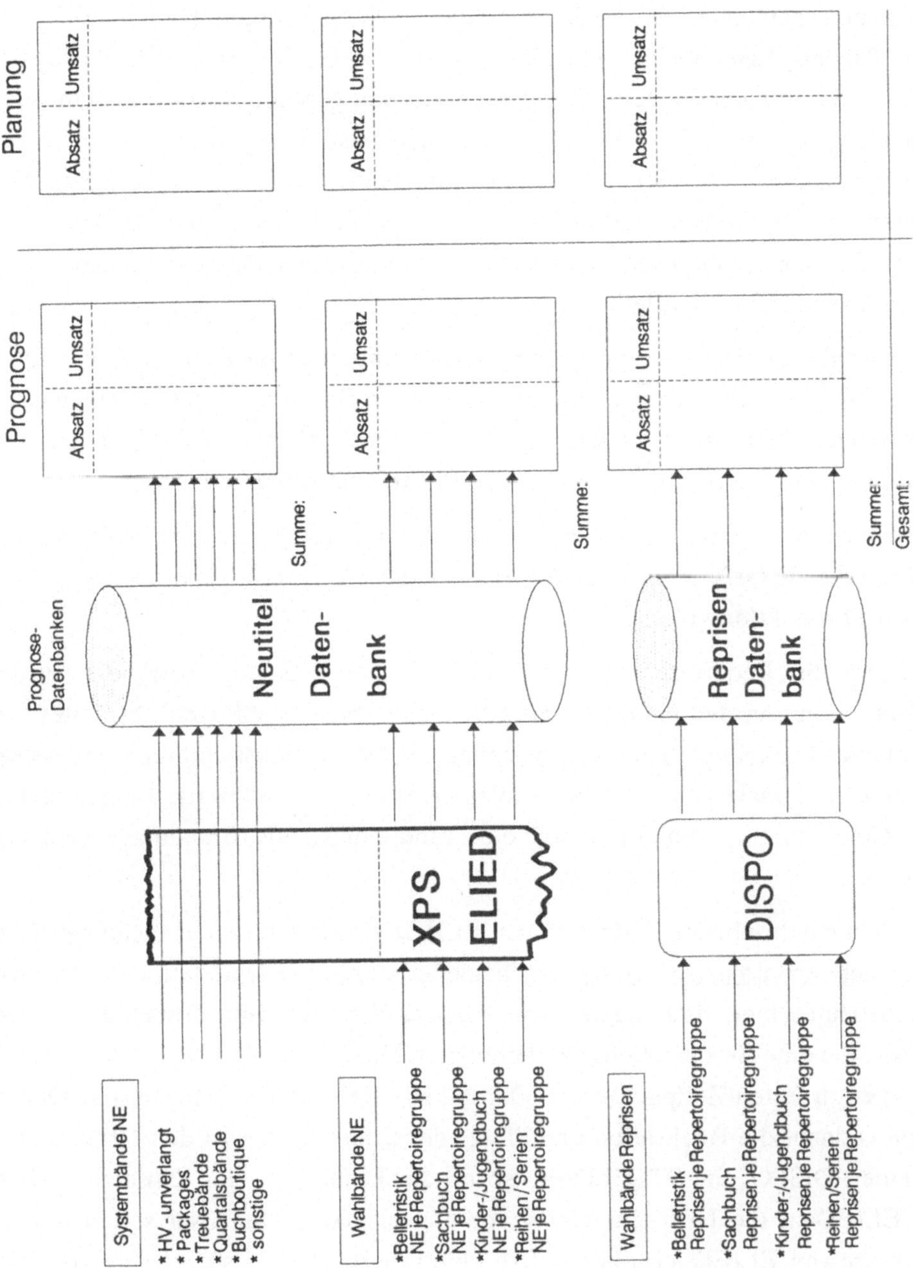

Abb. 4/2: Abgleich mit den Rahmendaten

Die neuerscheinenden Wahlbände werden nach Segmenten (Belletristik, Sachbuch, Kinder-/Jugendbuch und Reihen/Serien) unterschieden. Für jedes Segment wird die Summe der Einzeltitelprognosen mit den geplanten Absatzzahlen verglichen. Überschreiten die Abweichungen einen bestimmten Schwellwert, können neue Prognosen einzelner Titel oder manuelle Korrekturen vorgenommen werden. Veränderungen der tatsächlichen gegenüber der geplanten Titelanzahl innerhalb eines Segments führen automatisch zu Abweichungen und müssen daher entsprechend berücksichtigt werden.

Die korrigierten Einzeltitelprognosen sind in eine neue *Bedarfsrechnung* zu überführen. Haben sich zudem die Informationen in Bezug auf eine Beteiligung der "Partnerclubs" an einem konkreten Titel geändert, können sich gegenüber dem Zeitpunkt des Lizenzeinkaufs völlig neue Bedarfsmengen ergeben.

Werden zu der Summe der einzelnen Bedarfsanmeldungen aus der laufenden Disposition die Bedarfsmengen der Reprisen addiert, ergibt sich daraus das gesamte künftige Produktionsvolumen.

Nachdem die Bedarfsanmeldungen der einzelnen NE-Titel korrigiert wurden, müssen daraus in der *Bestellrechnung* titelbezogene Erstauflagen abgeleitet werden. Unter Berücksichtigung von bestehenden Dispositionsrichtlinien, die Vorgaben über minimale Erstauflagen, Auflagenanzahl, Wareneinsatz, Lagerumschlag und Kapitalbindung enthalten, soll eine renditemaximale Erstauflage errechnet werden.

Die oben beschriebenen Aufgaben von ELIED müssen von einer fachinhaltlichen und einer technischen Organisation begleitet werden. Fachinhaltliche Organisation bedeutet hier, daß Mechanismen und Zeitpläne institutionalisiert werden müssen, die eine Bereitstellung der benötigten Daten aus allen beteiligten Fachabteilungen zu festen Zeitpunkten im Quartal gewährleisten. Die technische Organisation verlangt die Realisation und Pflege der Schnittstellen zu den Großrechner-Systemen DISPO und TITELINFO sowie die Einbettung der Einsatzumgebung von ELIED in die Host-Umgebung von Bertelsmann. Die User sollen mit der Hardware von ELIED sowohl das Expertensystem nutzen als auch ihrer gewohnten Arbeit auf dem IBM-Großrechner nachgehen können.

4.1.3 Formalisierung

Die Formalisierung schließt sich nahtlos an die Strukturierung an. Vor der Beschreibung der einzelnen Wissensbasen werden anhand der Abbildung 4/3 der Datenfluß und der Aufbau der konventionellen Systemkomponenten von ELIED erläutert.

Das Großrechner-Datenbanksystem DISPO dient zur Disposition von Büchern im deutschen "Clubbereich". Neben den titelbezogenen Absatzzahlen auf Wochen-, Monats- und Quartalsbasis enthält DISPO zahlreiche Titelstammdaten. Auswertungen auf DISPO-Daten werden mit Hilfe des statistischen Analysesystems SAS auf einer IBM 3090 vorgenommen.

TITELINFO ist ebenfalls auf dem Großrechner realisiert und basiert auf einer ADABAS-Datenbank, die Titelinformationen über den Lizenzeinkauf (z.B. Garantiemengen und Lizenzpreise) sowie über die Ausstattung von Titeln (z.B. Einband, Papierqualität und Formate) enthält.

Sobald nach dem Ablauf des NE-Quartals aus den Neuerscheinungstiteln Reprisen werden, sind aus DISPO und TITELINFO die Stammdaten in die *Analogiedatenbank* von ELIED zu übernehmen. Dabei werden weitere einen Titel beschreibende Attribute, wie z.B. Themenaktualität und Autorenakzeptanz, aus der vom Expertensystem gefüllten Neutitel-Datenbank ergänzt. Die Verwaltung und Pflege aller Datenbanken von ELIED soll mit Hilfe eines konventionellen Datenbankverwaltungssystems geschehen. Für den Datentransfer müssen Schnittstellen zu DISPO sowie TITELINFO realisiert werden, so daß unter MVS/TSO (Betriebssystem der IBM) Jobs aufgerufen werden können, die die Daten auf dem Großrechner selektieren und in das Format der Analogiedatenbank überführen. Für die individuelle und quartalsbezogene Pflege von Titeln (Hinzufügen, Ändern und Löschen) sind benutzerfreundliche Dialoge zu erstellen.

Parallel zur Formalisierung von ELIED erfolgte die in Abschnitt 4.2 beschriebene Auswahl der Entwicklungsumgebung. Die Entscheidung für eine PC-basierte Lösung von ELIED erforderte nicht nur eine PC-gestützte Expertensystem-Entwicklungsumgebung, sondern auch den Einsatz einer konventionellen Datenbanksoftware für PCs wie dBASE oder FOXBASE zur Pflege der Datenbanken. Der Datentransfer vom Großrechner zum PC mußte daher in Form von ASCII-Dateien mit nachträglicher Umwandlung ins dBASE-Format erfolgen.

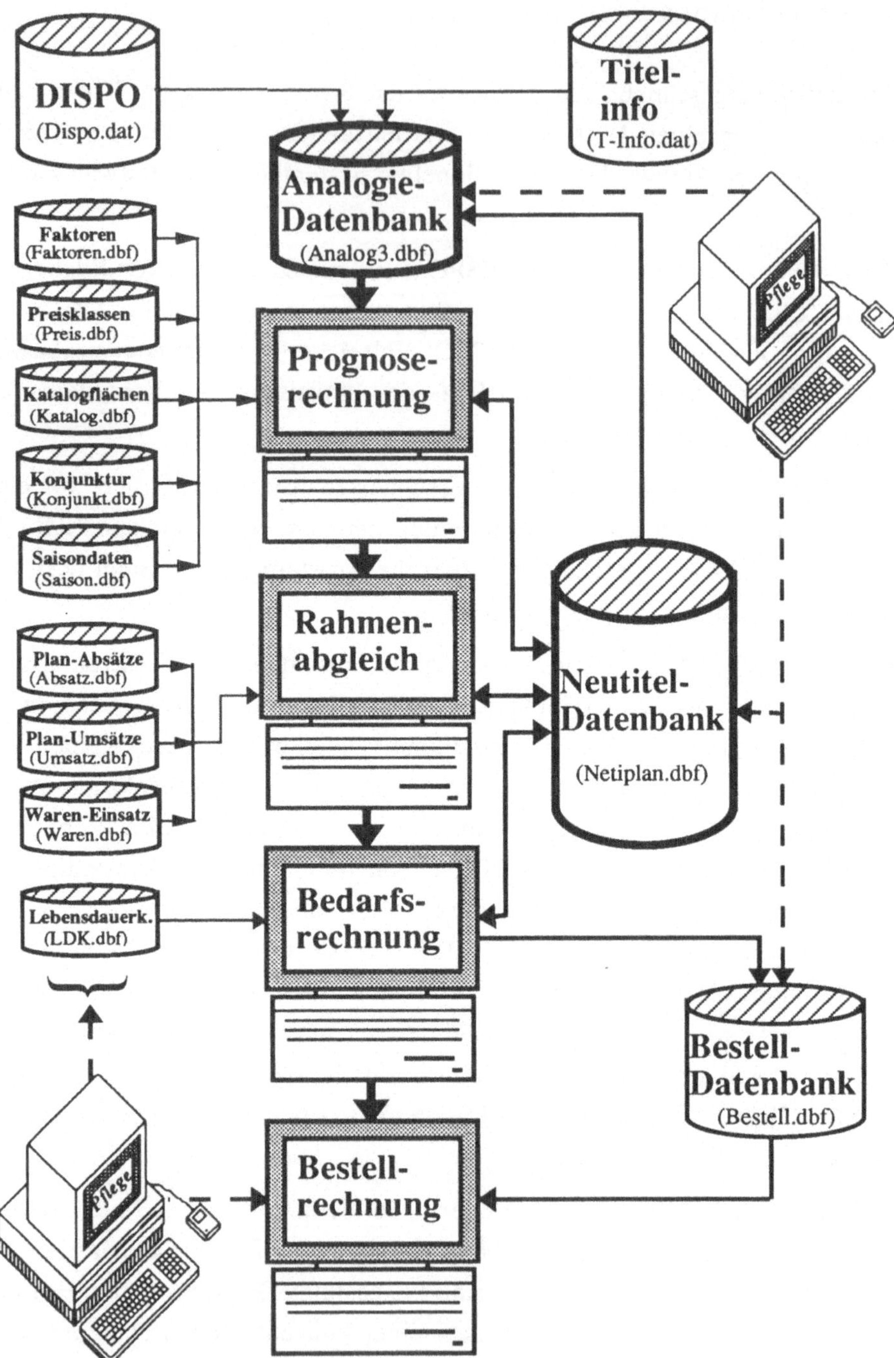

Abb. 4/3: Datenflußdiagramm

Die *Neutitel-Datenbank* enthält alle mit dem Expertensystem prognostizierten Neuerscheinungen. Einerseits werden mit jedem neuen Quartal etwa 120 Neuerscheinungen zu Reprisen und damit aus der Neutitel-Datenbank in die Analogiedatenbank übertragen. Andererseits kommt etwa die gleiche Zahl geplanter Neuerscheinungen hinzu. Innerhalb der einzelnen Datensätze sind häufig Korrekturen erforderlich, die entsprechende Pflegedialoge erforderlich machen.

Die *Bestell-Datenbank* enthält für jeden Titel die geplanten Erst- und Nachauflagen mit Daten über Auflagenhöhe, Auflagenreichweite in Tagen, Auflagen- und Titelrendite, Wareneinsatz, Lagerumschlag sowie Kapitalbindung. Auch diese Daten müssen manuell zu korrigieren sein.

Daneben gibt es noch eine Reihe kleinerer Datenbanken, für die entsprechende Pflegedialoge erforderlich sind (vgl. Abbildung 4/3):

- Faktoren
  Die einzelnen Titelmerkmale werden entsprechend ihrer Ausprägung durch Faktoren bewertet. So kann je nach Segment z.B. eine hohe Autorenakzeptanz eines Autors bei den "Club-Lesern" zu einer Absatzsteigerung des Titels von 20 bis 30% (Faktor 1,2 bis 1,3) führen. Da die zahlreichen Faktoren auf Erfahrungswerten beruhen und im Zeitablauf häufigen Korrekturen unterliegen, müssen sie in einer Datenbank gepflegt werden. Derartige Änderungen der Wissensbasis (Pflege im Expertensystem) entfallen somit.
- Preisklassen
  In Abhängigkeit vom jeweiligen Segment ist jede Preisklasse (z.B. 15 bis 20 DM) mit Faktoren belegt, die die Auswirkung des Preises auf den Absatz definieren.
- Katalogflächen
  Je Segment müssen für Klassen von Katalogflächen (z.B. für die Klasse 28% bis 38% einer Katalogseite) Faktoren bestimmt und gepflegt werden.
- Konjunkturdaten
  Die Konjunkturinformationen beschränken sich auf die Entwicklung der Mitgliederzahlen, unterteilt nach CC-Kunden, Versandkunden und HV-Bezieher.
- Saisondaten
  Bezogen auf die einzelnen Segmente müssen für jedes Quartal und Geschäftsjahr Absatzzahlen und Saisonfaktoren gespeichert werden. Da der Absatzverlauf innerhalb eines Geschäftjahres stark schwankt, ermöglichen die Saisonfaktoren ein Herausrechnen der saisonalen Schwankungen.
- Planabsätze
  Für die einzelnen Segmente und Quartale müssen Planabsätze gespeichert werden, die dann im Rahmenabgleich mit der Summe der Prognosen verglichen werden können.
- Planumsätze
  Neben den Planabsätzen werden im Rahmenabgleich auch die Planumsätze mit den Prognosedaten auf Segmentebene verglichen.

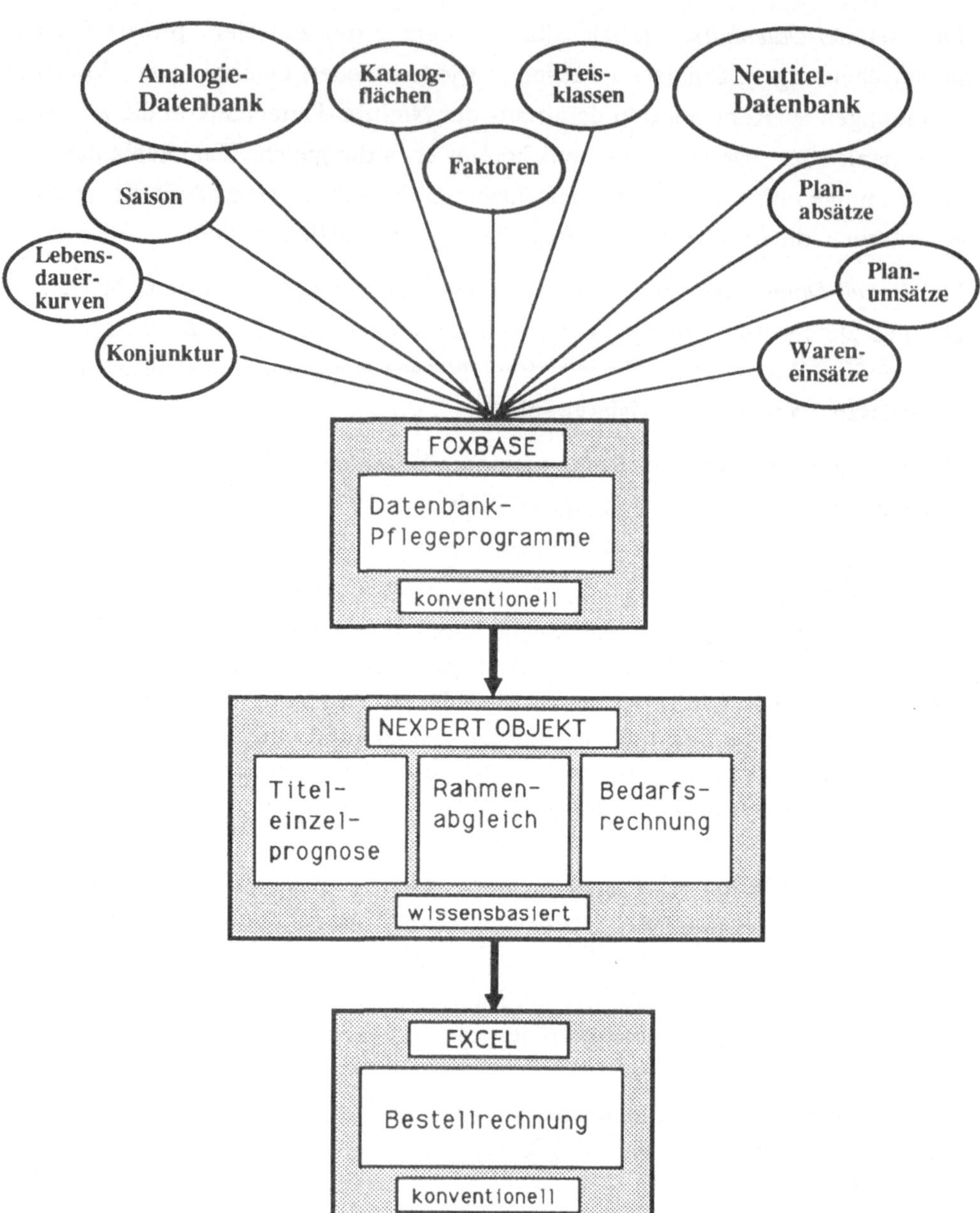

Abb. 4/4: Struktur von ELIED

- Wareneinsätze

  Mit Hilfe eines Plan-/Prognosevergleichs läßt sich prüfen, ob in den einzelnen Segmenten die geplanten Wareneinsätze erreicht werden können.

- Lebensdauerkurven

  Um Absatzverläufe vom Neuerscheinungsquartal bis zum Angebotsende prognostizieren zu können, müssen pro Titelgruppe (wie z.B. Gesellschaftsromane) Lebensdauerkurven für die beiden Vertriebswege "Club-Center" und "Versandkunden" berücksichtigt werden. Diese beschreiben typische Absatzentwicklungen.

Wie Abbildung 4/4 verdeutlicht, besteht der konventionelle Teil von ELIED nicht nur aus den Datenbankanwendungen (FOXBASE), sondern auch aus einer Tabellenkalkulation (EXCEL) für die Erstauflagendisposition (Bestellrechnung). Grundlage der Bestellrechnung ist ein Simulationsmodell für Auflagenmengen und -termine. Auf Basis von titelspezifischen Einsatzgrößen wie Verkaufspreis, Stückkosten der Erst- und Nachauflagen und Rabattstaffeln sowie unter Berücksichtigung produktspezifischer Kennziffern wie Einlagerungs- und Kapitalbindungskosten werden Auflagenvorschläge gemacht und deren Auswirkungen auf betriebswirtschaftliche Rahmendaten wie

- Lagerumschlag,
- Wareneinsatz,
- Lagerhaltungskosten und
- Deckungsbeiträge

untersucht.

Die aus der Bedarfsrechnung kommenden Absatzzahlen für die Angebotsquartale in Deutschland, Österreich und der Schweiz werden mit Hilfe von Quartalsverlaufskurven auf Monatsbasis umgerechnet. In Abhängigkeit von der Produktgruppe und des jeweiligen Quartals beschreibt die Kurve den Absatzverlauf innerhalb eines Angebotsquartals. Die Summe der monatlichen Absätze eines Titels in den drei "Clubs" multipliziert mit den jeweiligen Preisen ergibt den Umsatz pro Monat.

Mit Hilfe einer umfangreichen Berechnung werden aus der prognostizierten Absatzentwicklung die Erst- und Nachauflagen ermittelt. Dabei werden auf Basis von Erfahrungswerten je nach Repertoiregruppe und Titelcharakter (besonderer Systemband oder Wahlband) bestimmte Anteile der gesamten vertriebswegbezogenen Absatzprognosen zu einem verminderten Prognosewert addiert. Um das Abschreibungsrisiko weiter zu verringern, wird dieser dann auf möglichst viele Auflagen verteilt, wobei die Einhaltung bestimmter Rahmendaten wie Mindestauflagenhöhe, Wareneinsatz und Lagerumschlag gewährleistet sein muß.

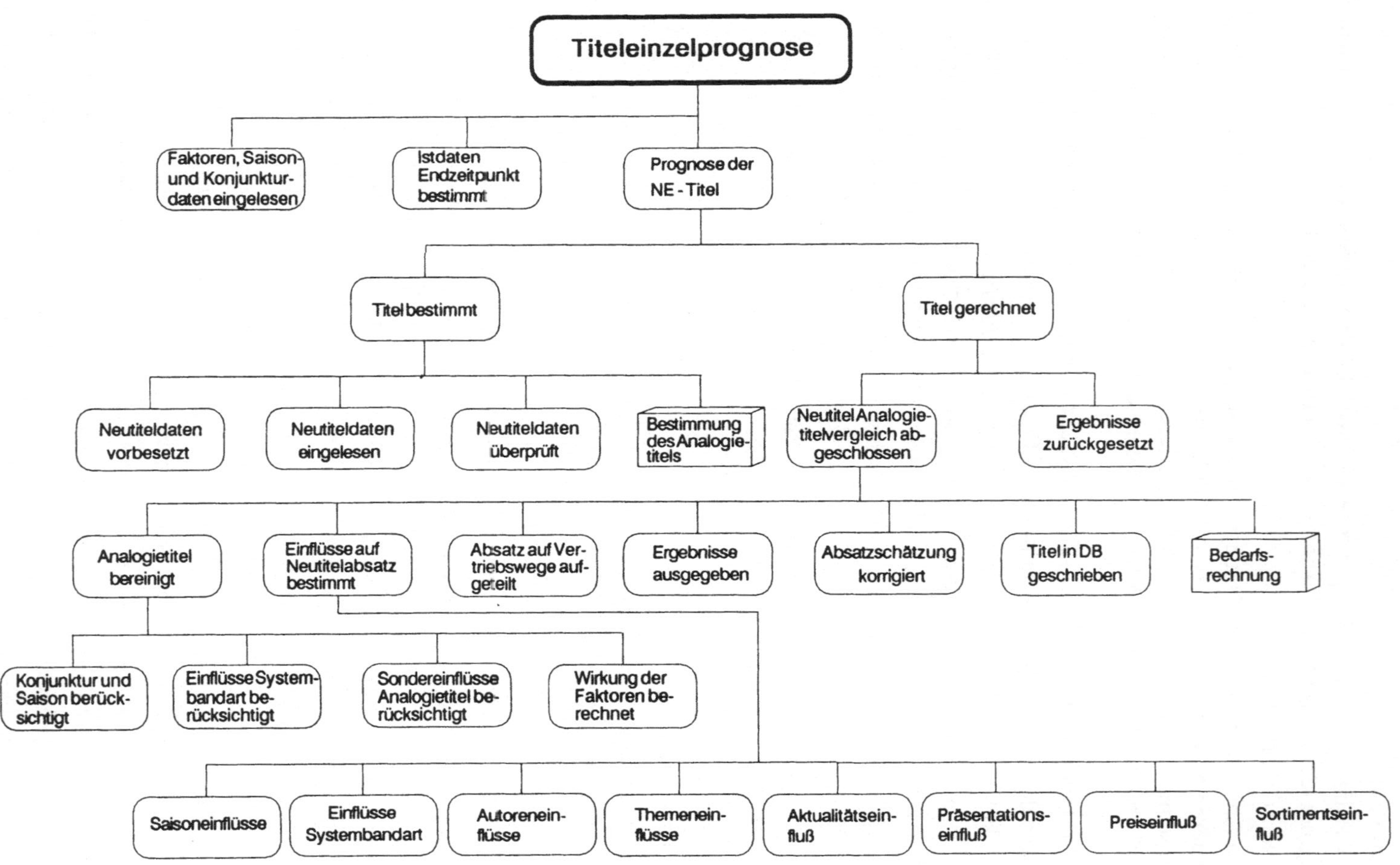

Abb. 4/5: Wissensbasis Titeleinzelprognose

Aus der Absatzerwartung über die Laufzeit abzüglich des Bestandes wird der Restbedarf eines Titels berechnet. Durch Simulation, d.h. Stückelung der Nachauflagenmenge in unterschiedlicher Höhe auf verschiedene Zeitpunkte, können die Auswirkungen verschiedener Auflagenhöhen und -termine auf die betriebswirtschaftlichen Ergebnisgrößen transparent gemacht werden.

Nach der kurzen Beschreibung der konventionellen Systemkomponenten von ELIED werden im folgenden *Aufbau und Funktionen der einzelnen Wissensbasen* erörtert.

Die Titelabsatzschätzung im NE-Quartal ist das Kernstück von ELIED. Wie Abbildung 4/5 zeigt, beginnt eine Konsultation mit dem Einlesen der Faktoren, Saison- und Konjunkturdaten sowie der Bestimmung der jüngsten Istdaten (Istdaten-Endzeitpunkt) zur Überprüfung der Datenaktualität. Die eigentliche Prognose gliedert sich in eine Titelbestimmung und eine Berechnung. Im Rahmen der Titelbestimmung werden die Daten der Neuerscheinung entweder aus der Neutitel-Datenbank eingelesen, oder die absatzbestimmenden Merkmale müssen in einem benutzerfreundlichen Erfassungsdialog neu eingegeben werden.

In zahlreichen Knowledge Acquisition-Sitzungen mit langen Diskussionen ließen sich sowohl für Neu- als auch für Analogietitel folgende absatzbestimmende Größen ermitteln:

- Autor des Titels (wichtig für die Analogietitelsuche),
- Titel des Buches,
- Systembandcharakter eines Titels (z.B. Wahlband, Quartalsband, HV-Band),
- Mitgliederbestand,
- Einfluß der Saison - bedingt durch das NE-Quartal,
- Einfluß der Preisklasse (z.B. 15 bis 20 DM),
- Verhältnis von Preis und Leistung (Seitenzahl, Abbildungen, Einband),
- Akzeptanz des Autors bei den "Club-Lesern",
- Themenaktualität,
- Promotion außerhalb des "Clubs", z.B. durch Werbung des Verlags oder Nobelpreisverleihung an den Autor,
- Epoche, in der die Handlung spielt (z.B. vor 1900),
- Einordnung des Titels in eine Region (z.B. Asien) und damit in einen Kulturkreis,
- Fläche des Titels im Katalog,
- Anzeigenqualität des Titels im Katalog,
- Einfluß einer begleitenden Fernsehsendung oder eines Kinofilms,
- Präsentation des Titels auf der HV-Erinnerungskarte, mit der inaktive Mitglieder zum Kauf ermutigt werden sollen.

Aufgrund der weitgehend identischen Eigenschaften (Properties) lassen sich Neu- und Analogietitel zu einer Klasse "Buch" zusammenfassen. Darüber hinaus gibt es zahlreiche Objekte und Objektklassen, die durch die gleichen Eigenschaften beschrieben werden. Eine Unterstützung des Frame-Konzeptes durch das Entwicklungswerkzeug ist daher wichtig (siehe Abschnitt 4.3.1).

Mit Hilfe der Angaben zum Neutitel und der Definition spezieller Selektionskriterien müssen dann geeignete Analogietitel bestimmt werden. Diese können in der Klasse "Gefundene Analogietitel" zusammengefaßt werden.

Sobald der Benutzer aus den vorgeschlagenen Analogietiteln einen geeigneten Titel ("Vergleichstitel") ausgewählt hat, kann mit der Absatzberechnung des Titels begonnen werden. In einem ersten Schritt ist der Analogietitel von besonderen Einflüssen (wie z.B. Saison- und spezielle Präsentationseinflüsse) zu befreien, so daß sich ein bereinigter Basisabsatz ergibt. In Abhängigkeit des Segmentes werden dabei je nach Ausprägung der titelbeschreibenden Merkmale bestimmte Faktoren selektiert. Diese Faktoren beschreiben die Auswirkung konkreter Titeleigenschaften auf den Absatz. Die Ergebnisse dieser retrospektiven Titelbetrachtung sollen in einem speziellen Frame (leerer Rahmen zur Beschreibung einer Klasse oder eines Objektes wie z.B. "Retrospektive") festgehalten werden (siehe Abschnitt 4.3.1). Die einzelnen Slots (Attribute des Objektes) beschreiben für jede Eigenschaft des Vergleichstitels den speziellen Faktor und die absolute Veränderung des Absatzes.

Eine Besonderheit stellt die Berechnung der konjunkturellen Einflüsse dar, da hier lediglich die Veränderung der Mitgliederzahlen berücksichtigt werden.

Ausgehend vom bereinigten Basisabsatz des Analogietitels sind dann in einem zweiten Schritt die Einflüsse auf den Neutitelabsatz zu bestimmen. Wie bei der Bereinigung des Analogietitels wird jede einzelne Titelausprägung mit einem Faktor bewertet, der eine prozentuale Erhöhung oder Verringerung des Basisabsatzes bewirkt. Die Bewertungen der einzelnen Titeleigenschaften sind auch hier in einem eigenen Frame ("Prognose") abzuspeichern. Der Neutitelabsatz im NE-Quartal ergibt sich aus der Summe der Bewertung der einzelnen Titelausprägungen und dem Basisabsatz.

Das Ergebnis der Berechnung wird auf Vertriebswege aufgeteilt und übersichtlich am Bildschirm angezeigt. Dem Benutzer wird dabei die Möglichkeit zur Korrektur gegeben. Er kann sowohl Neutiteldaten verändern und neue Berechnungen durchführen als auch die Ergebnisse direkt korrigieren oder andere Analogietitel zum Vergleich heranziehen. Der Neutitel kann für weitere Berechnungen in der Neutitel-Datenbank abgespeichert werden und der Benutzer bekommt die Gelegenheit, eine titelindividuelle Bedarfsrechnung durchzuführen.

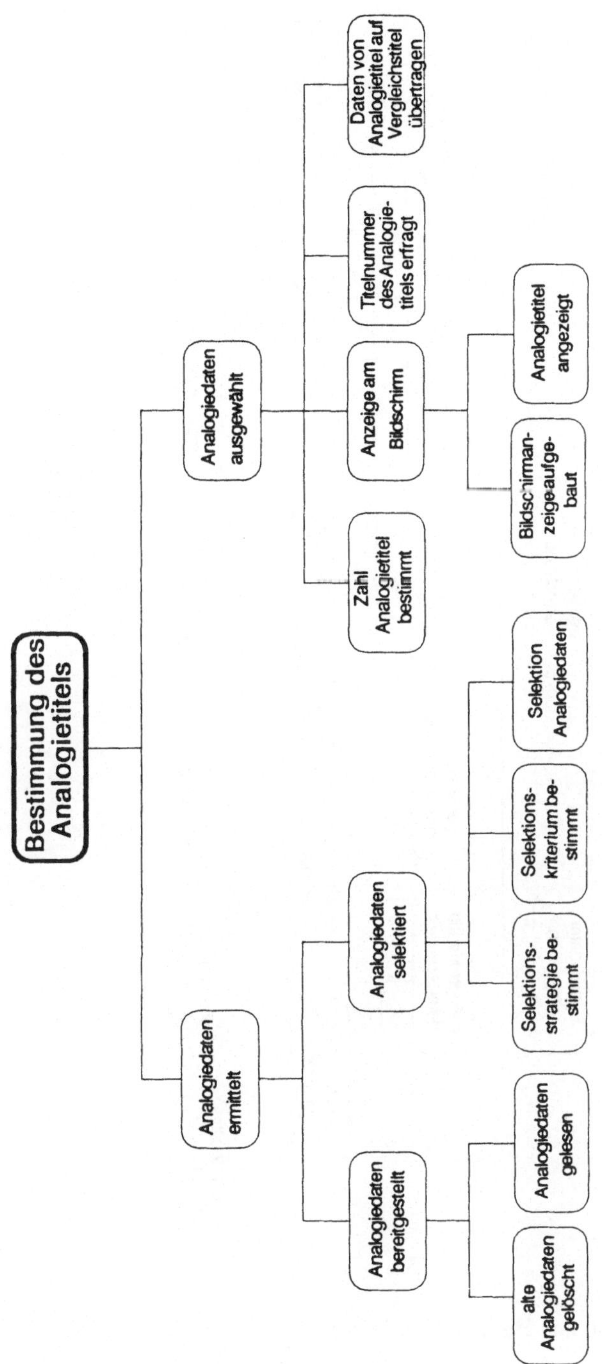

Abb. 4/6: Wissensbasis Analogietitelauswahl

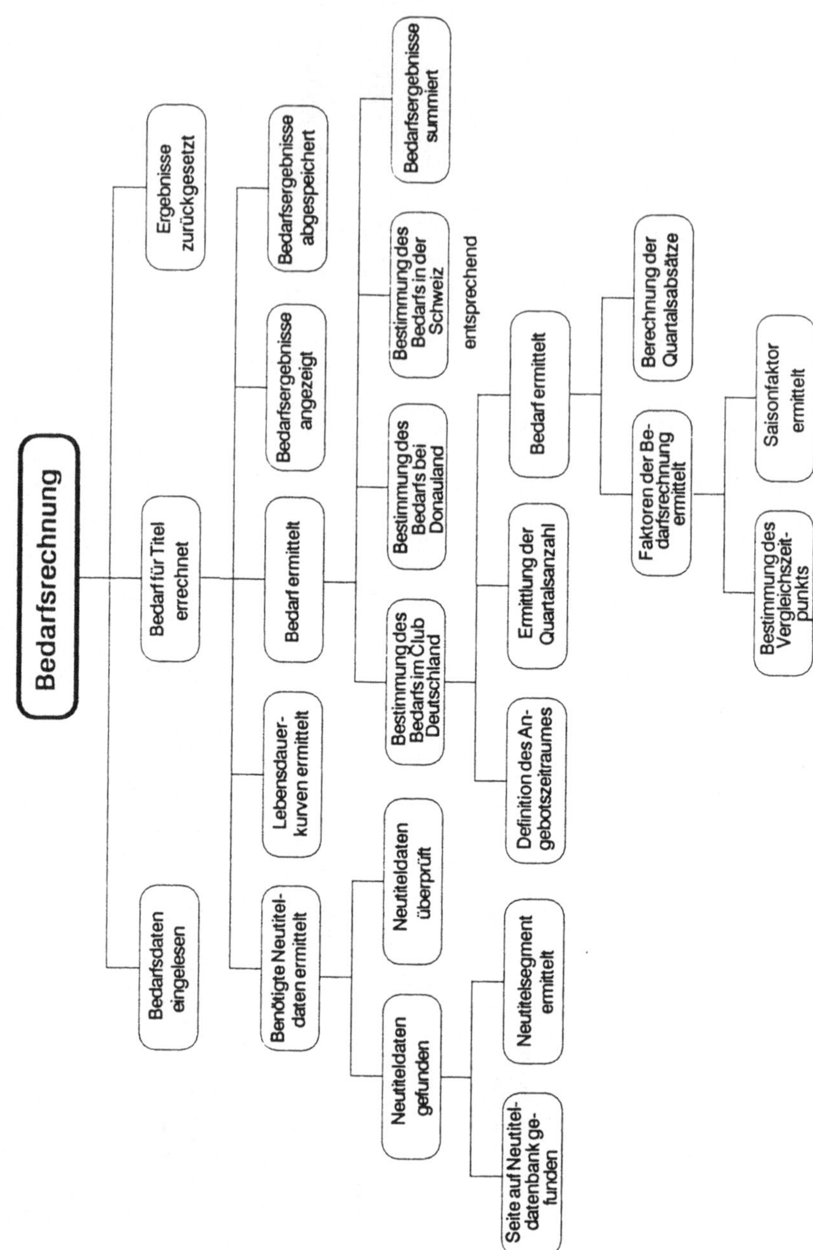

Abb. 4/7: Wissensbasis Bedarfsrechnung

Der gesamte Inferenzprozeß kann im Backward Chaining ablaufen. Ein permanenter Wechsel zwischen Vorwärts- und Rückwärtsverkettung erleichtert zwar die Abbildung des Wissens, macht das System aber unübersichtlich und bringt zu viel Verlust an Performance mit sich. Das Forward Chaining ist deshalb nur sporadisch einzusetzen (siehe Abschnitt 4.3.1).

Die Bestimmung des Analogietitels erfolgt in einer eigenen Wissensbasis mit der Aufgabe, im Rahmen der Titelabsatzschätzung geeignete Analogietitel zu selektieren (siehe Abbildung 4/6). Sie gliedert sich in eine Ermittlung der Analogiedaten und eine Auswahl. Nachdem alte Analogietitel gelöscht und die neuen Analogiedaten gelesen wurden, definiert der Benutzer mit Hilfe von Kriterien wie Systembandcharakter, Autor, Preis, NE-Zeitpunkt sowie Autorenakzeptanz eine titelindividuelle Selektionsstrategie. Daraufhin führt das System die Selektion geeigneter Titel in der Wissensbasis durch.

Für die Auswahl eines geeigneten Analogietitels durch den Benutzer wird zunächst die Zahl der gefundenen Analogietitel bestimmt. Wurden mehrere den Selektionskriterien entsprechende Titel gefunden, wird eine Bildschirmanzeige aufgebaut und alle Analogietitel werden angezeigt. Hat der Benutzer einen Titel ausgewählt und dem System die Titelnummer bekanntgegeben, werden die Daten des Analogietitels auf das Objekt "Vergleichstitel" übertragen und mit der Berechnung kann begonnen werden.

An die Titelabsatzschätzung schließt sich die Bedarfsrechnung an. Auf Basis der Neutiteldaten, der Lebensdauerkurven und der Saisondaten ist der Gesamtbedarf eines Titels in Deutschland, Österreich und der Schweiz über den gesamten Angebotszeitraum zu ermitteln.

Wie Abbildung 4/7 verdeutlicht, werden zunächst alle erforderlichen Daten eingelesen und die Angebotszeiträume eines Titels in den verschiedenen "Clubs" ermittelt. Unter Berücksichtigung des NE-Quartals, des voraussichtlichen Angebotsendes, der Saisoneinflüsse und der titelgruppen-spezifischen Lebensdauerkurve wird jeweils der Bedarf in Deutschland, Österreich und der Schweiz berechnet. Daraus ergibt sich der allgemeine Bedarf pro Quartal und der Gesamtbedarf als Basis für den Lizenzeinkauf. Die Ergebnisse können angezeigt und abgespeichert werden.

Aufgabe des Rahmenabgleiches ist es, die Summe der Neutitelprognosen mit den betriebswirtschaftlichen Rahmenbedingungen zu vergleichen.

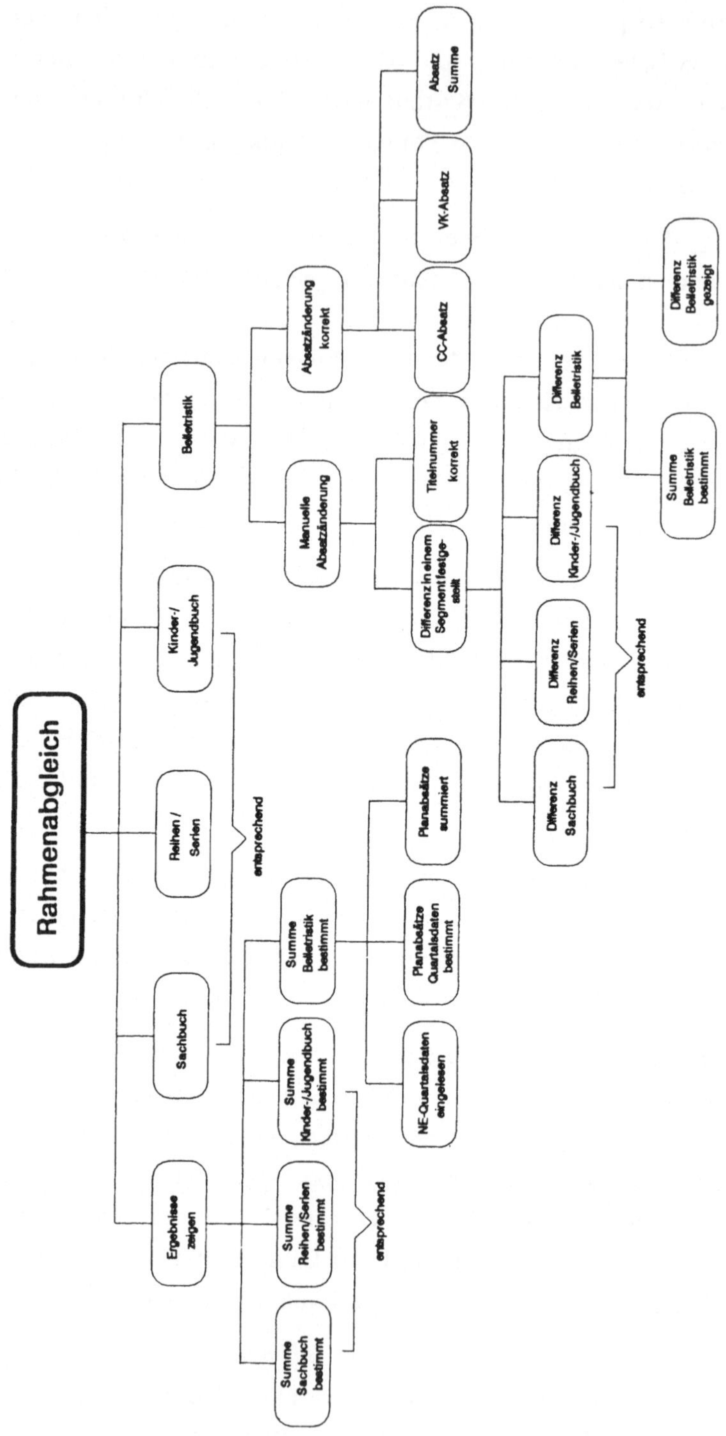

Abb. 4/8: Wissensbasis Rahmenabgleich

Wie Abbildung 4/8 zeigt, können zunächst sowohl die Ergebnisse des Rahmenabgleichs angezeigt als auch eines der vier Segmente bearbeitet werden. Für die Anzeige der Ergebnisse müssen in den einzelnen Segmenten sowohl die Quartalsdaten eingelesen als auch die Planabsätze der Quartale bestimmt und summiert werden.

Möchte der Benutzer die Titelabsätze eines bestimmten Segmentes wie z.B. Belletristik korrigieren, kann er manuelle Absatzänderungen vornehmen, die dann auf ihre Korrektheit zu prüfen sind. Sobald der Rechner durch die Summierung der Prognosedaten eines Segmentes und den Vergleich mit den Plandaten eine Differenz festgestellt hat, werden alle Titel des Segmentes angezeigt und der Benutzer bekommt die Möglichkeit, die Absätze einzelner Titel manuell zu korrigieren.

Dieses Modul könnte auch konventionell realisiert werden, da es hier keines heuristischen Wissens bedarf. Dennoch bietet eine Realisierung im Expertensystem den Vorteil, daß für den Benutzer kein Wechsel der Oberfläche erforderlich ist.

4.2 Auswahl der Entwicklungsumgebung

4.2.1 Sprachen, Umgebungen und Werkzeuge

Grundsätzlich kann man Expertensysteme in allen Programmiersprachen entwikkeln und auf allen Rechnern einsetzen. Aber genauso wie bestimmte Programmiersprachen und Rechner für bestimmte Problemklassen geeigneter sind als andere, gibt es auch geeignete und weniger geeignete Entwicklungsumgebungen für Expertensysteme /vgl. BAW 83, S. 283 ff./. Unter einer Entwicklungsumgebung wird im weiteren die Einheit von Hard- und Software verstanden.

Die Auswahl einer geeigneten Entwicklungsumgebung ist für den Erfolg des Projektes von sehr großer Bedeutung. Lassen sich mit der Entwicklungsumgebung nicht alle Teile der Wissensdomäne zielkonform abbilden, kann dieses zu erheblichen Ineffizienzen bei der Systementwicklung und dem späteren Einsatz führen. Die Eignung einer Entwicklungs- oder Ablaufumgebung für eine konkrete Aufgabenstellung hängt vom Einsatzgebiet, dem Anforderungsprofil und der Einsatzumgebung ab (siehe Abbildung 4/9).

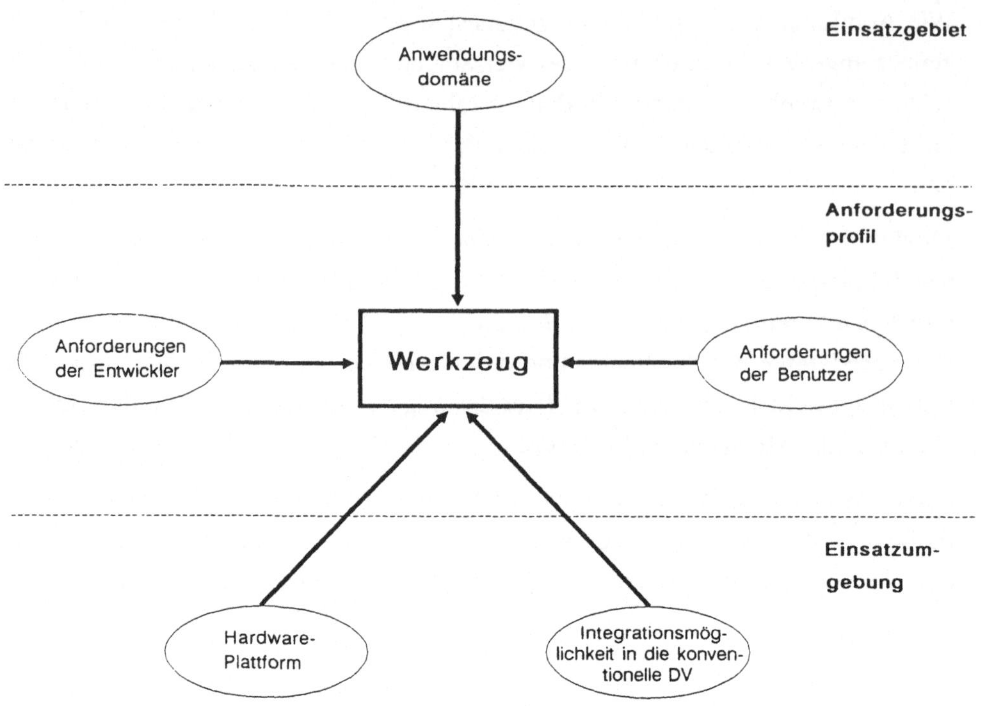

Abb. 4/9: Einflußfaktoren auf die Werkzeugauswahl /vgl. auch STH 89, S. 1-7; WAT 83, S. 210 ff./

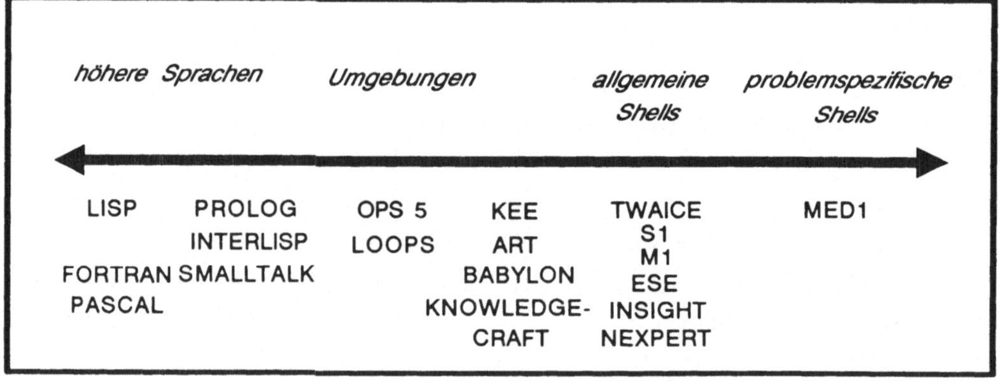

Abb. 4/10: Das Programmiersprachen-Shell-Kontinuum /vgl. HAM 89b, S. 59; HAM 89h, S. 7/

Ausgehend von einer konkreten Problemstellung gibt es in Anlehnung an Harmon und King /vgl. HAM 89a, S. 97/ trotz fließender Übergänge vier verschiedene Realisationsmöglichkeiten der Wissensdomäne:

Höhere Sprachen bieten ein Maximum an Flexibilität, sind aber schwieriger einzusetzen, wenn man schnell einen Prototyp für ein neues System entwickeln möchte. Generell lassen sich die höheren Sprachen in die drei Kategorien funktionale Programmierung (wie LISP), logische Programmierung (wie PROLOG) und objektorientierte Programmierung (wie SMALLTALK oder EGERIA) einteilen /MÜL 85; STO 87; THU 86/. Künftige KI-Sprachen wie die Sprache SML (System Modelling Language) vereinigen logische und objektorientierte Programmierung /vgl. FEL 89b, S. 45 f./. Kommerzielle Unternehmungen sind jedoch eher an pragmatischeren Aspekten wie der Kompatibilität zwischen existierenden Sprachen und Maschinen einerseits und KI-Sprachen andererseits interessiert. Eine Reihe praktischer Probleme wie die Umschulung der Programmierer, die Umwandlung der Daten und die Erzielung praktikabler Laufzeiten (ohne Überlastung der existierenden Hardware) haben zu der Erwartung geführt, daß die KI-Sprachen bei der Kommerzialisierung der KI und der Entwicklung und Erprobung von Expertensystemen nur eine geringe Rolle spielen werden /HAM 89b, S. 56/.

Umgebungen im Sinne von Entwicklungswerkzeugen enthalten einen Satz von Methoden (vorbereitete Routinen) und die damit korrespondierenden Designelemente. Sie können in offene und geschlossene Umgebungen unterteilt werden. Während in einer offenen Umgebung Möglichkeiten für eine Erweiterung der Methoden und Designelemente bestehen, wie z.B. in der Shell Babylon von der GMD /vgl. DIP 86/, ist dieses in einer geschlossenen Umgebung nicht möglich /BRE 88, S. 7-11/.

Im Vergleich zu den Sprachen sind Umgebungen weniger flexibel, was unter anderem darauf zurückzuführen ist, daß letztere häufig schon auf bestimmte Typen von Wissenssystemen (z.B. Diagnose- oder Planungssysteme) ausgerichtet sind. Charakteristisch für KI-Entwicklungsumgebungen ist, daß sie selbst in einer KI-Sprache geschrieben und daher beliebig erweiterbar sind. So kann der Entwickler eigene Wissensrepräsentationsformalismen entwerfen oder eine ganz neue Inferenzmaschine implementieren /FEL 89b, S. 47/. Aufgrund ihrer Mächtigkeit werden Entwicklungsumgebungen vornehmlich auf dedizierten Rechnern (häufig LISP-Maschinen) eingesetzt.

Allgemeine Shells basieren auf speziellen Designentscheidungen, so daß im Vergleich zu den Sprachen und Umgebungen weitere Zugeständnisse an die Flexibilität gemacht werden müssen. Neben den spezifischen Strategien für die Wissensrepräsentation und einer Inferenz- und Ablaufsteuerung werden eine Dialog-, eine

Erklärungs- und eine Wissenserwerbskomponente zur Verfügung gestellt. Die Bezeichnung Shell (Schale) resultiert daher, daß bis auf die Wissensbasis alle anderen Systemkomponenten eines kompletten Expertensystems schon vorhanden sind /SAV 87a, S. 33/.

Legt man das Augenmerk auf die Gesamtheit der mit den allgemeinen Shells verfügbaren Techniken zur Wissensdarstellung, lassen sich nach Harmon vier Grundtypen unterscheiden /HAM 89b, S. 63 ff./:

- induktiv:
  Induktive Werkzeuge erzeugen Regeln aus Beispielen.
- einfach regelbasiert:
  Die einfachen regelbasierten Werkzeuge stellen ihr Wissen lediglich mit Hilfe von if-then-else-Regeln dar und unterstützen keine speziellen Strukturierungsmöglichkeiten wie z.B. Kontextbäume.
- strukturiert regelbasiert:
  Diese Werkzeuge basieren auf if-then-else-Regeln, bieten aber darüber hinaus Kontextbäume, Gruppenbildung von Regeln (eine Art separate Wissensbasen), Konfidenzfaktoren und leistungsfähige Editoren, so daß sie insbesondere bei der Entwicklung größerer Systeme eingesetzt werden.
- hybrid:
  In diesen sehr leistungsfähigen Werkzeugen werden sowohl regel- als auch objektorientierte Programmiermethoden unterstützt (siehe Abschnitt 4.3.1).

<u>Problemspezifische Shells</u> berücksichtigen durch geeignete Integration von Wissensrepräsentationen und Bereitstellen typischer Problemlösungsstrategien die spezifischen Anforderungen eines bestimmten Problemlösungstyps (z.B. Diagnostik, Konstruktion oder Simulation). Die Problematik inadäquater Problemlösungsstrategien für gegebene Domain- und Konsultationsanforderungen kann damit zwar weitgehend beseitigt werden, dieser Ansatz schränkt die Einsatzfähigkeit einer Shell jedoch stark auf bestimmte Problemklassen ein /vgl. HAM 89g, S. 7/.

Mehr als zwei Drittel der wissensbasierten Systeme werden heute mit Shells entwickelt /HAW 89, S. 36/. Vorteile sind /vgl. MES 88, S. 390/:

- die Bereitstellung fertiger Wissensrepräsentationsformalismen,
- vordefinierte Problemlösungsstrategien,
- eine integrierte Dialog- und Erklärungskomponente,
- die Bereitstellung von Hilfsmitteln für Wissenserwerb, Test und Fehleranalyse,
- Unterstützung bei der Gestaltung der Benutzeroberfläche,
- ein hoher Entwicklungskomfort bei relativ leicht zu erlernendem Umgang.

Die Vielzahl von Formalismen erhöht jedoch nicht immer die tatsächliche Funktionalität der Shells, da die Formalismen häufig gleich mächtig sind und die Bearbeitung einer Aufgabenstellung lediglich auf verschiedene Art und Weise ermöglichen. Bestimmte Wissensteile lassen sich jedoch in manchen Formalismen problemloser abbilden als in anderen. Neuere Entwicklungen zielen daher auf hybride Shells ab, d.h. mehrere verschiedenartige Wissensrepräsentationsformalismen werden unterstützt (siehe Abschnitt 4.3) /MES 88, S. 391/.

Eine Expertensystem-Shell kann gerade zu Beginn eines Projektes den Arbeitsfortschritt wesentlich beschleunigen und stellt insgesamt eine erhebliche Arbeitserleichterung dar. Kritisch wird es erst dann, wenn spezielle Schemata nicht zur Aufgabenstellung passen und das System in wesentlichen Teilen verändert werden muß. Hier haben Umgebungen und Sprachen ihre Berechtigung, die den kreativen Entwickler von Routinearbeiten entlasten und ihm gleichzeitig genügend Freiheit für eine problemgerechte Gestaltung des Expertensystems bieten /KKP 87, S. 20 f./.

Die Verwendung einer bestimmten Software setzt i.d.R. auch eine entsprechende Hardware voraus und vice versa, so daß eine enge Kopplung der beiden Komponenten besteht. Sehr mächtige und komfortable Expertensystem-Entwicklungswerkzeuge werden meistens nur für spezielle KI-Rechner (LISP-Maschinen oder Workstations) angeboten.

Mögliche Hardwareumgebungen für die Entwicklung wissensbasierter Systeme lassen sich in vier Klassen unterteilen /vgl. BUH 87, S. 95; SCA 87, S. 343/:

- dedizierte LISP-Maschinen,
- professionelle Arbeitsplatzrechner (Workstations),
- herkömmliche Groß- und Minirechner und
- Personal Computer.

Dedizierte LISP-Maschinen mit integrierter und sehr komfortabler Entwicklungsumgebung sind sehr leistungsfähige Hilfsmittel für die Erstellung komplexer Systeme /vgl. ALT 87, S. 38; ROM 87, S. 5 ff./. Ihre Charakteristika sind:

- hohe Rechnerleistung,
- single-user Betrieb,
- großer Hauptspeicher mit mindestens 4 MB,
- virtueller Speicher pro Prozeß bis über 1 GB,
- dynamische Speicherplatzverwaltung,
- Festplattenlaufwerke mit über 100 MB,
- sehr gute Gestaltungsmöglichkeiten der Benutzeroberfläche (Windowtechnik, Mausunterstützung, hochauflösende Grafiken),
- leichter Zugang zu allen Systemkomponenten,
- Stack-Verarbeitung,
- "front end"-Prozessor für Input/Output,

- umfangreiches Angebot an Sprachkonzepten (z.B. mehrere tausend Grundfunktionen) und
- Ethernet-Schnittstelle.

Trotz ihrer hohen Rechnerleistung bringt die Entwicklung kommerzieller Expertensysteme mit Hilfe dedizierter LISP-Maschinen einige Nachteile mit sich:

- Die angebotenen Entwicklungsumgebungen sind zwar flexibler, aber im Vergleich zu den Werkzeugen, die vornehmlich auf konventionellen Rechnern angeboten werden, schwieriger zu handhaben.
- Die auf diesen Rechnern entwickelten Expertensysteme können häufig nicht auf konventionellen Maschinen eingesetzt werden.
- Die erstellten Anwendungen können nur durch einen Knowledge Engineer gepflegt werden.
- Die eigenständige Hardware erschwert eine Integration in die bestehende DV-Umgebung.
- Der Benutzer muß neben seiner gewohnten Umgebung ein zweites, völlig anderes System einsetzen und bedienen.
- Der Kaufpreis für diese Maschinen (inklusive Software) beträgt je nach Ausstattung zwischen 80.000 DM und 200.000 DM und kann somit ggf. einer breiten Einführung solcher Einplatzsysteme entgegenstehen.

Professionelle Arbeitsplatzrechner sind speziell für technisch-naturwissenschaftliche Applikationen (z.B. CAD oder die interaktive Auswertung von Meßdaten) entwickelt worden. Für die Anbieter solcher Systeme (z.B. DEC VAXstationII, Apollo Domain Serien, Sun 2 und 3 Serien und IBM 6150 sowie RS/6000 Serie) ist der Bereich Künstliche Intelligenz eine Erweiterung des Marktes /SCA 87, S. 344/. Die Rechner zeichnen sich durch leistungsfähige 32-bit-Prozessoren, 4-64 MB Arbeitsspeicher, ein integriertes grafisches Zugangssystem, eine Vernetzung durch Token Ring oder Ethernet und i.d.R. VMS oder UNIX als Betriebssysteme aus. Zusammen mit der KI-Software (LISP-Compiler und Entwicklungsumgebungen) werden sie als KI-Entwicklungsrechner angeboten. Trotz der exzellenten Rechnerleistung sind die Entwicklungsumgebungen im Vergleich zu den LISP-Maschinen ein Kompromiß. Dem häufig großen Bildschirm, der schnellen Verarbeitung und den attraktiven Möglichkeiten zur grafischen Gestaltung der Benutzerschnittstellen stehen ein hoher Preis und eine häufig mangelnde Integrationsfähigkeit in eine Großrechner-Umgebung gegenüber.

Wird das Expertensystem auf mehreren Maschinen eingesetzt, kann eine Aktualisierung des Anwendungssystems nur durch Kopieren der Wissensbasen von dem Entwicklungsrechner auf alle Einsatzumgebungen vorgenommen werden.

Expertensystem-Entwicklungen auf herkömmlichen Großrechnern und Minirechnern bieten die Vorteile einer hohen Rechnerleistung, einer relativ problemlosen

Integration in die bestehende konventionelle DV-Umgebung, insbesondere die Anbindung an existierende Datenbanken (siehe ELIED), und einer zentralen Bereitstellung und Pflege eines Expertensystems für viele Nutzer. Terminals sind schon an vielen Arbeitsplätzen vorhanden. Deshalb werden auch für diese Rechnerklasse Entwicklungs- und Runtimeumgebungen angeboten (z.B. ESE von der IBM, TWAICE von Nixdorf, KBMS von AICorp oder ADS von AION /vgl. HED 89; MAR 88; MES 85; SAV 85; SAV 87b, S. 127 ff.; SOB 88/). Leider bieten herkömmliche Groß- und Minirechner nur eingeschränkte Ausgabemöglichkeiten, insbesondere bei Grafiken, und haben verhältnismäßig lange Antwortzeiten. Im umgekehrten Fall kann der Einsatz von Expertensystemen starken Einfluß auf die Antwortzeiten anderer Programme haben. Um teure Rechenzeit zu sparen, werden viele wissensbasierte Anwendungen zunächst auf leistungsfähigen Workstations oder PCs entwickelt. Nach ihrer Fertigstellung werden sie in eine Großrechner-Umgebung portiert, wo dann die Integration in die konventionelle DV-Umgebung vorgenommen wird. Ziel muß daher eine absolute Durchgängigkeit der Lösung sein, d.h. die Anwendung muß sowohl auf einem PC als auch auf dem Mainframe ablauffähig sein.

Die Anzahl von Expertensystem-Entwicklungen auf Personal Computern nimmt in der letzten Zeit stark zu. Nach einer Studie der Unternehmensberatung Butler Cox laufen heute nur noch 6% der wissensbasierten Systeme auf dedizierten Rechnern, 40% auf Mini- und Großrechnern und 54% auf PCs /HAW 89, S. 37/. Für die schnelle Verarbeitung von LISP-Programmen auf dem IBM-PS/2 oder -AT wurde von der AI Architects Inc. (Vertrieb Gold Hill Computers) eine Zusatzkarte mit dem Namen 386 Hummingboard entwickelt, auf der ein Intel 80386 als Coprozessor bei der Ausführung großer LISP-Applikationen arbeitet. Die Leistungsfähigkeit von herkömmlichen IBM- oder IBM-kompatiblen 32-bit-Maschinen unter MS/PC-DOS ist aufgrund der Betriebssystem-Beschränkungen gering. Mit der wachsenden Verfügbarkeit von Expertensystem-Entwicklungssoftware unter OS/2 wird auch die Leistungsfähigkeit und damit die Bedeutung der IBM-PCs im KI-Sektor zunehmen.

Der Macintosh II/IIx von Apple läßt mit seinen leistungsfähigen 68020/30 Prozessoren die Grenzen zu professionellen Arbeitsplatzrechnern allmählich verschwinden. Wie der IBM-PC kann auch der Macintosh II/IIx durch ein spezielles LISP-Board (TI-Explorer oder Macivory) zu einer sehr leistungsfähigen LISP-Maschine aufgerüstet werden.

Aber nicht nur die Verbesserung der Hardware trägt zu einer Erweiterung der Einsatzmöglichkeiten von Expertensystemen auf dem PC bei, sondern auch die Entwicklung relativ leicht zu handhabender Werkzeuge wie z.B. ES/P-Advisor (Expert-Systems-International), INSIGHT 2^+ (Level 5 Research), M.1 oder S.1

(Teknowledge Inc.), XI PLUS (Expertech) /vgl. z.B. BRA 86; DAM 85, S. 345; FRD 88; HIL 89, S. 96 ff./. Neben diesen rein regelbasierten PC-Shells sind noch leistungsfähigere hybride Werkzeuge wie GOLDWORKS II (Gold Hill), KEE (IntelliCorp), NEXPERT OBJEKT (Neuron Data), KEYSTONE (Technology Applications) und PERSONAL CONSULTANT PLUS (Texas Instruments), auf dem Markt verfügbar /vgl. HAM 88/.

Die Problemorientierung ist entscheidend für die Einsetzbarkeit eines Werkzeuges. Ein einfaches Diagnose-System kann man problemlos mit einem einfachen regelbasierten Werkzeug erstellen. I.d.R. sind alle möglichen Lösungszustände bekannt und es reicht einfache Rückwärtsverkettung aus. Ein komplexes modellbasiertes Design-, Konfigurations- oder Planungsproblem verlangt nach einem hybriden oder objektorientierten Werkzeug. Häufig sind Vorwärtsverkettung oder bidirektionale Verkettung im Rahmen einer Hypothesize-and-Evaluate-Strategie erforderlich /vgl. HAM 88, S. 2/. Aber nur wenige Knowledge Engineers verfügen über praktische Erfahrungen im Umgang mit mehreren Tools, so daß die Auswahl der geeigneten Entwicklungsumgebung große Probleme bereiten kann.

Die PC-Shells tragen zu einer erheblichen Verbreitung der Expertensystem-Technologie in den Unternehmungen bei. Ihre Vorteile sind:

- Sie werden nicht auf speziellen KI-Maschinen eingesetzt, sondern auf Rechnern, die an vielen Arbeitsplätzen schon vorhanden sind.
- Zahlreiche Schnittstellen zu konventionellen Programmen sind standardmäßig vorgesehen.
- Eine zusätzliche Belastung des Großrechners entfällt.
- Sie haben eine konstant hohe Verfügbarkeit.
- Sie weisen im Vergleich zu den KI-Sprachen und großen Entwicklungsumgebungen i.d.R. eine ausreichende Leistungsfähigkeit auf und haben eine benutzerfreundliche Oberfläche.
- Der Preis für eine komplette PC-gestützte Entwicklungsumgebung ist relativ gering.

1989 hat ein starker Wandel im Tool-Markt stattgefunden. Eine Untersuchung der MIS/DP Departments der größten 500 Unternehmungen in den USA hat ergeben, daß viele Unternehmen eine Standardisierung im Werkzeugbereich beschlossen haben. Das ideale Werkzeug sollte folgende Spezifikationen erfüllen /HAM 89g, S. 3/:

- Es ist ablauffähig unter MVS (in CICS und IMS) und auf dem IBM-PC oder einem kompatiblen Rechner.
- Das Werkzeug ist in einer konventionellen Programmiersprache (meistens C) geschrieben und kann andere Programme aufrufen bzw. in andere Systeme eingebettet sein und somit von diesen aufgerufen werden.

- Es hat einen Zugriff auf DB2-Datenbanken und kann SQL-Code generieren. Auf dem PC sollten Schnittstellen zu LOTUS und dBASE III vorhanden sein.
- Die Großrechnerversion sollte multiuser-fähig sein und ein gutes Datensicherungssystem beinhalten.
- Das Werkzeug unterstützt sowohl die objektorientierte als auch die regelorientierte Programmierung vollkommen und beinhaltet alle gängigen KI-Techniken.
- Der Anbieter sollte langjährige Erfahrung auf dem KI-Sektor haben und einen gesicherten Support gewährleisten können.

Einen umfassenden Überblick über die 1989 am Markt erhältlichen Werkzeuge geben jeweils Harmon /HAM 89d und HAM 89g/, Press /PRS 88/ sowie Sobkowski und Tischler /SOB 88/.

Auf der einen Seite besteht der Wunsch aus der Praxis, möglichst nur *ein* Werkzeug für die Entwicklung zu verwenden, um die Einführungs- und Schulungskosten möglichst gering zu halten. Auf der anderen Seite verzeichnet man insbesondere in der Forschung die Tendenz, möglichst problemnahe Werkzeuge (wie z.B. MED1) zu entwickeln, die jeweils nur für eine bestimmte Klasse von Aufgabenstellungen (z.B. Diagnose) geeignet sind, aber dort die bestmögliche Unterstützung gewährleisten.

Trotz aller Standardisierungsbestrebungen ist es schwer vorstellbar, daß künftig alle relativ trivialen und komplexen Anwendungen in einer Unternehmung mit einem Werkzeug entwickelt werden. Speziell unter dem Gesichtspunkt, daß die Systeme künftig direkt mit den Experten zusammen erstellt und dann in den Fachabteilungen gewartet werden sollen, sind "easy to use"-Werkzeuge einzusetzen. Die "high-sophisticated" objektorientierten Entwicklungsumgebungen können von Nicht-Knowledge Engineers kaum noch überblickt werden. "Standardization certainly makes life easier and more inexpensive in a short run. It may even be appropriate, as long as the company is only trying to standardize on a mainframe tool to use in the next two to three years. But the choice of a single, company-wide tool at this time simply ignores the variety of uses for which expert systems techniques are being used and the limitations of existing tools" /HAM 89d, S. 6/.

In Abbildung 4/11 sind verschiedene Typen von Anwendungen unterschiedlichen Entwicklungsumgebungen gegenübergestellt.

Entwicklungsumgebungen / Anwendungen	Stand Alone PC oder Mac	Work-stations Minis	Mainframe	LISP Maschinen
Individuallösungen für Manager und Experten	hoch	gering	gering	gering
große Stand Alone Anwendungen z.B. in der Fertigung	hoch	hoch	moderat	gering
Auf zentralen Daten basierende Anwendungen	moderat	moderat	hoch	gering
Forschung	gering	moderat	moderat	hoch

Abb. 4/11: Einsatzgebiete verschiedener Entwicklungsumgebungen /vgl. HAM 89g, S. 2/

Die Erfahrung hat gezeigt, daß mit zunehmender Komplexität der Expertensysteme flexiblere Werkzeuge bevorzugt werden /RAD 87, S. 12 f./. Die logische Konsequenz ist, Möglichkeiten für die Konfiguration von Shells aus einer allgemeinen KI-Methodenbank (toolbox) und einer problemkategorie-spezifischen Methodenbank zu schaffen. Diese Werkzeuge können dann die typischen Merkmale der Anwendung abdecken und wissensartspezifische Editoren, Formularmasken und grafische Ein-/Ausgabemittel bereitstellen. Bei der bereichsspezifischen Anpassung der Shell ergibt sich automatisch auch eine Spezialisierung der Benutzerschnittstelle, so daß die Interaktion mit dem Benutzer in bereichspezifischen Termini erfolgen kann /vgl. TAN 88, S. 73/.

4.2.2 Werkzeugauswahl mit Hilfe eines Kriterienkatalogs

Mit der zunehmenden Verbreitung der Expertensysteme hat auch die Zahl der am Markt verfügbaren Entwicklungswerkzeuge stark zugenommen. In dem sich ständig intensivierenden Wettbewerb zwischen den zahlreichen, schnell wachsenden KI-Firmen werden die technischen Spezialisten immer mehr durch Marketing-Fachleute ersetzt, was die Entscheidung für die eine oder andere Entwicklungsumgebung nicht eben erleichtert.

Bei der Auswahl der geeigneten Entwicklungsumgebung hat sich die im folgenden beschriebene Vorgehensweise bewährt /vgl. auch WAT 83, S. 210 ff./:

1. <u>Grundlegende Auswahl der einzubeziehenden Werkzeuge</u>

Um den Zeitaufwand für die Auswahl einer geeigneten Entwicklungsumgebung möglichst gering zu halten, müssen zunächst die Rahmenbedingungen des Entwicklungsvorhabens mit den grundlegenden Merkmalen der am Markt erhältlichen Entwicklungsumgebungen verglichen werden, um auf diese Art und Weise aus dem großen Angebot eine für die weitere Untersuchung handhabbare Teilmenge selektieren zu können. Bei Bertelsmann mußten in Bezug auf das Pilotprojekt folgende Rahmenbedingungen erfüllt sein:

- Unterstützung zahlreicher KI-Techniken für die Systementwicklung,
- gute Integrierbarkeit in die konventionelle DV-Umgebung,
- relativ schnell erlernbar,
- ablauffähig auf verschiedenen Rechnern,
- Preis incl. Hardware maximal 50.000 DM,
- guter Support des Herstellers.

Die umfangreiche Unterstützung bei der Systementwicklung und die schnelle Erlernbarkeit auf Seiten der Projektmitarbeiter verlangten nach einer Shell, so daß die KI-Sprachen wie Prolog, LISP und OPS 5 nicht weiter berücksichtigt wurden. Insbesondere die Fragen nach der Ablauffähigkeit auf verschiedenen Rechnern und der Höhe des Anschaffungpreises führten zu einem Ausschluß der Gruppe der mächtigen Umgebungen auf dedizierten Maschinen wie ART (Inference Corporation), KEE (IntelliCorp), KNOWLEDGE CRAFT (Carnegie Group), LOOPS (Xerox Palo Alto Research), BABYLON (GMD) /vgl. z.B. LAU 87/. KEE war Anfang 1988 noch nicht als PC-Shell 386 KEE verfügbar. Einige kleinere Shells wie z.B. ES/P ADVISOR (Expert System Int.) und Expert/Ease (Expert Software Int.) fielen wegen ihres relativ beschränkten Leistungsumfangs heraus. Die EXPERT SYSTEM ENVIRONMENT (kurz ESE) von der IBM hätte den Budget-Rahmen deutlich überschritten.

In den Mittelpunkt der weiteren Untersuchung rückten die PC- oder Minirechner gestützten Werkzeuge wie INSIGHT (Level 5 Research), M1 (Teknowledge), NEXPERT OBJEKT (Neuron Data), PERSONAL CONSULTANT (Texas Instruments), RULE MASTER (Radian), SAVOIR (Intelligent System int.), S1 (Teknowledge), TWAICE (Nixdorf) und XIPLUS (Expertech).

Checkliste Auswahl der Entwicklungsumgebung

- Auf welcher Hardware unter welchem Betriebssystem soll das Expertensystem entwickelt und eingesetzt werden?
- Ist die Software auf verschiedenen Rechnern ablauffähig?
- Gibt es eine Runtime-Version des Werkzeugs?
- Für welchen Anwendungsbereich ist das Expertensystem-Entwicklungswerkzeug konzipiert worden (z.B. Diagnoseprobleme)?
- Welche Wissensrepräsentationsschemata, Inferenz- und Ablaufstrategien sind vorgesehen?
- Wie wird mit unsicherem Wissen gearbeitet?
- Ist das Werkzeug auch für den Bau größerer Wissensbasen (über 1.000 Wissenselemente) geeignet?
- Sind bei inkrementeller Erweiterung des Systems Laufzeit-, Stabilitäts- und/oder Speicherverwaltungsprobleme, wie z.B. bei vielen Werkzeugen im PC-Bereich, zu befürchten?
- Wie leistungsfähig ist das Werkzeug bei der Entwicklung und beim Ablauf der Anwendung?
- Welche Modularisierungsmöglichkeiten der Wissensbasis werden angeboten?
- Wie leistungsfähig ist die Erklärungskomponente?
- Wie lassen sich Erklärungen und Meldungen anpassen, ergänzen und ändern?
- Welche Gestaltungsmöglichkeiten gibt es für die Entwicklung einer attraktiven Benutzeroberfläche?
- Können der Schlußfolgerungsprozeß und die Wissensbasis graphisch dargestellt werden?
- Welche externen Schnittstellen zu Datenbanken und anderer konventioneller Software sind standardmäßig vorgesehen?
- Wie werden die Daten aus anderen Programmen übernommen und an diese weitergegeben?
- Gibt es ein Online-Hilfesystem?
- Wie ist die Qualität der Dokumentation und die Unterstützung in Fehlerfällen?
- Ist eine Testfallverwaltung vorhanden?
- Welche Unterstützung bietet der Hersteller in der Anfangsphase, und wie ist die Erlernbarkeit des Systems zu beurteilen?
- Welchen Preis haben die zugrundeliegende Hardware, das Entwicklungssystem und ein eventuelles Runtime-Modul?

Abb. 4/12: Fragen zur Hard- und Softwareauswahl /vgl. LEB 88b, S. 73 ff./

2. Einholung entsprechender Informationen

Nach einer umfangreichen Literaturrecherche mit dem Ziel einer vergleichenden Gegenüberstellung von Werkzeugen /vgl. z.B. HAM 88; HAM 89a, S. 107 ff.; KKP 87, S. 91 ff.; MES 85, S. 59 ff.; ROM 87, S. 12 ff./ erfolgte ein ausgedehntes Studium der Herstellerunterlagen.

3. Definition von K.O.-Kriterien und Grobauswahl

Bevor mit der Grobauswahl der geeigneten Entwicklungsumgebung begonnen werden konnte, mußten je nach konkreter Aufgabenstellung K.O.-Kriterien definiert werden.

Für das Pilotprojekt ELIED bestanden folgende K.O.-Kriterien:

- Bau großer Wissensbasen möglich,
- gute Integrationsfähigkeit in konventionelle Systeme (insbesondere leistungsfähige Schnittstelle zu Datenbanken),
- Verfügbarkeit einer Runtime-Umgebung.

Einen vollständigen Überblick über mögliche, bei der Grobauswahl einer geeigneten Entwicklungsumgebung relevante Fragestellungen enthält die Checkliste in Abbildung 4/12.

Die Beantwortung dieser Fragen unter besonderer Beachtung der oben genannten K.O.-Kriterien ergab, daß mit NEXPERT OBJEKT auf einem IBM-PC oder einem Apple Macintosh und TWAICE auf einer Targon lediglich zwei Entwicklungsumgebungen in die engere Auswahl kamen.

4. Entwicklung eines detaillierten Kriterienkatalogs

Nachdem mit Hilfe der oben vorgestellten Checkliste eine Grobauswahl von Werkzeugen vorgenommen wurde, bedurfte es der Aufstellung eines detaillierten Kriterienkataloges, um aus den beschriebenen Werkzeugen das für die konkrete Problemstellung am besten geeignete zu ermitteln. Bei den verglichenen Werkzeugen handelte es sich um die Anfang 1988 verfügbaren Versionen. Da beide Werkzeuge ständig zu neuen Releases weiterentwickelt wurden, konnte eine vergleichende Gegenüberstellung nur eine Momentaufnahme sein. Die damaligen Daten der Werkzeuge sind heute völlig überholt und dürften auch künftig ständigen Änderungen unterliegen. Aus diesem Grund kann im Anhang lediglich der Kriterienkatalog zur Auswahl von Expertensystem-Entwicklungswerkzeugen vorgestellt werden. Auf eine Beantwortung der Fragen muß verzichtet werden /vgl. auch LEB 88b, S. 73 ff.; KKP 87, S. 31 ff.; HED 89; KRA 88, S. 122 ff.; STH 89, S. 1-10 ff./.

5. Herstellerpräsentation

Um eine endgültige Entscheidung fällen zu können, mußten die bisher im wesentlichen sowohl durch das Studium der Herstellerunterlagen und der Handbücher als auch durch Gespräche mit den Vertreibern der Software erhaltenen Informationen durch eine Präsentation der Entwicklungsumgebungen mit praktischen Anwendungen komplettiert werden.

Insbesondere die Anwenderfreundlichkeit und Übersichtlichkeit (siehe z.B. grafische Darstellung der Wissensbasis und des Schlußfolgerungsprozesses) von NEXPERT OBJEKT hoben sich von TWAICE deutlich ab.

Die Erklärungskomponente von TWAICE bot erheblich mehr Möglichkeiten, wenn auch die zunächst sehr beeindruckende natürlichsprachliche Erklärungskomponente sich bei näherer Betrachtung als überaus aufwendig in der Realisierung erwies.

Bei TWAICE überzeugte die Möglichkeit, auf relativ einfache Art und Weise den Funktionsumfang durch das Anfügen eigener Prolog-Prozeduren zu erweitern. Bei NEXPERT OBJEKT stand dem lediglich eine C-Schnittstelle im Rahmen einer aufrufbaren Schnittstelle (Callable Interface) gegenüber.

Auch nach den Präsentationen mußte man beiden Werkzeugen bescheinigen, daß sie generell für das Entwicklungsvorhaben geeignet waren.

6. Endgültige Auswahl

Mit Hilfe des aufgestellten Kriterienkataloges und den Erkenntnissen aus der Präsentation mußte im letzten Schritt eine endgültige Entscheidung getroffen werden. Die im folgenden genannten Gründe sprachen für NEXPERT OBJEKT als Werkzeug für das Pilotprojekt ELIED.

Wie schon bei der Auswahl anhand des Kriterienkatalogs gezeigt, stellt NEXPERT OBJEKT mit dem Vererbungskonzept und den Möglichkeiten einer hybriden Shell (unterstützt mehrere Wissensrepräsentationsformalismen) ein sehr mächtiges Entwicklungsinstrumentarium zur Verfügung, mit dem sowohl regel- als auch objektorientiert programmiert werden kann. Die gesamte Entwicklungsoberfläche ist beispielgebend und erheblich benutzerfreundlicher als bei TWAICE.

Darüber hinaus ist NEXPERT OBJEKT im Gegensatz zu TWAICE so konzipiert, daß es auf verschiedenen Hardware-Architekturen lauffähig ist. So war es u.a. zum Zeitpunkt der Entscheidung auch schon als Runtime-Version unter MVS mit DB2-Zugriff angekündigt. Unter strategischen Gesichtspunkten war das ein entscheidendes Kriterium bei der Auswahl einer einheitlichen Expertensystem-Entwicklungsumgebung innerhalb des Bertelsmann Konzerns.

Twaice hingegen sollte auch künftig lediglich auf UNIX-Maschinen ablauffähig sein. Eine schnelle Weiterentwicklung zu einer benutzerfreundlichen, hybriden Shell war fraglich.

4.3 Realisation der wissensbasierten Komponenten mit NEXPERT OBJEKT

4.3.1 Wissensrepräsentation

Wie viele Werkzeuge zur Entwicklung von Expertensystemen, so basiert auch NEXPERT OBJEKT auf dem EMYCIN-Paradigma. Die am häufigsten benutzte Methode des EMYCIN-Paradigmas ist die Rückwärtsverkettung in impliziten AND/OR-Bäumen. Physisch bestehen solche Systeme aus einer Wissensbasis, einer Inferenzkomponente, einer Erklärungskomponente, einer Dialogkomponente, einer Wissensakquisitionskomponente und einer Faktenbasis /vgl. PUP 86, S. 2 ff./. Jedes dieser Module wiederum enthält einzelne Designelemente. So gibt es z.B. in der Inferenzkomponente verschiedene Problemlösungsstrategien wie Forward und Backward Chaining, Depth-First- und Breadth-First-Search, Establish-Refine, Hypothesize- oder Generate-and-Test /siehe HAM 89a, S. 56 ff./. Eine Problemlösungsstrategie ist ein Mechanismus, der folgende Punkte umfaßt /MES 88, S. 391/:

- Zerlegung des Problems in Teilprobleme,
- Bestimmung von relevanten Wissensquellen,
- Auswahl von zu untersuchenden Wissensquellen und Entscheidung über die Reihenfolge, in der sie untersucht werden,
- Definition von Abbruchkriterien, d.h. von Entscheidungen darüber, wann eine Aufgabe gelöst oder nicht lösbar ist.

Die Wissensrepräsentation innerhalb eines Expertensystems erfolgt mit Hilfe daten- und methodenabhängiger Wissenselemente. Diese Wissenselemente werden zu sich im Zeitablauf ändernden Schlußfolgerungsprozessen jeweils neu (d.h. dynamisch) verkettet. Die Expertisefähigkeit eines Expertensystems wird technisch durch mehrere zusammenwirkende Wissenselemente realisiert, ohne daß wie im Fall der konventionellen Software das Zusammenwirken ex ante definiert wäre /vgl. BAR 88a, S. 385/. Das Problemlösungswissen variiert nur inhaltlich, in seiner Organisationsstruktur und seinen Zugangsmechanismen bleibt es jedoch stabil /vgl. KOE 89, S. 100/.

Die Wissenselemente lassen sich in NEXPERT OBJEKT mit grundlegend verschiedenen Wissensrepräsentationsformalismen abbilden, so daß man auch von einem hybriden Werkzeug spricht. Im allgemeinen weisen hybride Werkzeuge Merkmale auf wie /HAM 88, S. 3 ff./

- regel- und objektorientierte Programmierung,
- vollständiges Pattern Matching und variable Regeln,
- Metaregeln,
- Vorwärts- oder bidirektionale Verkettung,
- nicht-monotones Schließen (Truth Maintenance),
- Hypothetical Worlds and Viewpoints,
- grafische Sicht der Wissensbasis und hochwertige Browsing Facilities,
- die Fähigkeit, Breakpoints zu setzen oder eine Konsultation zu unterbrechen,
- Falldatenverwaltung und
- eine Vielzahl sich dynamisch verändernder Grafiken.

Welche dieser Eigenschaften sich in NEXPERT OBJEKT wiederfinden und welche Bedeutung sie bei der Entwicklung von ELIED hatten, soll im folgenden erläutert werden.

In NEXPERT OBJEKT werden die regel- und mit Einschränkungen die objektorientierte Programmierung (siehe S. 104) unterstützt.

Regeln sind die am weitesten verbreitete Wissensrepräsentationsform. Während prozedurale Programme aus einer Reihe sich aufrufender hierarchisch angeordneter Prozeduren und Funktionen bestehen, basieren Produktionssysteme (regelbasierte Systeme) auf einer Menge gleichberechtigter Regeln. Regelmengen sind also typischerweise flach und ungeordnet und bilden keine hierarchischen Strukturen wie etwa geschachtelte Prozeduren. Der beschriebene Sachverhalt ist zunächst einmal unabhängig von dem, was in anderen Regeln beschrieben wird. Mit den Regeln wird festgelegt, *was* inferiert werden soll, während die Reihenfolge der Regelausführung der Inferenzmaschine (exakter dem Regelinterpreter) überlassen bleibt /KRI 88, S. 438/.

NEXPERT OBJEKT-Regeln können sowohl vorwärts- als auch rückwärtsverkettend eingesetzt werden. Auf der rechten Seite einer NEXPERT OBJEKT-Regel wird explizit zwischen einer Hypothese und optionalen Anweisungen unterschieden. Während rückwärts nur über die Hypothesen verkettet wird, werden bei der Vorwärtsverkettung sowohl die etablierten Hypothesen als auch die erzeugten Daten benutzt, um weitere Regeln zu aktivieren /vgl. KRI 88, S. 443/.

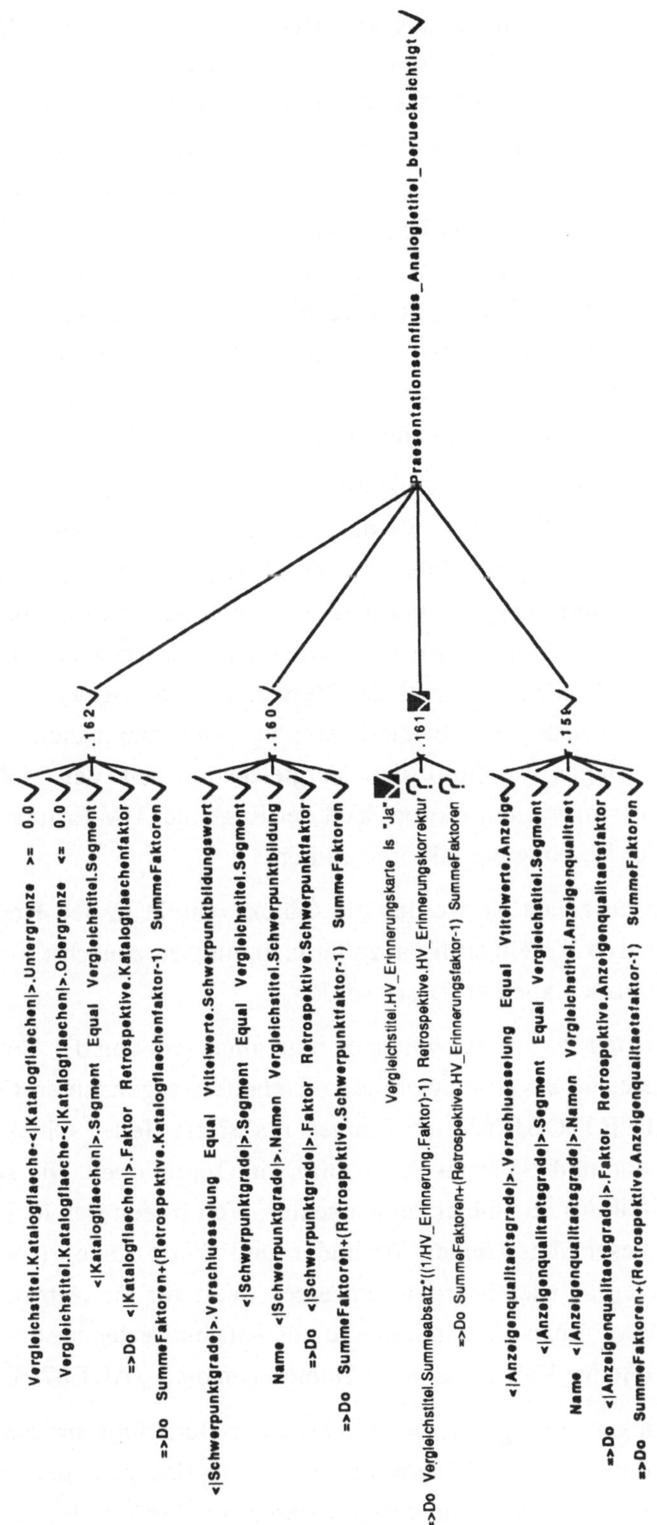

Abb. 4/13: Darstellung von Regeln in ELIED

Abbildung 4/13 zeigt einen Auszug aus dem Regelnetzwerk von ELIED. Zu der Hypothese "Praesentationseinfluss_Analogietitel_beruecksichtigt" führen vier durch Oder-Bedingungen verknüpfte Regeln mit gleicher Priorität. Die Bewertung der Katalogfläche, der Schwerpunktbildung, der HV-Erinnerungskarte und der Anzeigenqualität zur Bestimmung des Präsentationseinflusses des Analogietitels sind in jeweils einer Regel berücksichtigt. Jede der Regeln enthält einen Wenn- und einen Dann-Teil (durch einen "=>" gekennzeichnet). Da das System nicht nur eine, sondern alle Lösungen finden soll, werden bei jedem Analogietitel alle vier Regeln überprüft. Der einfache Haken symbolisiert, daß eine Bedingung oder Regel wahr ist. Ein invers dargestellten Haken zeigt das Scheitern einer Bedingung oder Regel an. Fragezeichen kennzeichnen, daß hier (noch) nicht geprüft wurde.

Als einfaches Beispiel soll zunächst Regel 161 dienen. Die Tatsache, daß diese im konkreten Fall nicht gefeuert hat, ist für die Erläuterung ohne Bedeutung. *Wenn* das Attribut "HV_Erinnerungskarte" des Objektes "Vergleichstitel" den Wert "JA" hat, *dann* soll dem Attribut "HV_Erinnerungskorrektur" des Objektes "Retrospektive" der Wert aus der Multiplikation des geringfügig aufbereiteten "HV_Erinnerungsfaktors" mit der "Summeabsatz" des Vergleichstitels zugewiesen werden. Nachdem so bestimmt wurde, um wieviele Exemplare die Gesamtsumme des Vergleichstitels zu bereinigen ist (weil der Vergleichstitel auf der HV-Erinnerungskarte stand) wird im zweiten Aktions-Teil der Regel der HV-Erinnerungsfaktor zu der Summe der Bereinigungsfaktoren addiert.

Wie unmittelbar zu erkennen ist, werden die Objekte direkt in den Regeln verwendet. Um die anderen Regeln erklären zu können, müssen zunächst weitere Eigenschaften einer hybriden Shell erläutert werden.

Bei der *objektorientierten Programmierung* geht man allgemein von der Vorstellung aus, daß Problembereiche aus interagierenden Einheiten, sogenannten Objekten, bestehen (in NEXPERT OBJEKT als Frames realisiert). Jedes Objekt besitzt einen internen Zustand und ein festes Repertoire von Operationen. Die einzelnen Attribute zur Beschreibung von Objekten der realen Welt finden sich in Slots wieder. Hinter jedem dieser Slots können Methoden und Werte stehen (Metaslots). Die Methoden können aktiviert werden, um einen Wert für ein Attribut zu ermitteln (Source) oder um nach Veränderung eines Attributwertes bestimmte Aktionen auszuführen (Active Value oder auch Dämon genannt) /ALT 87, S. 13 ff./.

Objekte fordern sich gegenseitig über Nachrichten zur Durchführung von Operationen auf. Dabei können die Variablenwerte dieser Objekte verändert und weitere Nachrichten versandt oder Antworten verarbeitet werden. Eigenschaften, Verhalten und Aufbau gleichartiger Objekte sind in Klassen definiert. Eine Klasse stellt also in konventioneller Terminologie die Deklaration eines Datentyps inklusive der zugehörigen Operationen dar /BAR 88b, S. 405 ff./. Der Modularisierungsprozeß wird weiterhin dadurch unterstützt, daß Klassen hierarchisch angeordnet werden können. Ähnlichkeiten zwischen Klassen werden zur Bildung von Vererbungshierarchien ausgenutzt /BAR 88b, S. 408 ff.; FEL 89b, S. 46; HAM 89i, S. 1/.

In NEXPERT OBJEKT ist ein Vererben von Attributen und Werten in beide Richtungen der Objekthierarchie möglich, d.h. Klassen können sowohl an Subklassen und Objekte vererben als auch von Subklassen oder Objekten Werte oder Attribute vererbt bekommen. NEXPERT OBJEKT läßt auch die multiple Vererbung zu, bei der z.B. Objekte Attribute und Werte von verschiedenen Klassen erben können (siehe Abbildung 4/13). Die sich daraus ergebende Netzstruktur ist erheblich flexibler als eine Baumstruktur, die z.B. in SMALLTALK einzuhalten ist.

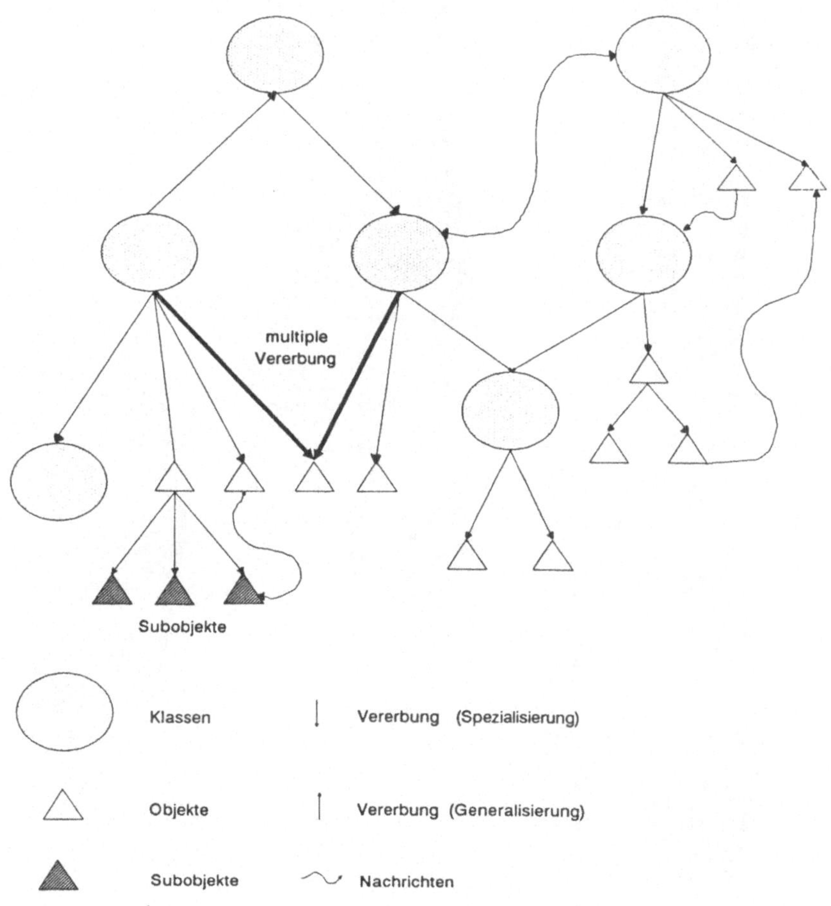

Abb. 4/14: Objekte, Nachrichten und Vererbung

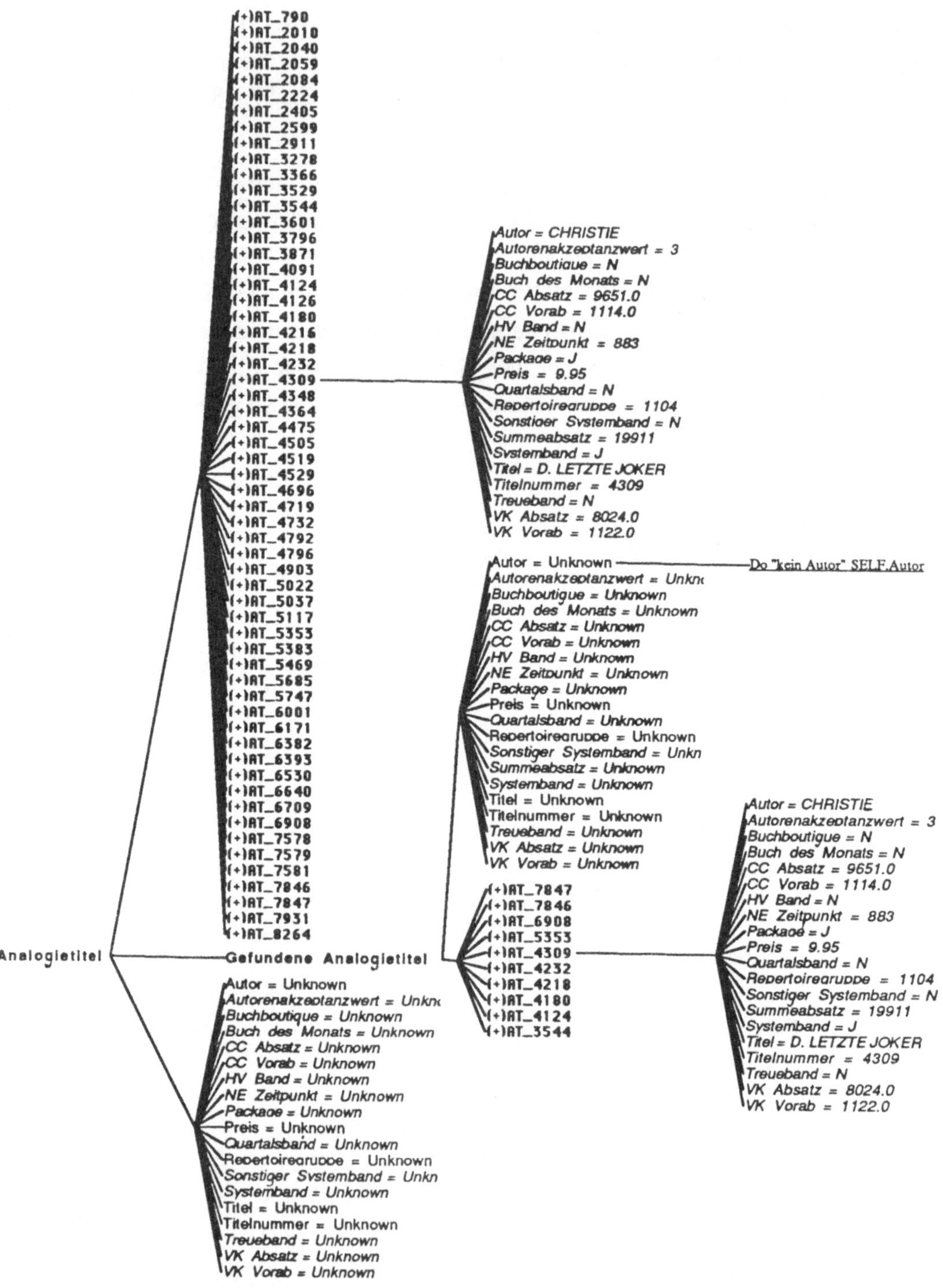

Abb. 4/15: Darstellung von Klassen und Objekten in ELIED

Abbildung 4/15 soll an einem möglichst einfachen Beispiel das Arbeiten mit Objekten und die Mächtigkeit der Vererbung verdeutlichen. In ELIED existiert eine Klasse "Analogietitel" mit zahlreichen Attributen (Slots) wie z.B. "Autor", "Autorenakzeptanz" oder "Titelnummer". Beim Einlesen der analogen Titel aus der Datenbank werden in der Klasse Analogietitel dynamische Objekte (durch ein "+" gekennzeichnet und nicht fester Bestandteil der Wissensbasis) erzeugt und die Eigenschaften der Klasse Analogietitel an diese Objekte vererbt. So bekommt z.B. das Objekt "AT_4309" exakt die gleichen Attribute wie seine Klasse. Die in der Datenbank vorhandenen Werte können beim Einlesen automatisch an die zuvor erzeugten Objekte und deren Attribute übergeben werden. Aufwendige Beschreibungen der einzelnen Objektattribute entfallen.

Bei der Selektion geeigneter Analogietitel werden im Zuge der weiteren Verarbeitung mit Hilfe von Regeln z.B. alle Titel von Agatha Christie herausgefiltert und an die Klasse "Gefundene_Analogietitel" (Subklasse von "Analogietitel") übergeben. Das Attribut Autor in der Klasse "Gefundene_Analogietitel" weist eine Besonderheit auf. Im Metaslot, in dem objektorientiert programmiert werden kann, ist eine spezielle Quelle (Source) angegeben, die folgendes besagt: Wenn es nicht möglich ist, für den Autor einen Wert zu ermitteln, soll "kein Autor" als Attributwert eingetragen werden. Nicht nur die Eigenschaften der Klassen, sondern auch alle auf der Metaslotebene codierten Proceduren können an die einzelnen Objekte weitervererbt werden.

Die Vererbung von Eigenschaften und Werten ist ein sehr mächtiges Hilfsmittel bei der Entwicklung. Allerdings ist die Vererbung nicht völlig dynamisch, d.h. geerbte Attribute werden explizit in ein Objekt fest eingetragen, und nur die Attributwerte werden im Bedarfsfall in der Objekthierarchie gesucht.

Eine weitere Einschränkung der Vererbungsfähigkeit von NEXPERT OBJEKT wird anhand der folgenden Regel für die Klasse Analogietitel verdeutlicht.

If < |Analogietitel| >.Art = Treueband
dann < |Analogietitel| >.Preisleistungsverhältnis ist sehr gut.

Die Ergebnisse dieser Regel können erst dann auf einzelne Objekte (Instanzen) innerhalb der Klasse Analogietitel übertragen werden (Instanzierung), wenn die Regel zuvor gefeuert hat. Wird hingegen nach dem Preisleistungsverhältnis eines Objektes (z.B. AT_4309) innerhalb dieser Klasse gefragt, ohne daß die sich auf die Klasse beziehende Regel zuvor gefeuert hat, so ist dieses Objekt nicht in der Lage, die Regel zu aktivieren, um anschließend den Wert zugewiesen zu bekommen. Die sich auf die Klasse beziehende Regel muß also zuvor explizit aufgerufen werden.

Auch wenn NEXPERT OBJEKT als hybrides Werkzeug Bestandteile der objektorientierten Programmierung enthält, so kann dennoch nicht rein objektorientiert entwickelt werden, da keine Möglichkeiten zur expliziten Nachrichtenübermittlung zwischen Objekten bestehen und keine komplexen Bedingungen in den Metaslots zulässig sind. Im wesentlichen ist es also ein regelbasiertes Werkzeug in einer objektorientierten Umgebung /HAM 88, S. 10/.

NEXPERT OBJEKT unterstützt das Pattern Matching und variable Regeln, d.h. die Inferenzmaschine versucht, Variablen durch gültige Ausdrücke, die alle Bedingungen der Regel erfüllen, zu ersetzen. Ein Muster (engl. pattern) entspricht einer oder mehreren Bedingungen, die durch eine Menge von Objekten oder Subobjekten erfüllt ist. Immer, wenn eine pattern matching-Bedingung ausgewertet wird, entsteht eine Liste von Objekten, die dieses Muster erfüllen. Somit lassen sich z.B. aus einer Klasse eine beliebige Menge Objekte selektieren oder Schnittmengen zwischen verschiedenen Klassen ermitteln.

Abbildung 4/13 zeigt einige Beispiele für Pattern Matching-Bedingungen, die anhand der Regel Nr. 162 erläutert werden sollen. Ziel dieser Regel ist es, der Katalogfläche des Vergleichstitels, entsprechend der Klassifizierung (z.B. von 25% bis 35%) und der Zugehörigkeit zu einem bestimmten Segment, einen konkreten Bereinigungsfaktor zuzuordnen.

Da in NEXPERT OBJEKT zwei Attributwerte häufig nur indirekt miteinander verglichen werden können, mußten die Katalogflächen voneinander abgezogen und mit Null verglichen werden. Im Detail arbeitet die Regel folgendermaßen: Im ersten Schritt werden in der Klasse "Katalogflaechen" diejenigen Objekte ermittelt, deren (Katalogflächen-) Untergrenze größer oder gleich der Katalogfläche des Vergleichstitels ist. Aus den gefundenen Objekten werden dann im zweiten Schritt diejenigen herausgesucht, deren Obergrenze kleiner oder gleich der Obergrenze des Vergleichstitels sind. Aus den nun noch verbliebenen Objekten wird im dritten Schritt dasjenige herausgefiltert, dessen Segmentzugehörigkeit sich mit dem Segment des Vergleichstitels deckt. Ähnlich einer Datenbankabfrage konnte mit wenigen Bedingungen das gesuchte Objekt selektiert werden. Im Aktionsteil der Regel wird schließlich der (Katalogflächen-) Faktor an das entsprechende Attribut des Objektes "Retrospektive" übergeben und die Summe der Faktoren korrigiert.

Eine der Hauptgründe dafür, Wissen in Objekten und Klassen abzulegen, ist die Tatsache, daß mit dem Pattern Matching Regeln über Klassen von Objekten geschrieben werden können. Diese Eigenschaft hybrider Werkzeuge geht erheblich über die Gruppierung von Objekten und die Vererbung hinaus /HAM 88, S. 3/.

Pattern Matching-Regeln sind einer der Schlüssel zu der Leistungsfähigkeit hybrider Werkzeuge. So kann eine Pattern Matching-Regel in NEXPERT OBJEKT die Arbeit vieler herkömmlicher Regeln übernehmen.

NEXPERT OBJEKT 1.1 läßt nur ein eingeschränktes Pattern Matching zu, da die mit Werten zu belegenden Attribute (Objekteigenschaften) in einer Pattern Matching-Regel ihrerseits nicht variabel sind, d.h. es muß explizit festgelegt werden, nach welchen Objekteigenschaften mit welchen Werten z.B. in einer Klasse gesucht werden soll. Es ist nicht möglich, die Objekteigenschaften selbst (nicht zu Verwechseln mit deren Ausprägung) variabel zu lassen. So ist z.B. folgender Ausdruck, bei dem der Slot "Monat" interpretierbar und damit variabel gehalten wird, unzulässig:

Umsatz.\Monat\

Anstatt ein Objekt "Umsatz" mit 12 Eigenschaften für die Speicherung der Monatsumsätze zu verwenden, muß eine Klasse "UMSAETZE" erstellt werden, deren Objekte "Umsatz_1" bis "Umsatz_12" mit den Eigenschaften "Monat" und "Umsatz" die Umsätze der entsprechenden Monate enthalten. Mit Hilfe des Pattern Matching muß dann aus dieser Klasse über einen Vergleich mit dem Objekt "Monat" der gesuchte Wert ermittelt werden. Das führt nicht nur zu erheblich längeren Laufzeiten, sondern auch zu einer "Inflation" von Klassen, Objekten und Regeln.

Ein weiteres Merkmal hybrider Werkzeuge sind Metaregeln. Wissen auf der Metaebene (Wissen über Wissen) dient typischerweise zur Bestimmung des effizientesten Lösungsweges /vgl. LEN 83, S. 219 ff./. Metaregeln haben die Aufgabe, nach Erreichen eines bestimmten Zustandes das System zur Verfolgung spezieller Problemlösungsstrategien zu veranlassen. Dieses intelligente Verhalten wird durch ein ständiges Schlußfolgern über eigene Zustände und Aktivitäten erreicht. Metaregeln unterscheiden sich in ihrer Syntax und ihrem Aufbau nicht von anderen Regeln in NEXPERT OBJEKT.

NEXPERT OBJEKT bietet sowohl Rückwärtsverkettung als auch Vorwärts- und bidirektionale Verkettung. Letzteres heißt, daß die Regeln in einem *einheitlichen Format* geschrieben und sowohl vorwärts- als auch rückwärts-verkettend abgearbeitet werden können.

Da in dem Projekt ELIED die Anzahl möglicher Zielzustände konstant war, wurde das Wissen hauptsächlich rückwärts-verkettet abgebildet, zumal die Übersichtlichkeit und Wartbarkeit eines Expertensystems erheblich unter einer bidirektionalen Vorgehensweise leidet.

Wenn auch in eingeschränkter Form, so wird in NEXPERT OBJEKT das nicht-monotone Schließen unterstützt. Nicht-monoton bedeutet, daß einmal gezogene

Schlußfolgerungen und alle daraus resultierenden Konsequenzen zurückgenommen werden können, wenn sie sich nachträglich als falsch herausstellen, weil sie auf Inkonsistenzen beruhen oder ihre Prämissen keine Gültigkeit mehr haben. Dieses wird auch häufig als Truth Maintenance bezeichnet. Ein Truth Maintenance-System (TMS) muß nur einmal den Berechnungsaufwand betreiben, der für die Herleitung bestimmter Schlüsse aus einer Menge von Annahmen nötig ist, und kann später durch einfache Zugriffsfunktionen feststellen, ob ein Schluß immer noch bzw. wieder gültig ist /vgl. auch BRW 89, S. 5 ff.; DRE 89, S. 13; PET 89, S. 54 ff/.

NEXPERT OBJEKT erreicht eine eingeschränkte nicht-monotone Logik durch eine völlige Neuberechnung aller Inferenzen (Brute Force-Verfahren), wobei der Aufwand mit der Komplexität des Falles wächst. Ein Abspeichern von Begründungen für jede Schlußfolgerung im Rahmen spezieller Truth Maintenance-Systeme ist nicht vorgesehen. Nur durch eine derartige Vorgehensweise, bei der sehr schnell beantwortet werden kann, ob eine Schlußfolgerung bei Änderungen gültig bleibt, ließe sich eine erhebliche Effizienzverbesserung erzielen /vgl. PUP 89, S. 31 ff./.

Nicht unterstützt werden von NEXPERT OBJEKT <u>Hypothetical Worlds</u> und <u>Viewpoints</u>. Unter der Fähigkeit, Hypothetical Worlds und Viewpoints zu erzeugen, versteht man das Verfolgen einer Strategie, die den *gleichzeitigen* Aufbau von mehreren Schlußfolgerungsketten ermöglicht. Auf diese Weise können mehrere Möglichkeiten zur Ermittlung des optimalen Lösungsweges untersucht werden. Zuerst wird festgelegt, welcher der vielen Lösungswege als nächster untersucht wird. Danach werden die einzelnen Regeln ermittelt, die für diesen Lösungsweg angewendet werden können /HAR 89a, S. 7/. Für jede Schlußfolgerungskette wird eine eigene Version des Arbeitsspeichers erstellt, in der separat weitergerechnet wird.

Die <u>Grafische Sicht auf die Wissensbasis</u> und die <u>Qualität der Browsing Utilities</u> sind beispielhaft in NEXPERT OBJEKT. Es lassen sich nicht nur jederzeit bidirektional die Verbindungen zwischen den Regeln einer Wissensbasis darstellen, sondern auch die Inferenz kann während einer Konsultation verfolgt werden. Es wird grafisch angezeigt, ob Regeln gefeuert haben, welche Bedingungen erfüllt sind und was inferiert wurde (vgl. Abbildung 4/13).

Neben einem Regelnetzwerk kann auch parallel ein Objektnetzwerk angezeigt werden. Hier werden Verbindungen zwischen Klassen, Subklassen, Objekten, Subobjekten und Attributen sowie ihre aktuellen Zustände dargestellt (vgl. Abbildung 4/15).

Mit Hilfe der Hypothesen von Regeln bzw. der Namen von Klassen oder Objekten können gezielt Teile der Wissensbasis selektiert werden. Aus den jeweiligen Netzwerken heraus lassen sich direkt die verschiedenen Editoren für Regeln, Klassen, Objekte und Metaslots aufrufen.

Diese hochwertigen Browsing Utilities werden durch herkömmliche Trace-Funktionen ergänzt. Sie lassen sich in Fenstern variabler Größe, Anzahl und Lage am Bildschirm anzeigen, so daß ein Entwickler während einer Konsultation beispielsweise die Veränderung im Objekt- und im Regelnetzwerk und einen Trace in verschiedenen Fenstern verfolgen kann.

Im Regelnetzwerk lassen sich beliebige Breakpoints setzen, um so die Konsultation automatisch unterbrechen zu können. Darüber hinaus kann der Entwickler die Konsultation jederzeit manuell unterbrechen und sich z.B. das Regelnetzwerk anschauen oder Variablenwerte korrigieren. Diese Eigenschaft von NEXPERT OBJEKT ist sehr nützlich für das debugging in einer Wissensbasis.

Da ein Expertensystem immer wieder daraufhin getestet werden muß, ob es dieselben Fragen stellt, die gleichen Schlüsse zieht und dieselben Empfehlungen gibt wie ein Experte, ist es sehr wichtig, eine gute Falldatenverwaltung zu haben. Die Entwicklung eines großen Systems impliziert den Gebrauch einer Vielzahl von verschiedenen Fällen. Auch NEXPERT OBJEKT erlaubt das Abspeichern und automatische Laden von Falldaten, so daß das Knowledge Engineering erheblich vereinfacht wird.

Einer der Hauptkritikpunkte an NEXPERT OBJEKT 1.1 ist die Ausgabe von Daten. Für die Druckausgabe gibt es keinen Print-Befehl, so daß häufig nur Hardcopies gemacht werden können. Die Gestaltung der Benutzeroberfläche könnte ebenfalls verbessert werden (vgl. Abschnitt 4.3.2). So gibt es bis NEXPERT Version 1.1.1 keine sich dynamisch verändernden Grafiken, mit deren Hilfe sich beispielsweise anhand einer Skala jederzeit der Zustand von Objekten (z.B. technischen Aggregaten) verfolgen sowie Eingaben vornehmen ließen. In KEE dagegen bewirkt z.B. die Manipulation einer aktiven Bildschirmanzeige eine Veränderung des zugehörigen Objektwertes und damit ggf. auch ein Senden von Nachrichten an andere Objekte, die dann wiederum zu neuen Aktionen und Ergebnissen führen /HAM 88, S. 6/.

In NEXPERT OBJEKT werden dem Knowledge Engineer verschiedene Hilfsmittel für die Entwicklungsarbeit und Möglichkeiten zur Repräsentation von Wissen gegeben. Die Erstellung und die Wartung dieser Programme ist aber keineswegs so trivial, wie es häufig suggeriert wird (siehe Abschnitt 4.3.4). Dem Anspruch, Expertenregeln direkt in Produktionsregeln umzuformen, ohne die Steuerung der Regelauswahl berücksichtigen zu müssen, werden die heutigen Werkzeuge noch nicht gerecht. Eine rein deklarative Wissensrepräsentation in Form von Regeln unter völliger Vernachlässigung des zugrundegelegten Inferenzmechanismus ist mit einem domänunabhängigen Werkzeug wie NEXPERT OBJEKT zur Zeit noch nicht möglich /KRI 88, S. 443/.

Auch in NEXPERT OBJEKT, das den Ansatz einer deklarativen Wissensrepräsentation verfolgt, bedarf es einer Reihe von Möglichkeiten, über deklarative Konstrukte den Inferenzprozeß zu beeinflussen, beispielsweise /KRI 88, S. 443/:

- Priorisierung von Regeln durch Inferenzkategorien auf Regelebene,
- Steuerung der Wertepropagierung durch Inferenzkategorien auf Objektebene,
- Festlegung der Vererbungsstrategien sowohl global als auch auf Metaslotebene.

In NEXPERT OBJEKT lassen sich keine lokalen Variablen definieren, so daß es nicht ohne weiteres verhindert werden kann, daß die Veränderung von Objektwerten in einer Wissensbasis Auswirkungen auf den Inferenzprozeß in anderen Wissensbasen hat. Da das zu schwer auffindbaren Fehlern führen kann, ergeben sich folgende Konsequenzen:

- Namen von Objekten oder Variablen müssen unbedingt sprechend (selbsterklärend) und eindeutig sein. Um die Verwendung gleicher Variablen in unterschiedlichen Zusammenhängen zu verhindern, muß ein Knowledge Dictionary angelegt werden, das u.a. den Inhalt und die Verwendung der Variablen erläutert.
- Schnittstellen zwischen verschiedenen Wissensbasen sind exakt zu definieren,
- Die gesamte Objektwelt (Variablen, Objekte, Klassen) muß allen mit der Codierung beauftragten Knowledge Engineers ständig zur Verfügung stehen.

Die ansonsten guten Editoren von NEXPERT OBJEKT lassen im Gegensatz zu denen in anderen Werkzeugen kein Arbeiten über mehrere Regeln zu. Änderungen können nur der Reihe nach und einzeln in den Regeln durchgeführt werden. Ab Version 1.1 besteht darüber hinaus die Möglichkeit, Änderungen mit externen Editoren wie z.B. Textverarbeitungsprogrammen durchzuführen, was aber nur versierten Entwicklern zu empfehlen ist, da z.B. keine Prüfroutinen zur Verfügung stehen.

4.3.2 Gestaltung der Benutzeroberfläche

Die Benutzerschnittstelle stellt ein wichtiges Charakteristikum im Hinblick auf die Akzeptanz eines Expertensystems dar. Sie hat die Aufgabe /vgl. HIL 89, S. 104/,

- die Benutzereingaben dem System verständlich zu machen,
- das Anwendungs- und Aufgabenwissen abzubilden,
- die Arbeitsumgebung des Benutzers widerzuspiegeln,

- plausible Systemausgaben zu liefern sowie
- einzelne Fragen vom System an den Benutzer weiterzuleiten.

Je nach Anforderungen an das System müssen verschiedene Klassen von Benutzern definiert werden. Ideal sind adaptive Systeme, die sich im Hinblick auf Eingabeformen, Informationsdarstellungen und angebotene Funktionen den individuellen Eigenschaften des Benutzers und den Anforderungen des Aufgabenkontextes automatisch anpassen. "Too often, consideration of users is a last-minute icing on the cake" /KID 87, S. 9/.

Bei der Entwicklung der Systemoberfläche sind folgende Fragen zu stellen:

- Welche Art von Beratung möchte der Benutzer in welcher Form haben?
- Benötigt der Benutzer eine sehr weitgehende Erklärung des Ergebnisses?
- Möchte er alternative Lösungsvorschläge haben?
- Wie lange darf eine Konsultation im Sinne des Benutzers maximal dauern?

Moderne Werkzeuge müssen die einfache Gestaltung einer flexiblen Benutzeroberfläche gewährleisten. Ist die Entwicklung der Oberfläche eines Expertensystems sehr aufwendig, führt die Wartung und Pflege der Wissensbasis sehr häufig auch zu langwierigen Änderungen der Benutzeroberfläche. Somit sinkt die Änderungsflexibilität erheblich.

Expertensysteme sollten in der Lage sein, sowohl durch lückenlose Verfolgung des Inferenzprozesses (Trace) direkte Erklärungen zu geben als auch indirekte Erklärungen in Form von Grafiken und Texten, die als Kommentare abgelegt werden, bereitzustellen. Dazu gehören nicht nur unterstützendes Wissen für die Beantwortung von Warum-Fragen, sondern auch strategisches Wissen zur Rechtfertigung der Reihenfolge von Aktionen und strukturelles Wissen, um die Beziehungen zwischen den Objekten eines Expertensystems erläutern zu können /CLA 83, S. 221/.

Daraus lassen sich für den Benutzer folgende Erklärungsmöglichkeiten ableiten /STH 88, S. 4-17 f./:

- Anzeige des kompletten Systemzustandes,
- explizite Darstellung der Vorgehensweise,
- Erklärung, welche Hypothesen gerade verfolgt werden bzw. etabliert sind,
- Begründung für gestellte Systemfragen,
- Erläuterung, warum eine bestimmte Regel nicht zutrifft und
- Darlegung des Einflusses der Benutzereingabe auf den Inferenzprozeß.

Obwohl, wie Erfahrungen aus der Praxis gezeigt haben, der Aufwand für die Benutzerschnittstelle zwischen 40% und 70% des Gesamtaufwandes für ein Expertensystem beträgt, ist die Leistungsfähigkeit der Benutzerschnittstelle heutiger Expertensysteme im Vergleich mit den in der Literatur genannten Anforderungen jedoch eher gering /STH 88, S. 4-6 ff./:

- Die Erklärungen des Systemverhaltens dienen hauptsächlich dem Entwickler, so daß dem Benutzer die System- und Funktionszusammenhänge nicht transparent werden.
- Der Dialogablauf ist starr und der Benutzer erfährt durch die Fragestellung nicht immer, welches Ziel gerade verfolgt wird.
- Die Verschiedenheit der Benutzergruppen wird bei der Lösung ihrer individuellen Probleme zu wenig berücksichtigt, da es i.d.R. keine benutzerindividuellen Darstellungsformen und Vorgehensweisen gibt.

Auch NEXPERT OBJEKT stellt hier keine Ausnahme dar. Die Oberfläche besteht bis Version 1.1 in einer Apple-Macintosh-Umgebung im wesentlichen aus statischen Grafiken mit verbalen Ergänzungen und maussensitiven Feldern. Die Grafiken lassen sich mit beliebigen auf dem Macintosh verfügbaren Zeichen- oder Malprogrammen (wie z.B. Mac-Draw) herstellen. Bei der Erstellung der Bildschirmmasken (Forms) werden in die Grafiken mit Hilfe von AIVISION (einem speziellen Werkzeug zur Oberflächengestaltung von Expertensystemen auf dem Macintosh) maussensitive Felder eingezeichnet (vgl. Abbildung 4/14).

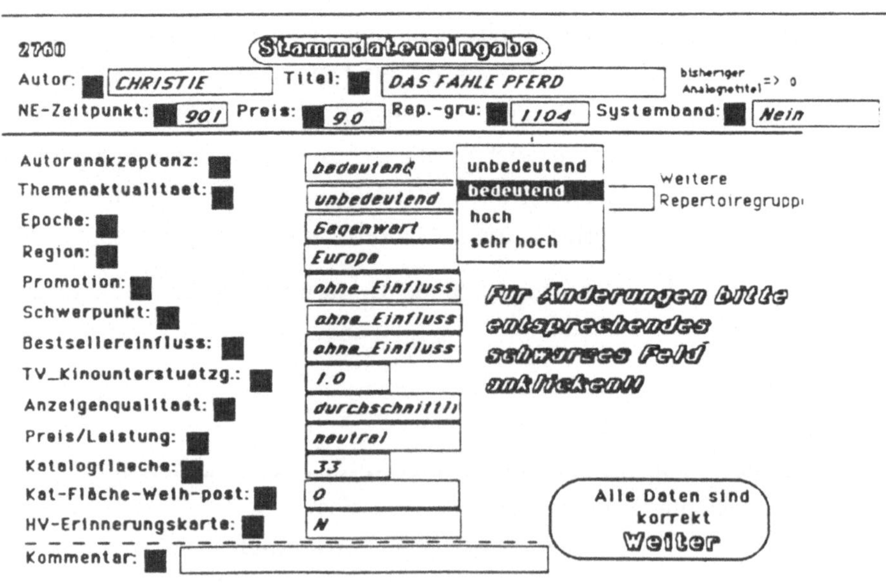

Abb. 4/16: AIVISION-Maske aus NEXPERT OBJEKT

Folgende Felder lassen sich in den AIVISION-Forms definieren:

- Control-Felder zum Anzeigen von Daten aus der Wissensbasis,
- Answer-Felder, mit denen man vollständig vorgegebene Daten durch Anklicken eingeben kann,
- Hyperimages, durch die andere AIVISION-Forms aufgerufen werden können.

AIVISION liegt bisher lediglich als Beta-Version vor und kann in der heutigen Form nicht als ausgereift betrachtet werden. So ist z.B. kein Aufbau von Formularen möglich, so daß die Eingabedaten einzeln abgefragt werden müssen. Da man auch bei Neuron Data die Unzulänglichkeiten von AIVISION erkannt hat, soll mit den ab Version 1.2 auf Apple-Rechnern vorgesehenen Schnittstellen zu HYPER- und SUPERCARD die gewünschte Flexibilisierung der Oberfläche erzielt werden /SFR 89, S. 65/.

Der hybride Ansatz von NEXPERT OBJEKT bringt eine eingeschränkte Erklärungsfähigkeit mit sich, da es nicht möglich ist, die Herleitung von Fakten nachträglich auf das Feuern bestimmter Regeln zurückzuführen. Im Gegensatz zu anderen Werkzeugen ist es nur eingeschränkt möglich, das Ergebnis vollständig zu untersuchen, so daß z.B. alle Regeln und Objekte angezeigt werden können, die an dem Zustandekommen einer Ergebnisgröße beteiligt waren. Es kann nicht explizit untersucht werden, warum bestimmte Regeln nicht gefeuert haben. Diese Erklärungsfähigkeit ist aber nicht nur für Hypothesen, sondern auch für andere Wissenselemente zu fordern.

Legt darüber hinaus der Entwickler nicht explizit Texte für die Erläuterungen in den jeweiligen Regeln ab, versucht NEXPERT OBJEKT bei Wie- oder Warum-Fragen automatisch (in sehr rudimentärer Form) Erläuterungen zu generieren. Hinweise auf den Schlußfolgerungsprozeß geben zumindest in der Entwicklungsversion ein aktiviertes Protokoll, verschiedene Trace-Fenster oder die Darstellung des Regelnetzwerkes /ECK 89, S. 136 ff./.

4.3.3 Integration in die konventionelle DV-Umgebung

Viele klassische Expertensysteme stellen Insellösungen dar, die sich nur auf den Benutzer als externe Informationsquelle stützen. Reale Expertensystem-Anwendungen sind jedoch in einem komplexen Umfeld eingebettet, in der weitere Informationsquellen oder Programme vorhanden sind. Für den praktischen Einsatz wird daher die Kopplung mit der konventionellen DV wie Datenbanken und operativen Systemen verlangt /APP 85, S. 35 ff.; MES 88, S. 392; REU 87, S. 165/.

Moderne großrechnerbasierte hybride Shells wie KBMS (AICORP) oder ADS (AION), die unter den Betriebsystemen MVS/XA (unter TSO und CICS), VM oder OS/2-EE laufen, haben beispielsweise Schnittstellen zu Datenbanksystemen wie DB2, IMS, SQL/DS oder ADABAS /vgl. HAM 89h, S. 3 f.; HAR 89b; SOB 88/.

Die Integration umfaßt aber nicht nur die Einbettung konventioneller Systeme in Expertensystem-Umgebungen, sondern bezieht sich auch auf die Möglichkeit, Leistungen eines Expertensystems für konventionelle Programme nutzbar zu machen. So ist es leicht vorstellbar, daß ein großes konventionelles Debitorensystem Expertensystem-basierte Bestandteile zur Bonitätsprüfung enthält, die nur in ganz speziellen Fällen aufgerufen werden. Für die Bonitätsprüfung können z.B. von COBOL-Programmen Parameter bereitgestellt werden, die das Expertensystem aktivieren und es mit Eingabedaten versorgen. Das Expertensystem kommt schließlich zu einem Ergebnis und gibt dieses an das aufrufende COBOL-Programm zurück, das nun mit der herkömmlichen Verarbeitung fortfährt.

Die Steuerung des Verarbeitungsprozesses muß also nicht automatisch beim Expertensystem liegen, sondern kann auch von einem konventionellen System aus erfolgen, in das die wissensbasierte Anwendung lediglich eingebettet ist.

Nach Scheer lassen sich sechs Integrationsstufen von Expertensystemen unterscheiden /SCE 88, S. 23/:

- zunächst isolierte Insellösungen, um Erfahrungen zu sammeln oder für spezielle Problemstellungen, in denen keine Schnittstellen erforderlich sind,
- logische Integration in konventionelle Systeme durch manuelle Verbindungen,
- Kopplung über Standard-Netzwerke und Dateitransfer sowie Überspielen von Daten mit Hilfe von Datenträgern auf KI-Workstations,
- intelligentes Programm zur Extraktion von Daten aus konventionellen Systemen (insbesondere Datenbanken) und Speicherung in KI-Formaten,
- Integration von Standardprogrammen und KI-Anwendungen und
- KI-System als intelligentes Integrations-Tool, das alle Subsysteme verknüpft.

Die Integration wissensbasierter Systeme in die klassische DV schreitet voran, dennoch sind nach einer 1989 publizierten Untersuchung von Brainware etwa 42% der wissensbasierten Systeme nicht eingebunden /HAW 89, S. 36/, haben also im Sinne der oben beschriebenen Integrationsstufen nicht mindestens die vierte Stufe erreicht.

Vergleicht man Daten- und Wissensbanken, werden grundlegende Unterschiede deutlich. Z.B. enthalten relationale Datenbanken typischerweise eine relativ kleine Anzahl von Relationen mit sehr vielen Datensätzen. Wissensbanken hingegen beinhalten eine Vielzahl verschiedener Relationen (wie z.B. Frames oder Regeln) mit wenigen Instanzen. In Bezug auf die Inferenz- oder Selektionsmechanismen sind Datenbanken im wesentlichen auf relativ einfache boolesche Kombinations- und Vergleichsparameter beschränkt. Expertensysteme bieten dagegen komplizierte Inferenzmechanismen, die unvollständige und ungewisse numerische und symbolische Daten verarbeiten können /RIS 88, S. 1424/.

Mit der Änderungshäufigkeit der an dem Entscheidungsprozeß beteiligten Daten wächst die Notwendigkeit einer performanten Kopplung von Datenbanken und Expertensystemen. Dabei lassen sich verschiedene Ansätze unterscheiden /REU 87, S. 173; RIS 88, S. 1424 ff./:

- Beim *heterogenen Ansatz* sind Experten- und Datenbanksystem separate Komponenten, die über explizite Dienstaufrufe miteinander verkehren. Eine ausreichende Performance bei großen Datenvolumen läßt sich dabei häufig nur in einer Großrechner-Umgebung erzielen.
- Der *homogene Ansatz* basiert auf dem Versuch, ein Expertensystem mit den erforderlichen Datenverwaltungsfähigkeiten auszustatten. Diese Vorgehensweise ist nur für relativ kleine Datenmengen praktikabel.
- Der *integrierte Ansatz* zielt auf eine Erweiterung der Datenbank-Technologie um die Fähigkeiten zur regelbasierten Verarbeitung wie z.B. in NATURAL EXPERT (Software AG). Die heute angebotenen Systeme liefern zwar eine sehr performante Datenbankverwaltung, sind aber, was die KI-Funktionalität betrifft, eher beschränkt.

Entscheidend für die Brauchbarkeit und den Erfolg von Architektur-Konzepten in diesem Bereich ist die Leistungsfähigkeit bei Problemen von realistischer Größenordnung und Komplexität. Unter diesen Prämissen muß der heterogene Ansatz heute als praktikabelste Lösung angesehen werden. Vorteile sind hier das einfache Update, die bessere Performance und die mögliche Mehrfachnutzung von Wissensbasen /HAW 89, S. 36/. Getrennte Systeme müssen aber bestimmte Arbeiten häufig doppelt durchführen, so daß vermeidbare Redundanzen entstehen. Um mehr Effizienz zu erreichen, ist deshalb eine Vereinheitlichung der Datenbank- und Expertensystem-Konzepte zu fordern /vgl. SCR 86, S. 35 ff./.

Die Integrationsmöglichkeiten von NEXPERT OBJEKT auf dem Macintosh sind eher beschränkt. Über eine Schnittstelle (Callable-Interface) zur Programmiersprache C lassen sich zwar externe Programme aufrufen, es ist aber z.Z. nicht möglich, Expertensystem-Applikationen von anderen Programmen aus zu starten.

In NEXPERT OBJEKT besteht die Möglichkeit, sowohl aus verschiedenen Datenbanken Werte zu lesen als auch in diese Datenbanken zu schreiben. Beim lesenden Zugriff kann eine direkte Abbildung von Datensätzen einer Datenbank auf Objekte vorgenommen werden. Die Werte der Attribute in der Datenbank werden dabei auf die Eigenschaften von Objekten abgebildet. Die Fähigkeit der Abbildung von Datensätzen auf Objekte führt zu einer erheblich gesteigerten Übersichtlichkeit und Wartbarkeit gegenüber rein regelbasierten Werkzeugen.

Im Gegensatz zu VMS- oder UNIX-Versionen von NEXPERT OBJEKT bestehen im Hinblick auf die Integrationsfähigkeit auf einem PC unter MS-DOS und auf einem Macintosh einige Beschränkungen.

Der Zugriff auf Datenbanken ist lediglich ein Dateizugriff, bei dem zumindest im PC-Bereich performante Selektionsmöglichkeiten fehlen. Es muß also i.d.R. die gesamte Datenbank in den Hauptspeicher geladen werden, was bei großen Datenmengen unmöglich ist und zudem unverhältnismäßig viel Zeit kostet. Eine Ausnahme bildet lediglich das Suchen eines zuvor bekannten Objektes (einzelner Datensatz). Ab Version 1.2 soll es auch im PC-Bereich, z.B. auf dBASE-Daten, umfassende Selektionsmöglichkeiten geben.

Im Rahmen von ELIED kommt der Integrationsfähigkeit, insbesondere den Datenbank-Schnittstellen, große Bedeutung zu. Da es technisch nicht möglich ist, aus NEXPERT OBJEKT heraus direkt aus den Großrechnerdatenbanken DISPO und TITELINFO (vgl. Abbildung 4/3) zu selektieren, müssen die Daten quartalsweise per File-Transfer vom Host übertragen werden, um dann in einer PC-Datenbank unter FOXBASE verwaltet werden zu können. Aber auch der Zugriff auf die PC-Datenbank unterliegt den oben genannten Beschränkungen. Die erforderlichen Datenbanken müssen somit künstlich segmentiert werden, um dann während einer Konsultation ein Segment vollständig in die Wissensbasis einlesen zu können. Die eigentliche Selektion erfolgt somit nicht auf der Datenbank, sondern mit Hilfe des Pattern Matchings in der Wissensbasis. Diese Vorgehensweise ist umständlich und zeitaufwendig. Sobald eine MVS-Version von NEXPERT OBJEKT mit DB2-Schnittstelle verfügbar ist, könnte eine Reimplementation von ELIED erfolgen. Auf diese Weise ließen sich u.a. Inkonsistenzen und Redundanzen in der Datenhaltung verhindern sowie schnellere Zugriffsmöglichkeiten und eine Vereinfachung in der Systemstruktur erzielen. Dennoch ist auch die heutige Lösung durchaus praktikabel und zufriedenstellend.

Die Integration der Hardware in die IBM-Mainframe-Umgebung ist problemlos. Der im Rahmen des Pilotprojektes beim Benutzer installierte Mac II wurde mit einer 3270-Emulationskarte ausgerüstet, so daß er nicht nur als Expertensystem-Umgebung, sondern auch als voll funktionales 3270-Terminal für den IBM-Großrechner genutzt werden kann.

4.3.4 Erfahrungen aus der Entwicklungsarbeit

Die Entwicklung von Expertensystemen ist keineswegs so problemlos wie es insbesondere von entsprechenden Softwareanbietern häufig beschrieben wird. Nach Mertens spricht manches dafür, daß aus diesem Grunde der Euphorie-Höhepunkt schon überschritten ist /MER 88b, S. 38/. Nach einer nun typischerweise folgenden Phase der Ernüchterung kann es dann zu einem vergleichsweise moderaten, aber stetigen Wachstum kommen.

Im Rahmen der Wissensakquisition ist es nicht nur schwierig, das Wissen zu extrahieren (Flaschenhals der Wissensakquisition). Bei der Interpretation stellt sich auch heraus, daß das Wissen häufig unstrukturiert, unvollständig und sogar widersprüchlich ist. Das Konzeptionelle Prototyping und die Techniken der Wissensakquisition im Rahmen eines systematischen Knowledge Engineering erlangen dadurch eine entscheidende Bedeutung.

Die Entwicklung von Expertensystemen ist zeitaufwendig. Dabei ist zu bedenken, daß am Ende das Expertensystem nur einen Teil der Fälle, und zwar solche mittlerer Komplexität, besser als der Mensch bewältigen kann. Sehr einfache Fälle kann der Sachbearbeiter auf einen Blick und ohne langen Mensch-Maschine-Dialog effizienter als das Expertensystem lösen, das bei komplexen Konstellationen, bei denen vielleicht Intuition oder besondere Interpretationsfähigkeiten verlangt werden, ohnehin versagen müßte /MER 88b, S. 38/. Einmal entwickelt und getestet, können in der geplanten Einsatzumgebung Performance- und beim Benutzer Akzeptanzprobleme auftreten. Zu der Problemlösungskompetenz muß also die Fähigkeit des Systems zur Harmonisierung mit der Einsatzumgebung und die Möglichkeit zur Kommunikation mit dem Benutzer über die Wissensdomäne kommen.

Uniformelle Regelformalismen führen dazu, daß unterschiedliche Arten von Wissen nicht mehr zu unterscheiden sind. So sind z.B. Informationen darüber, wann und unter welchen Bedingungen eine Regel relevant ist, in derselben Repräsentationsstruktur abgebildet wie ihr eigentlicher kausaler Zusammenhang. "Traditionally, domain knowledge is aquired without troubling the expert to think about control. Simple control strategies such as forward chaining are implicit in the interpreter, seperated from the domain knowledge base, and selected by the knowledge engineer. When this weak methods are inadequat, the knowledge engineer coerces the interpreter to do something more complicated, perhaps by ordering rules or have rules communicate via control flags" /GRU 86, S. 17-9/.

Da die verschiedenen Arten von Wissen häufig nur schwer zu unterscheiden sind, führt dieses zwangsläufig zu einer verminderten Wartbarkeit der Systeme. So hat sich trotz der weit verbreiteten These der leichten Änderbarkeit von Expertensystemen herausgestellt, daß andere Personen als die Autoren nur schwer in der Lage sind, ein Regelsystem zu ändern, von den Fachexperten ganz zu schweigen. Künftig müssen also die Entwicklungswerkzeuge weiter vereinfacht werden, so daß die Fachexperten allmählich in die Lage versetzt werden können, die Wissensbasen selbst zu warten und somit den Knowledge Engineer nicht auf Dauer mit der Wartung zu betrauen /TAN 88, S. 70 f./.

Mit der Vermischung von strategischem und problemspezifischem Wissen verliert ein System darüber hinaus entscheidend an Flexibilität. Das strategische Wissen kann bei regelbasierten Systemen z.B. in der Anordnung der Regeln in der Wissensbasis oder der Prämissen innerhalb einzelner Regeln stecken. Diese Implizitheit des strategischen Kontrollwissens auf der einen Seite und des Wissens über den Anwendungskontext auf der anderen Seite ist nach Clancey /CLA 83, S. 224 ff./ auch der Grund für die eingeschränkte Erklärungsfähigkeit dieser Systeme. So kann nicht beantwortet werden, warum eine Frage vor einer anderen gestellt wird oder eine Hyphothese vor einer anderen untersucht wird. Daraus läßt sich für die Konstruktion von Expertensystemen folgendes ableiten /TAN 88, S. 72/:

- Die verschiedenen Wissensformen sollten innerhalb einer Wissensbasis möglichst adäquat und signifikant repräsentiert werden.
- Je klarer verschiedene Formen des Wissens getrennt sind, desto modularer und damit leichter verifizier- und modifizierbar ist die Wissensbasis.

So ist es z.B. keineswegs einfach, die Herkunft eines Attributwertes zu ermitteln. Der Wert könnte aus dem Aktionsteil einer Regel stammen, als Source oder Active Value in dem entsprechenden Metaslot des Objektes definiert sein oder aus der Nachricht eines korrespondierenden Objektes resultieren.

Auch die bidirektionale Verkettung führt - wie schon verschiedentlich erwähnt - zu einem schwer nachvollziehbaren Systemverhalten. Aus diesen Gründen wurde in dem Projekt ELIED die Wartbarkeit der Programme der Eleganz bei der Programmierung vorgezogen. D.h., es wurde z.B. im wesentlichen rückwärts verkettet (das Problem ließ dieses zu) und auf eine objektorientierte Programmierung (z.B. in Metaslots von Objekten) weitgehend verzichtet.

Da Wissen häufig implizit in Repräsentationsformalismen vorliegt, können Teile eines Expertensystems nicht ohne weiteres in ein anderes übernommen und wiederverwendet werden. So läßt sich z.B. die Problemlösungsstrategie bei regelbasierten Systemen nicht einfach vom bereichsspezifischem Wissen trennen, da oft die Reihenfolge der Regeln in der Wissensbasis die Problemlösungsstrategie des Systems mitbestimmt. Trotz großer Übereinstimmung mit schon vorhandenen Systemen muß deshalb häufig eine Neucodierung vorgenommen werden /KAR 88b, S. 5).

Die Performance von Expertensystemen wird von der Komplexität der Problemlösung, von der Hardware und vom eingesetzten Werkzeug bestimmt. Sehr leistungsfähige Werkzeuge nutzen spezielle Algorithmen, um den Inferenzprozeß zu beschleunigen. So läßt sich mit Hilfe des RETE-Algorithmus (wie z.B. in KBMS) eine indexbasierte Verknüpfung der Regeln einer Wissensbasis erzielen, die zu einer erheblichen Verringerung des Suchraums während des Inferenzprozesses und damit zu einer immensen Leistungssteigerung führt /HAR 89c, S. 5 ff./.

Eine Übersetzung in den Maschinencode ist für fertige Programme kaum möglich. Da der Programm- und Datenfluß nicht statisch ist, sondern ein sehr dynamisches Verhalten hat, können Compiler nur sehr schwer eingesetzt werden /FEL 89b, S. 49/. Die Leistungsfähigkeit eines Expertensystems sinkt daher i.d.R. überproportional mit der Größe der Wissensbasen. Auch unter dem Gesichtspunkt einer verbesserten Wartbarkeit muß der Strukturierung der Anwendungsdomäne (in kleine überschaubare Blöcke) ein große Bedeutung beigemessen werden. Die einzelnen Strukturblöcke sollten dabei weitgehend unabhängig voneinander sein und möglichst wenige, klar definierte Schnittstellen nach außen haben.

In Anbetracht der Notwendigkeit, daß die meisten Expertensysteme erstens in gewachsene integrierte DV-Lösungen eingebettet und zweitens an vielen Arbeitsplätzen angeboten werden müssen (Wissensmultiplikation), ist es wichtig, mit der vorhandenen DV-Umgebung auszukommen /MER 88b, S. 39/. Der Integrationsaspekt ist zum entscheidenden Thema bei der Einführung der Expertensysteme in der unternehmerischen Praxis geworden. Diese Entwicklung ist u.a. durch die Abkehr von den dedizierten, speziell KI-orientierten Entwicklungsumgebungen und den Trend zu großrechner- und PC-basierten Werkzeugen gekennzeichnet.

5 Beispiel einer Sitzung mit ELIED

5.1 Titeleinzelprognose und Bedarfsrechnung

Alle Expertensystem-Applikationen wie Titeleinzelprognose, Bedarfsrechnung und Rahmenabgleich sowie alle konventionellen Anwendungen wie Datenbank-Pflege-Dialoge und Bestellrechnung werden vom ELIED Hauptmenü per Mausklick aufgerufen (siehe Abbildung 5/1).

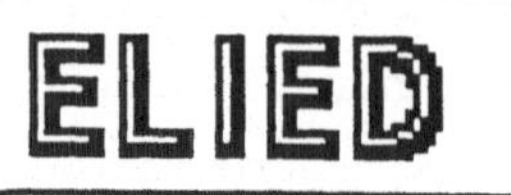

- Expertensystem für Lizenzeinkauf und Erstauflagendisposition -

Welche Anwendung möchten Sie starten ?

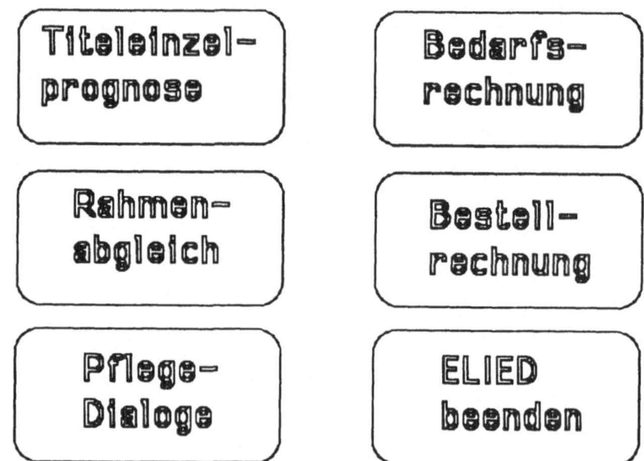

Abb. 5/1: ELIED Hauptmenü

Nach dem Aufruf der Titeleinzelprognose wird zunächst die entsprechende Wissensbasis geladen, bevor zahlreiche kleinere Datenbanken mit den Faktoren für die Titelbereinigung sowie den erforderlichen Saison- und Konjunkturdaten eingelesen werden. Nach kurzer Überprüfung der Aktualität der Eingabedaten wird der Benutzer nach der Titelnummer des zu prognostizierenden Titels gefragt (siehe Abbildung 5/2). Die Eingabe einer Null bewirkt einen Abbruch der Konsultation und einen Rücksprung ins ELIED Hauptmenü.

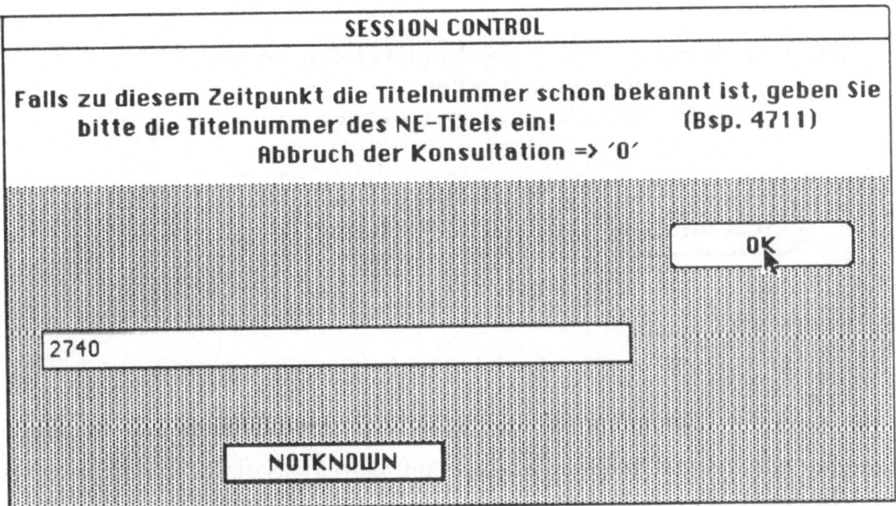

Abb. 5/2: Eingabe der Titelnummer im Standard-Dialog-Fenster

Ist zum Zeitpunkt des Lizenzeinkaufs eine Titelnummer noch nicht bekannt, da es keineswegs sicher ist, ob der Titel überhaupt für das "Club-Programm" eingekauft wird, kann mit NOTKNOWN geantwortet werden. Somit ist es zwar möglich, den potentiellen Absatzerfolg des Titels zu ermitteln, ein späteres Abspeichern in der Neutitel-Datenbank wird aber verhindert, da nur bei den im "Club" tatsächlich erscheinenden Titeln die Plan- mit den Ist-Daten verglichen werden können und sich vollständige Datensätze ermitteln lassen.

Hat der Titel eine Nummer, wird zunächst geprüft, ob er schon in der Neutitel-Datenbank gespeichert ist. Kann er dort anhand der Titelnummer nicht gefunden werden, wird der Benutzer gefragt (siehe Abbildung 5/3), ob er die Daten dieses Titels erfassen oder den Vorgang abbrechen möchte, da es sich um eine falsch eingegebene Titelnummer handeln könnte.

Ist der Titel neu zu erfassen, werden in NEXPERT OBJEKT Standard-Dialog-Fenstern (vgl. Abbildung 5/2) nacheinander der Autor, der Titel und der Preis des Buches vom Benutzer erfragt.

Neuen Titel rechnen ?

Der Titel konnte nicht in der Neutitel-Datenbank gefunden werden, soll er dennoch gerechnet werden ?

Abb. 5/3: Neuer Titel

Das Neuerscheinungsquartal wird mit Hilfe der in Abbildung 5/4 dargestellten Maske über ein AIVISION-Form eingegeben. Durch das einfache Anklicken eines der rechteckigen Felder wird das NE-Quartal bestimmt. Eingabefehler lassen somit weitgehend vermeiden.

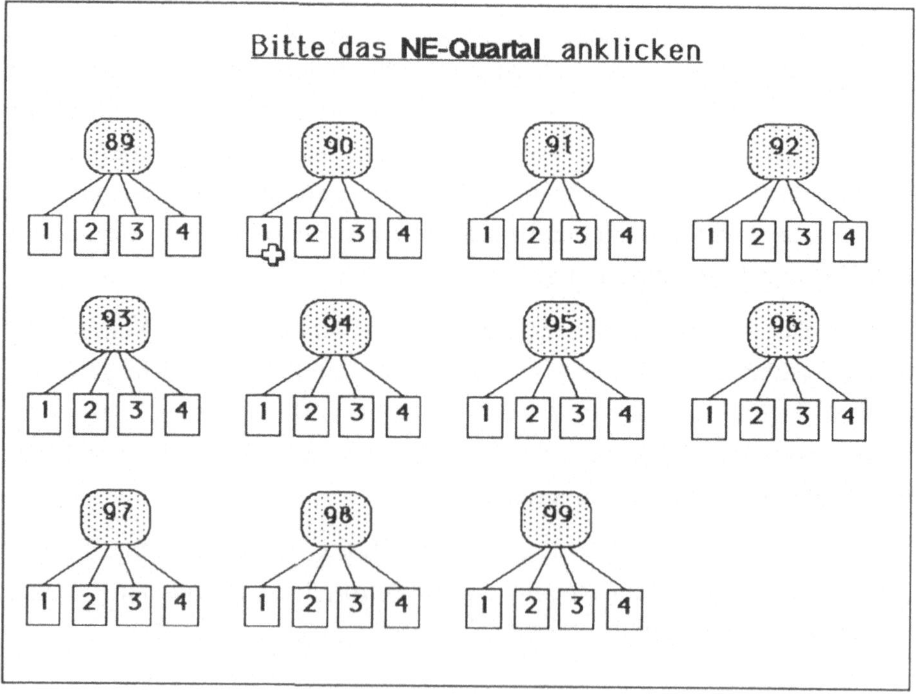

Abb. 5/4: Eingabe des Neuerscheinungsquartals

Die inhaltliche Klassifizierung des Titels erfolgt in Abhängigkeit des jeweiligen Segmentes, das (wie z.B. Belletristik) in eine bestimmte Anzahl Repertoiregruppen aufgeteilt ist (siehe Abbildung 5/5). Bei der weiteren Verarbeitung werden i.d.R. nur Titel einer Repertoiregruppe untereinander verglichen, da sich z.B. Absatzzahlen von Titeln der klassischen Weltliteratur nicht mit denen von Kriminalromanen vergleichen lassen.

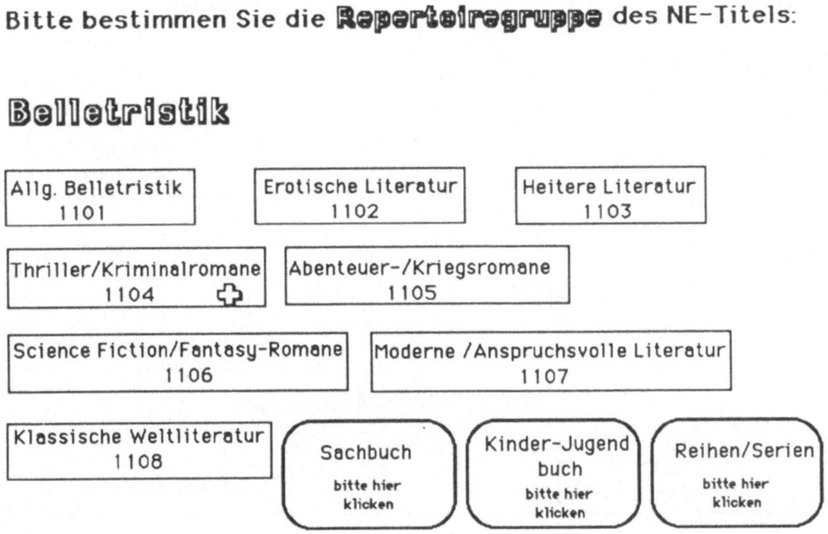

Abb. 5/5: Eingabe der Repertoiregruppe

Um den Eingabeaufwand zu minimieren, werden alle weiteren Daten mit Standardwerten vorbesetzt. So geht man beispielsweise davon aus, daß ein Neuerscheinungstitel immer auf 33 % Katalogfläche mit einer durchschnittlichen Anzeigenqualität angezeigt wird. Die Vorbesetzung mit Standardwerten hat den Vorteil, daß der Benutzer lediglich die Besonderheiten des Neuerscheinungstitels beschreiben muß. Mit Hilfe der in Abbildung 5/6 dargestellten Eingabemaske kann die Titelbeschreibung beliebig verändert werden.

Falls der Titel in der Neutitel-Datenbank gefunden wurde, erscheint die Stammdateneingabe-Maske sofort nach Eingabe der Titelnummer. Der weitere Ablauf ist identisch.

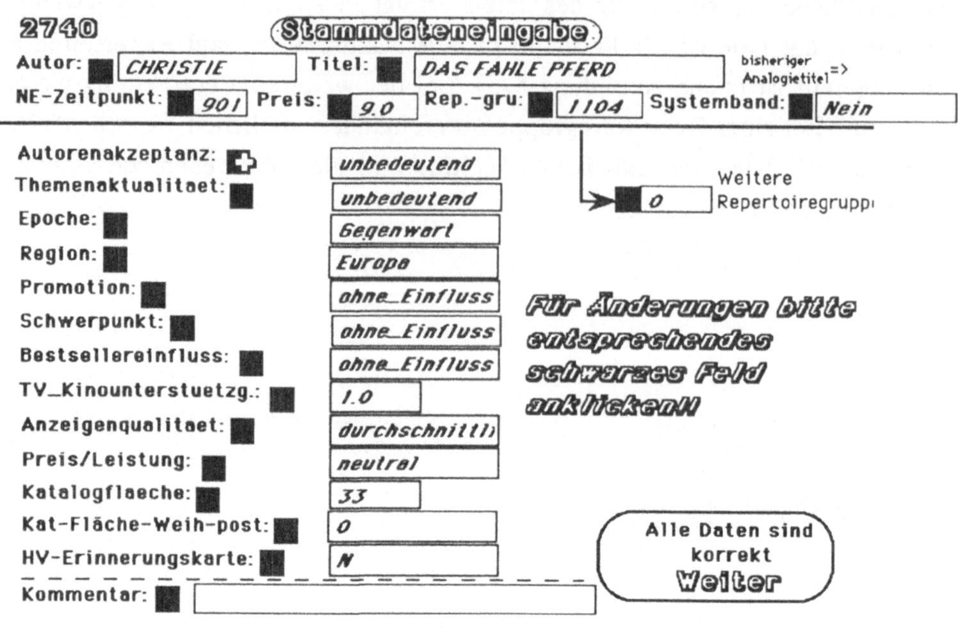

Abb. 5/6: Stammdateneingabe

Stammdateneingabe

Autor: CHRISTIE | Titel: DAS FAHLE PFERD

NE-Zeitpunkt: 901 | Preis: 9.0 | Rep.-gru: 1104 | Systemband: N

Autorenakzeptanz: unbedeutend | bedeutend | hoch | sehr hoch

Themenaktualitaet: unbedeutend

Epoche: Gegenwart

Region: Europa

Promotion: ohne_Einfluss

Schwerpunkt: ohne_Einfluss

Bestsellereinfluss: ohne_Einfluss

TV_Kinounterstuetzg.: 1.0

Anzeigenqualitaet: durchschnittli

Preis/Leistung: neutral

Katalogflaeche: 33

Katalogflaeche_Weih_post: 0

HV-Erinnerungskarte: N

Abb. 5/7: Eingabemaske für Autorenakzeptanz

Durch Anklicken der schwarzen Felder lassen sich die titelbeschreibenden Merkmale verändern. Klickt man z.B. auf das schwarze Rechteck hinter dem Wort "Autorenakzeptanz", erscheint das AIVISION-Form aus Abbildung 5/7.

Neben der Anzeige der Titeldaten erlaubt diese Maske durch Anklicken die Veränderung des Autorenakzeptanzwertes z.B. auf "hoch".

In gleicher Weise können alle titelbeschreibenden Merkmale in dafür vorgesehenen Forms verändert werden. Es gibt aber eine noch schnellere Eingabemöglichkeit für die nicht-numerischen Daten. Klickt man in der Eingabemaske direkt hinter den Datenfeldern und hält die Maus gedrückt, erscheint ein kleines "Pop-Up-Menü", aus dem man durch Loslassen der Maustaste den gewünschten Wert wählen kann (vgl. Abbildung 4/16).

Ist der Titel hinreichend beschrieben, kann die Dateneingabe mit "WEITER" verlassen und die Wissensbasis für die Analogietitelauswahl geladen werden.

Anhand der zuvor spezifizierten Repertoiregruppe (z.B. 1104 für Thriller und Kriminalromane) werden die Analogiedaten aus der Datenbank geladen. Für die Auswahl eines geeigneten Analogietitels wird nun das in Abbildung 5/8 gezeigte Menü zur Definition der Selektionskriterien bereitgestellt.

Strategieanzeige

– für das Segment Belletristik –

Selektionskriterien	Priorität
Systemband	0
Autor	1
Preis	0
NE-Quartal	0

Ändern   OK

Abb. 5/8: Definition der Selektionskriterien

Soll hier von der segmentspezifischen Standardselektion abgewichen werden, kann der Benutzer titelspezifische Selektionskriterien festlegen. Der Benutzer kann mit Hilfe der Zahlenwerte 0 bis 4 den Selektionskriterien unterschiedliche Prioritäten beimessen. Eine Priorität "0" bewirkt, daß das entsprechende Kriterium für die Selektion ohne Bedeutung ist.

Verschiedene Prioritäten der Kriterien führen bei der Selektion zu einer UND-Verknüpfung, d.h. es werden zunächst aus den Analogiedaten alle diejenigen Titel herausgesucht, die dem Kriterium mit der höchsten Priorität (z.B. gleicher Autor) entsprechen. Aus der verbleibenden Teilmenge wird dann anhand des in der Priorität nächst niedrigeren Kriteriums (z.B. gleiche Preisklasse) weiter selektiert. Die Lösungsmenge wird also immer weiter verringert.

Gleiche Prioritäten der Kriterien implizieren ODER-Verknüpfungen. Trifft das System bei der Selektion auf Kriterien gleicher Priorität, selektiert es auf den gleichen Basisdaten, d.h. selektiert werden z.B. Titel mit dem gleichen Autor und zusätzlich weitere Titel, die z.B. die gleiche Preisklasse haben. Die Lösungsmenge wird also immer größer.

Verwendet der Benutzer in einer Abfrage sowohl gleiche als auch unterschiedliche Prioritäten, lassen sich beliebige Verknüpfungen erzielen, wie z.B.: "Selektiere im Vergleich mit dem geplanten Neuerscheinungstitel aus den Analogiedaten alle Titel mit dem gleichen Autor und dem gleichen Neuerscheinungsquartal und aus diesen wiederum alle mit der gleichen Preisklasse".

Änderung Selektionskriterium Autor

Möchten Sie im Rahmen der Analogietitelauswahl

den Autor *CHRISTIE*

durch einen anderen Autoren ersetzen ?

Abb. 5/9: Änderung Selektionskriterium Autor

Als besonders wichtiges Selektionskriterium kann der Autor explizit geändert werden, so daß im Rahmen der Analogietitelsuche nach Titeln eines vergleichbaren Autors gesucht werden kann (siehe Abbildung 5/9). Diese Möglichkeit wird insbesondere dann genutzt, wenn es sich um den Neuerscheinungstitel eines Autors handelt, der erstmalig im "Club" publiziert wird, aber durchaus mit einem bestimmten "Club-Autor" vergleichbar ist.

Nach der Selektion präsentiert das System die vergleichbaren Analogietitel in tabellarischer Form auf einem "scrollbaren" Bildschirm mit flexiblen Ausschnitt. Der Benutzer kann sich durch Vor- und Zurückblättern einen guten Überblick über die wesentlichen Daten aller gefundenen Analogietitel verschaffen (siehe Abbildung 5/10).

APROPOS

Titl	Autor	Titel	SynBd	NF Zpkt	Preis	Absatz
7847	CHRISTIE	BLAUSAEURE	N	861	9.95	25017
7846	CHRISTIE	ZEUGIN DER ANKL	N	863	9.95	15330
6908	CHRISTIE	TOEDL. IRRTUM	N	874	9.95	26146
5353	CHRISTIE	MORD	N	864	12.9	8436
4309	CHRISTIE	D. LETZTE JOKER	J	883	9.95	19911
4232	CHRISTIE	DER BALLSP. HUND	N	872	9.95	24968
4218	CHRISTIE	GEGNER	N	882	9.95	18986
4180	CHRISTIE	DAS STERBEN	J	884	9.95	19031
4124	CHRISTIE	EIN MORD WIRD ANGEKU	N	891	9.95	24700
3544	CHRISTIE/HIGHSMITH	PACKAGE	N	884	24.8	7473

Close | Keep | Continue

Abb. 5/10: Anzeige der gefundenen Analogietitel

Zunächst wird der Benutzer gefragt, ob er mit dem Selektionsergebnis zufrieden war, d.h., ob im Vergleich mit dem Neuerscheinungstitel ihm geeignet erscheinende Analogietitel selektiert wurden. Wenn nicht, kann die Selektion mit veränderten Kriterien wiederholt werden (siehe Abbildung 5/11).

Selektionswiederholung

Moechten Sie aufgrund der

angezeigeten Analogietitel

die Selektion wiederholen ?

Abb. 5/11: Selektionswiederholung

Schließlich wählt der Benutzer den am besten vergleichbaren Titel aus und teilt dem System die Titelnummer des Analogietitels mit (siehe Abbildung 5/12).

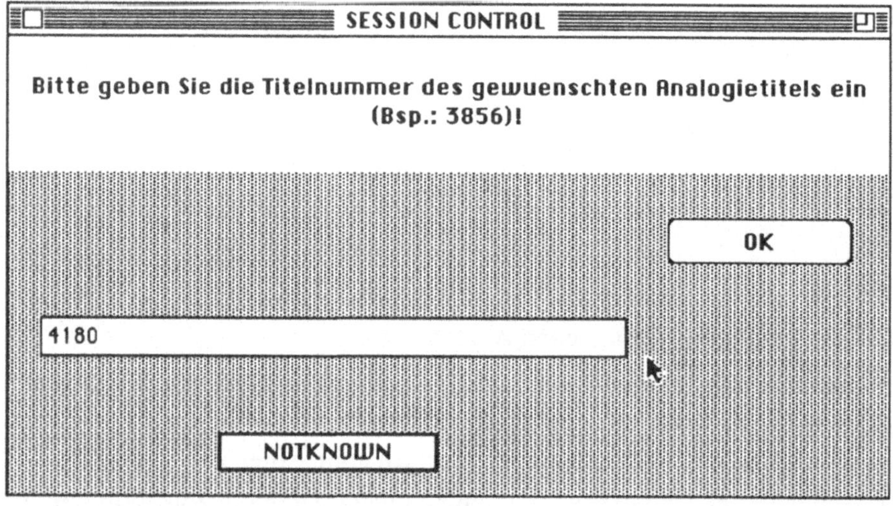

Abb. 5/12: Eingabe der Analogietitelnummer

Nach Eingabe der Analogietitelnummer erfolgt die Prognoserechnung. Nach etwa fünf Sekunden und u.U. einigen Systemhinweisen wird das Ergebnis der Berechnung übersichtlich am Bildschirm angezeigt.

Ergebnisse

Analogietitel		Neuerscheinungen	
4180	Autor: CHRISTIE	2740	Autor: CHRISTIE
Titel: DAS STERBEN		Titel: DAS FAHLE PFERD	
NE-Zeitpkt: 884	Preis: 9.95	NE-Zpkt: 901	Preis: 9.0
Segment: Belletristik	Rep.-gru.: 1104	Seg.: Belletristik	Rep.: 1104

	Faktor	Auswirkung	Faktor	Auswirkung
Absatz im NE-Quarta 13084 5947		19031	18000 (korrigierter Absatz)	17194
± Konjunktur:	1.02	-255		
± Saison:	1.14	-1696	1.06	706
± Preisklasse:	1.3	-3533	1.3	3533
± Preis-Leistung:	1.0	0	1.0	0
± Autorenakzeptanz:	1.25	-2944	1.1	1177
± Themenaktualitaet:	1.0	0	1.0	0
± Epoche:	1.0	0	1.0	0
± Region:	1.0	0	1.0	0
± Bestseller:	1.0	0	1.0	0
± Promotion:	1.0	0	1.0	0
± TV-Kinounterst.:	1.0	0	1.0	0
± Anzeigenqualitaet:	1.0	0	1.0	0
± Katalogflaeche:	0.9	1177	1.0	0
± HV-Erinnerung	1.0	0	1.0	0
± Schwerpunktbildung:	1.0	0	1.0	0
bereinigter NE-Absatz		11778		11778

Kommentar:

Weiter | Absatz manuell korrigieren | Stammdaten anzeigen

Abb. 5/13: Ergebnis der Titeleinzelprognose

Auf der linken Seite kann der Benutzer Schritt für Schritt die Bereinigung des gewählten Analogietitels verfolgen. Auf der rechten Seite findet er die Auswirkungen der titelspezifischen Einflüsse, die zu einer Erhöhung oder Verringerung des Basisabsatzes und somit zu dem angezeigten Prognoseergebnis führen. Hinter jedem titelbeschreibenden Merkmal werden der entsprechende Bereinigungsfaktor und dessen Auswirkung auf den Absatz angezeigt. Ein Autorenakzeptanzfaktor des Analogietitels von z.B. 1,25 entspricht einer absatzbeeinflussenden Wirkung von 25 %. Bei dem in Abbildung 5/13 dargestellten Beispiel errechnet sich daraus eine Verringerung des Absatzes um 2944 Exemplare, da der Absatz des Analogietitels bei einer durchschnittlichen Autorenakzeptanz 25 % geringer gewesen wäre.

Wie Abbildung 5/14 zeigt, können die sich hinter den Faktoren verbergenden Stammdaten des Analogie- und Neuerscheinungstitels durch Mausklick übersichtlich angezeigt werden.

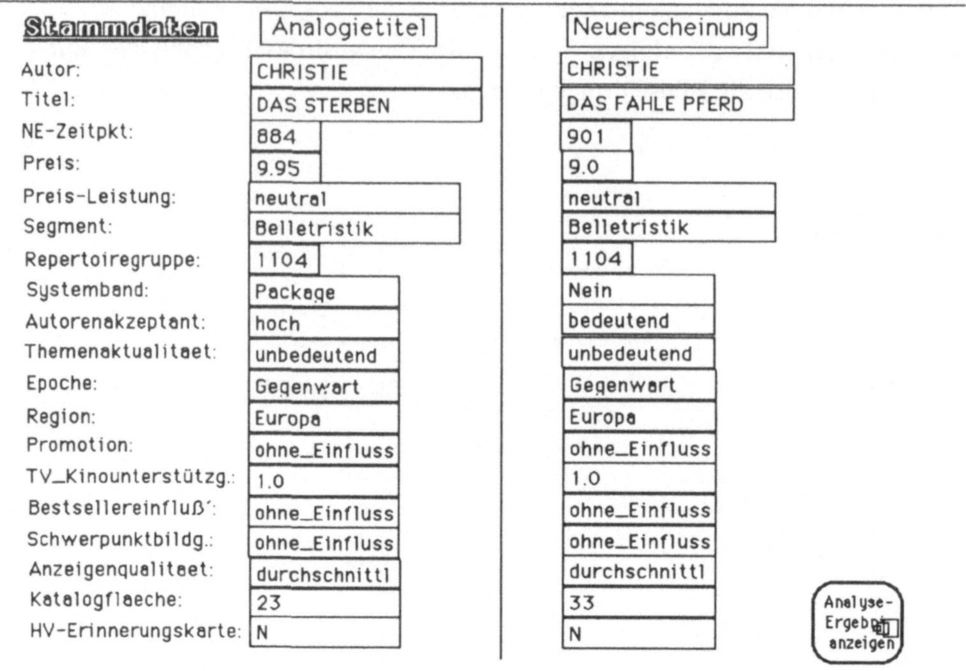

Abb. 5/14: Anzeige der Titelstammdaten

Häufig möchte der Benutzer den Prognosewert auf- oder abrunden und/oder die Relation von CC-Kunden- zu Versandkunden-Absatz verändern (siehe Abbildung 5/15).

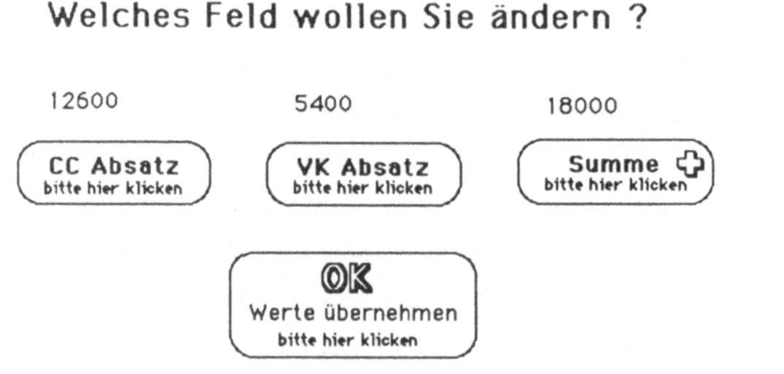

Abb. 5/15: Manuelle Korrektur der Prognoseergebnisse

Nach erfolgter Berechnung und ggf. manueller Korrektur kann der Neuerscheinungstitel mit seinem Prognoseergebnis (vorausgesetzt er hat eine Titelnummer) in der Neutitel-Datenbank abgespeichert werden (siehe Abbildung 5/16).

Soll der Titel *DAS FAHLE PFERD*

von *CHRISTIE*

mit den Daten des soeben gerechneten Analogietitels

in der Datenbank für NE-Titel abgespeichert werden ?

Ja Nein

Abb. 5/16: Abspeichern der Ergebnisse der Titeleinzelprognose

Ist der Benutzer von dem Ergebnis der Absatzprognose überzeugt und möchte er schon zu diesem Zeitpunkt die Entwicklung der Absatzverläufe über alle "Clubs" und Angebotszeiträume prognostizieren, wird er die Bedarfsrechnung aufrufen (siehe Abbildung 5/17).

Bedarfsrechnung

Möchten Sie eine Bedarfsrechnung durchführen, um zu sehen,
wie sich der prognostizierte Absatz über die Laufzeit im
Club Deutschland und den Partnerclubs entwickelt ?

Abb. 5/17: Aufruf der Bedarfsrechnung

Der Unterschied zu einem Aufruf der Bedarfsrechnung vom Hauptmenü aus (vgl. Abbildung 5/1) besteht darin, daß hier nicht beliebig viele Titel gerechnet werden können, sondern nur für einen konkreten Titel der Gesamtbedarf prognostiziert werden kann.

Nachdem das System für die Bedarfsrechnung einige zusätzliche Datenbanken wie Saisondaten und Lebensdauerkurven eingelesen hat, wird der Benutzer aufgefordert, die Angebotszeiträume des Neuerscheinungstitels zu determinieren (siehe Abbildung 5/18). Wäre der Titel aufgrund früherer Berechnungen schon in der Datenbank gespeichert gewesen, könnten in dieser Maske die Angebotszeiträume geändert und der Gesamtbedarf neu errechnet werden.

Eine Neuberechnung des Gesamtbedarfs ist jedesmal erforderlich, wenn sich z.B. der prognostizierte Bedarf im Neuerscheinungsquartal aus der Titeleinzelprognose durch die Berücksichtigung neuer Erkenntnisse verändert.

Änderung Angebotszeiträume

Titelnr: 2740 Autor: CHRISTIE

Titel: DAS FAHLE PFERD NE-Absatz: 18000

	NE-Zeitpunkt	Angebotsende
Club Deutschland:	901	903
Donauland (Österreich):	902	904
B&S (Schweiz):	0	0

Für Änderungen bitte entsprechendes schwarzes Feld anklicken

Alle Daten sind korrekt weiter

Abb. 5/18: Änderung der Angebotszeiträume

Durch Anklicken der schwarzen Felder werden die Masken für die Angabe der Angebotszeiträume im "Club Deutschland", bei "Donauland" in Österreich und bei "B&S" in der Schweiz aufgerufen. Beispielhaft wird hier die Eingabemaske für das Neuerscheinungsquartal in Österreich aufgeführt (siehe Abbildung 5/19).

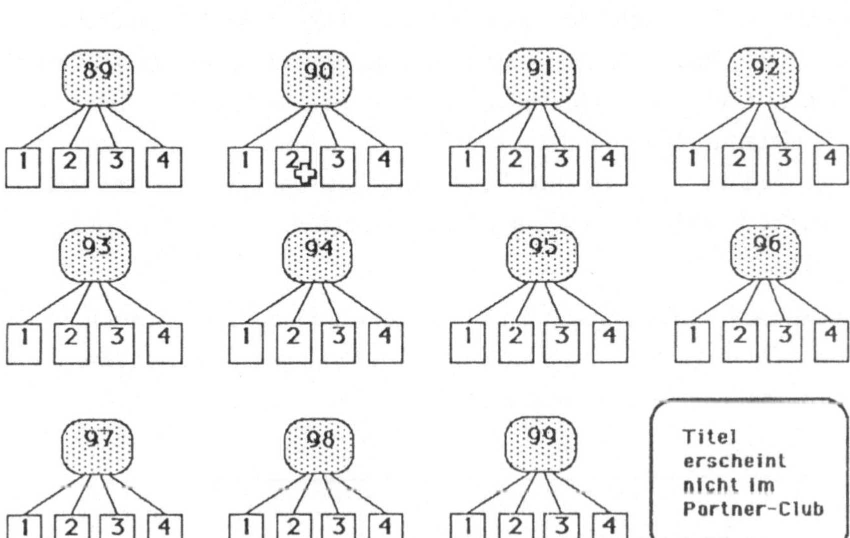

Abb. 5/19: Neuerscheinungsquartal für "Donauland"

Absatzprognose

Quartale	CD Club Deutschland	DL Donauland	CH Schweiz	Gesamt	Kumuliert
894	1100	0	0	1100	1100
901	19000	300	0	19300	20400
902	5000	4800	0	9800	30200
903	4100	1500	0	5600	35800
904	0	1200	0	1200	37000

Gesamtbedarf 37000

Weiter

Abb. 5/20: Ergebnisse der Bedarfsrechnung

Sind für alle drei "Partner-Clubs" die Angebotszeiträume festgelegt, erfolgt die Berechnung. Dabei werden über die definierten Angebotszeiträume hinaus auch die Vorababsätze an Testkäufer mitgerechnet. Z.B. werden bei Donauland im ersten Quartal 1990 300 Exemplare berücksichtigt. Die Ergebnisse werden schließlich für die einzelnen "Clubs" nach Quartalen geordnet angezeigt. Da für den Lizenzeinkäufer die Gesamtprognose entscheidend ist, werden die Quartalsabsätze der einzelnen Clubs addiert. An den kumulierten Ergebnissen läßt sich erkennen, welche Gesamtabsätze in welchen Angebotszeiträumen erzielt werden können (siehe Abbildung 5/20).

Auf Wunsch des Benutzers können die Ergebnisse der Bedarfsprognose wie in Abbildung 5/21 gezeigt für nachfolgende Berechnungen, insbesondere die Erstauflagendisposition, abgespeichert werden.

Ergebnisse speichern

Sollen die Ergebnisse und Daten der Bedarfsrechnung gespeichert werden ?

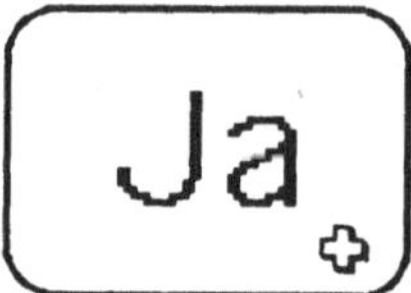

Abb. 5/21: Abspeichern der Quartalsergebnisse aus der Bedarfsrechnung

Nach erfolgter Bedarfsrechnung kehrt das System zur Titeleinzelprognose, von der es aufgerufen wurde, zurück. Es fragt dann den Benutzer, wie in Abbildung 5/22 dargestellt,

- ob er den Neuerscheinungstitel mit weiteren Analogietiteln vergleichen möchte (zurück zur Abbildung 5/9),
- ob er die Ergebnisse der Titeleinzelprognose noch einmal sehen möchte (zurück zu Abbildung 5/11) oder
- ob er die Daten des Neuerscheinungstitels verändern möchte, um dann mit den neuen Daten eine weitere Absatzprognose durchzuführen (zurück zu Abbildung 5/6).

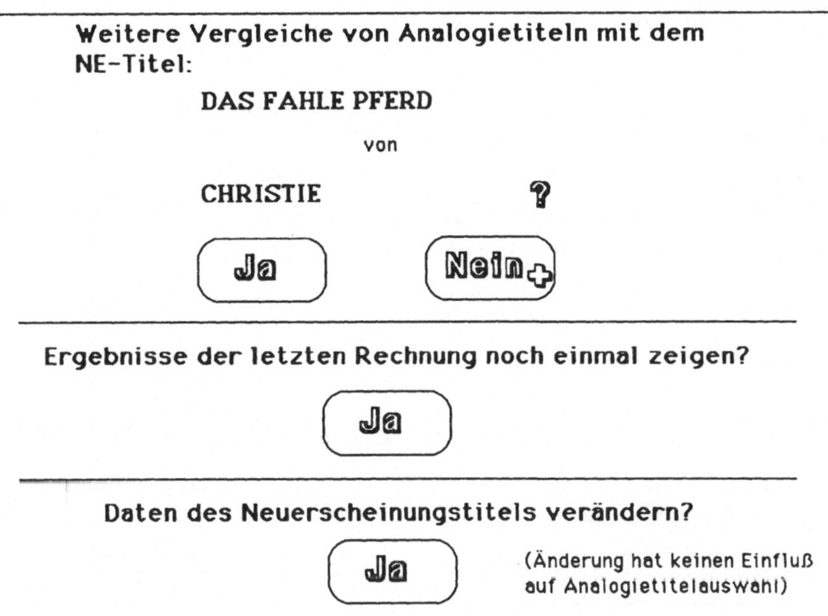

Abb. 5/22: Bestimmung der weiteren Vorgehensweise

Klickt der Benutzer "Keine weiteren Vergleiche von Analogietiteln mit dem NE-Titel" an, wird er gefragt, ob er noch weitere Neuerscheinungstitel prognostizieren möchte (siehe Abbildung 5/23).

Sollen neben DAS FAHLE PFERD

von CHRISTIE

noch weitere NE-Titel gerechnet werden ?

Ja   Nein

Abb. 5/23: Weitere Neuerscheinungstitel rechnen

Wird hier "JA" angeklickt, beginnt ELIED mit der Prognose eines weiteren Titels. Andernfalls verzweigt es zum Hauptmenü zurück (vgl. Abbildung 5/1).

5.2 Rahmenabgleich

Der Rahmenabgleich kann durch Anklicken des entsprechendes Feldes im Hauptmenü (vgl. Abbildung 5/1) aufgerufen werden. Nach dem Laden einiger kleiner Datenbanken (Lebensdauerkurven, Plandaten für Wareneinsätze, Umsätze und Absätze) erscheint das in Abbildung 5/24 dargestellte Menü.

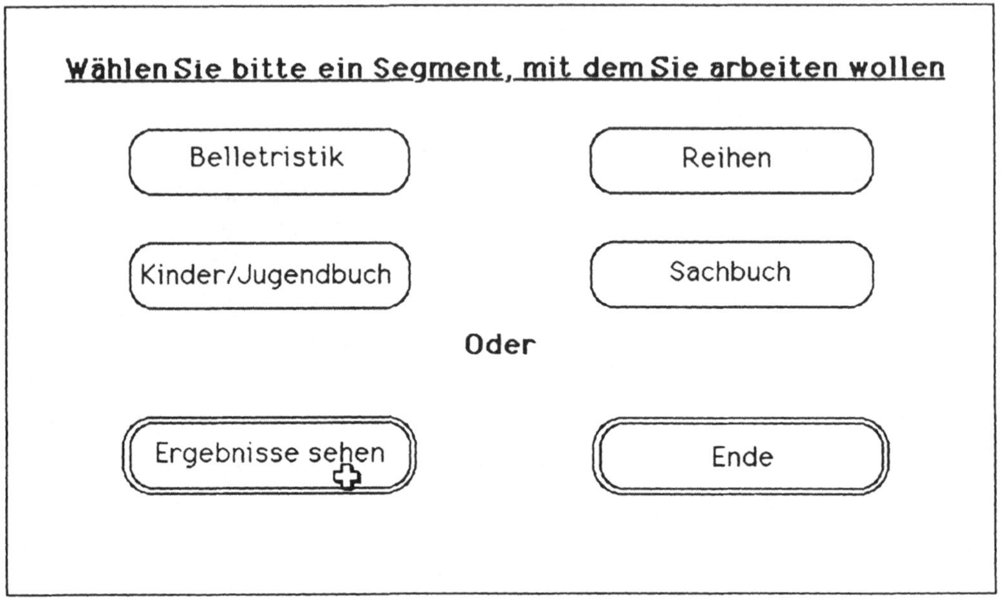

Abb. 5/24: Eingangsmaske Rahmenabgleich

Durch Anklicken von "Ergebnisse sehen" wird die segmentbezogene Berechnung der gesamten Absätze, Umsätze und Wareneinsätze auf Basis der in der Titeleinzelprognose und der Bedarfsrechnung ermittelten Prognosedaten einzelner Titel veranlaßt.

Als erstes wird nach dem Neuerscheinungsquartal gefragt, weil der Abgleich mit den betriebswirtschaftlichen Rahmendaten lediglich für Titel eines konkreten Prognosequartals erfolgt (vgl. Abbildung 5/4).

Sobald das Quartal bestimmt ist, beginnt das System mit der Berechnung. Dabei ist durch den Benutzer sicherzustellen, daß zuvor wirklich alle Titel in der Titeleinzelprognose eingegeben und gerechnet wurden. Fehlen in den Segmenten einzelne Neuerscheinungstitel, führt das automatisch zu einer Verfälschung der

Ergebnisse, die dann entsprechend interpretiert werden muß und ggf. die Ergänzung einzelner Titel mit anschließender Neuberechnung erfordert.

NEUTITEL ERGEBNISSE

901	UMSATZ	ABSATZ	WARENEINSATZ IN DM
Belletristik	19 000 000	876 325	2 100 000
(Plan)	(20 000 000)	(1 000 000)	(2 000 000)
Sachbuch	9 800 000	450 000	2 300 000
(Plan)	(10 000 000)	(600 000)	(2 500 000)
Reihen	2 200 000	110 000	2 600 000
(Plan)	(2 000 000)	(100 000)	(2 000 000)
Kinder-Jugendbuch	2 000 000	170 000	2 300 000
(Plan)	(2 500 000)	(200 000)	(2 500 000)
TOTAL	33 000 000	1 606 325	9 300 000
(Plan)	(34 500 000)	(1 900 000)	(9 000 000)

Weiter

Abb. 5/25: Ergebnisse des Rahmenabgleichs

Nach der Berechnung können, wie in Abbildung 5/25 dargestellt, die Summen der Prognoseergebnisse segmentweise mit den Plandaten (in Klammern dargestellt) verglichen werden. I.d.R. wird es hier zu Abweichungen kommen, die entweder manuelle Veränderungen einzelner Titelprognosen erforderlich machen oder aber zu Korrekturen der Titelbeschreibungen mit anschließender Neubewertung im Rahmen der Titel-einzelprognose führen.

Durch "WEITER" gelangt man wieder ins Eingangsmenü des Rahmenabgleichs (vgl. Abbildung 5/24). Wird ein Segmentname angeklickt, bekommt der Benutzer die Gelegenheit, die Absatzprognosen der einzelnen Neuerscheinungstitel manuell zu korrigieren.

Für das gewählte Segment berechnet das System die Differenz zwischen den Summen der Prognoseergebnisse und der Plandaten (siehe oben). Übersteigt die Differenz dabei einen bestimmten Schwellwert, wird dieses am Bildschirm angezeigt und der Benutzer somit auf die Notwendigkeit einer Korrektur hingewiesen (siehe Abbildung 5/26).

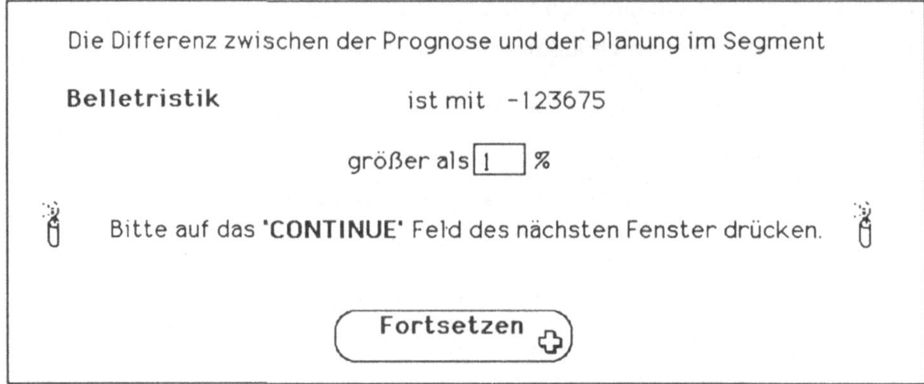

Abb. 5/26: Anzeige der Differenz in einem Segment

Als nächstes werden alle Neuerscheinungstitel dieses Segmentes und Quartals in einem "scrollbaren" Fenster angezeigt (siehe Abbildung 5/27).

APROPOS

Titelnr	Titel	Autor	CC Abs	VK Abs	Summe
4711	MORDEN MIT LUST	von HIGHSMITH	6 300	2 700	9 000 = Σ
2773	EVA LUNA	von ALLENDE	23 260	9 968	33 228 = Σ
4220	FERIEN-LESEBUCH	von ANTHOLOGIE	20 260	8 683	28 943 = Σ
851	TARA CALESE	von PARETTI	38 500	16 500	55 000 = Σ
975	AUS MANGEL AN BEWEIS	von TUROW	35 000	15 000	50 000 = Σ
4002	NEBEL IM FJORD DER L	von BERGIUS	14 000	6 000	20 000 = Σ
4651	EL PANICO	von LINDENBERG	4 199	1 801	6 000 = Σ
5284	SCHWARZER ENGEL	von ANDREWS	7 000	3 000	10 000 = Σ
1658	SPAETE LIEBE	von FISCHER	20 999	9 001	30 000 = Σ
4690	KENT-FAMILIE/DER RUF	von JAKES	12 600	5 400	18 000 = Σ
5951	DAS FUENFTE KIND	von LESSING	4 200	1 800	6 000 = Σ
2467	ZAUBERSPIEL	von MACLAINE	3 500	1 500	5 000 = Σ
1649	PROVIDENCE UND ZURUE	von NADOLNY	6 177	2 647	8 824 = Σ
3132	AM DUNKLEN ENDE DES	von SURMINSKI	8 400	3 600	12 000 = Σ
8533	SANFTE PARTNERMASSAG	von LACROIX	12 600	5 400	18 000 = Σ
2740	DAS FAHLE PFERD	von CHRISTIE	11 900	5 100	17 000 = Σ
5862	COQ ROUGE	von GUILLOU	11 344	4 862	16 206 = Σ
4310	DIE WURZELN DER HOEL	von IGNATIUS	9 800	4 200	14 000 = Σ
5334	FEUERTAUFE	von KNEBEL	7 000	3 000	10 000 = Σ
257	ROMANE U. ERZAEHLUNG	von BOELL	1 540	660	2 200 = Σ
899	WERKAUSGABE BD. 10	von GRASS	840	360	1 200 = Σ
1268	NACHRUF	von HEYM	2 800	1 200	4 000 = Σ
2023	DIE SCHOENE FRAU SEI	von SZCZYPIORSKI	2 449	1 051	3 500 = Σ
4862	LESEBUCH "WIR NEGATI	von TUCHOLSKY	2 800	1 200	4 000 = Σ

Close | Keep | Continue

Abb. 5/27: Anzeige aller Titel eines Segmentes

Der Benutzer kann nun, wie im folgenden beschrieben, Titel für Titel die prognostizierten Absätze manuell korrigieren.

Nach der Eingabe der Titelnummer im Standard-Dialog-Fenster (vgl. Abbildung 5/2) können, wie in Abbildung 5/28 gezeigt, der CC-Absatz, der VK-Absatz und die Gesamtsumme manuell korrigiert werden. Die Berechnung der Planabweichung bezieht sich lediglich auf die Summe aus beiden Vertriebswegen, so daß der Benutzer meistens die Gesamtprognose korrigieren wird.

Bei speziellen Titeln (wie Systembänden) ist i.d.R. aber eine Korrektur der vertriebswegbezogenen Absatzprognosen notwendig. Standardmäßig geht das System bei der Berechnung der Relation CC- zu VK-Absatz von dem Verhältnis 2:1 aus. Bei Titeln aus der Weihnachtspost hingegen ist der Absatz in den "Club-Centern" etwa drei mal höher als im Versand.

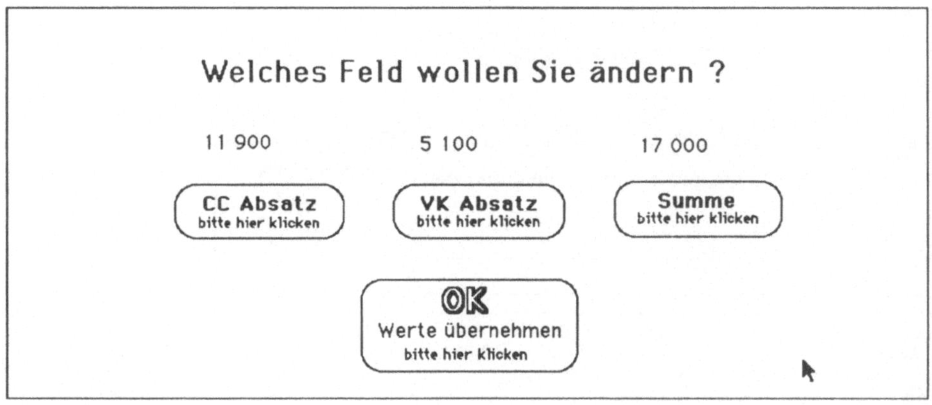

Abb. 5/28: Manuelle Absatzkorrektur im Rahmenabgleich

Der korrigierte Absatz wird abgespeichert und führt zu einer Neuberechnung der Segmentdifferenz. Dieser Prozeß der Auswahl, Korrektur, Abspeicherung und Neuberechnung der Differenz kann solange wiederholt werden, bis die Abweichung vom Planwert in diesem Segment akzeptabel ist.

Aus dem Eingangsmenü heraus können Schritt für Schritt alle Segmente aufgerufen und deren einzelne Titel nach dem oben beschriebenen Muster korrigiert werden. Am Ende wird die Summe der Absatzprognosen weitgehend mit der betriebswirtschaftlichen Rahmenplanung übereinstimmen.

5.3 Bestellrechnung

Die Bestellrechnung wird durch Anklicken des entsprechenden Feldes im ELIED-Hauptmenü aufgerufen. Zunächst läuft eine FOXBASE-Routine ab, die aus der Datenbank mit den Ergebnissen aus der Bedarfsrechnung und den vom Benutzer definierten Angebotszeiträumen eine Textdatei erstellt. Zur Zeit ist es nicht möglich, aus EXCEL heraus das FOXBASE-Datenformat direkt zu lesen.

Sobald die Umwandlung beendet ist, wird EXCEL aufgerufen und die Bestellrechnung gestartet. Um mit der Berechnung beginnen zu können, muß zunächst die Titelnummer eingegeben werden (siehe Abbildung 5/29).

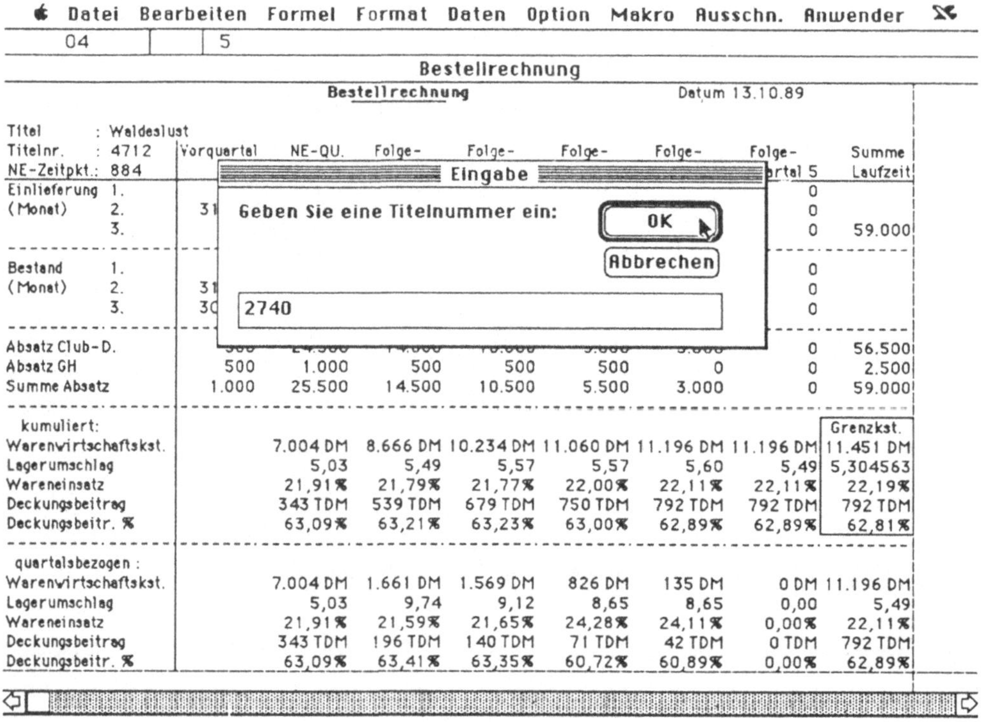

Datei Bearbeiten Formel Format Daten Option Makro Ausschn. Anwender

04 | | 5

Bestellrechnung

Bestellrechnung Datum 13.10.89

Titel : Waldeslust

Eingabe

Geben Sie eine Titelnummer ein:

OK

Abbrechen

2740

Titelnr. : 4712 NE-Zeitpkt.: 884		Vorquartal	NE-QU.	Folge-	Folge-	Folge-	Folge-	Folge- …rtal 5	Summe Laufzeit
Einlieferung	1.							0	
(Monat)	2.	31						0	
	3.							0	59.000
Bestand	1.							0	
(Monat)	2.	31						0	
	3.	30						0	
Absatz Club-D.								0	56.500
Absatz GH		500	1.000	500	500	500	0	0	2.500
Summe Absatz		1.000	25.500	14.500	10.500	5.500	3.000	0	59.000
kumuliert:									Grenzkst.
Warenwirtschaftskst.			7.004 DM	8.666 DM	10.234 DM	11.060 DM	11.196 DM	11.196 DM	11.451 DM
Lagerumschlag			5,03	5,49	5,57	5,57	5,60	5,49	5,304563
Wareneinsatz			21,91%	21,79%	21,77%	22,00%	22,11%	22,11%	22,19%
Deckungsbeitrag			343 TDM	539 TDM	679 TDM	750 TDM	792 TDM	792 TDM	792 TDM
Deckungsbeitr. %			63,09%	63,21%	63,23%	63,00%	62,89%	62,89%	62,81%
quartalsbezogen :									
Warenwirtschaftskst.			7.004 DM	1.661 DM	1.569 DM	826 DM	135 DM	0 DM	11.196 DM
Lagerumschlag			5,03	9,74	9,12	8,65	8,65	0,00	5,49
Wareneinsatz			21,91%	21,59%	21,65%	24,28%	24,11%	0,00%	22,11%
Deckungsbeitrag			343 TDM	196 TDM	140 TDM	71 TDM	42 TDM	0 TDM	792 TDM
Deckungsbeitr. %			63,09%	63,41%	63,35%	60,72%	60,89%	0,00%	62,89%

Abb. 5/29: Eingabe der Titelnummer in EXCEL

Nachdem die Daten des gewünschten Titels gefunden wurden, fragt das Programm, ob das System selbst die optimale Auflagenanzahl berechnen soll oder ob der Disponent eine bestimmte Zahl vorgeben möchte (siehe Abbildung 5/30).

In den meisten Fällen wird der Benutzer zunächst einen Auflagenvorschlag vom System errechnen lassen, der dann in einer zweiten Berechnung revidiert werden kann.

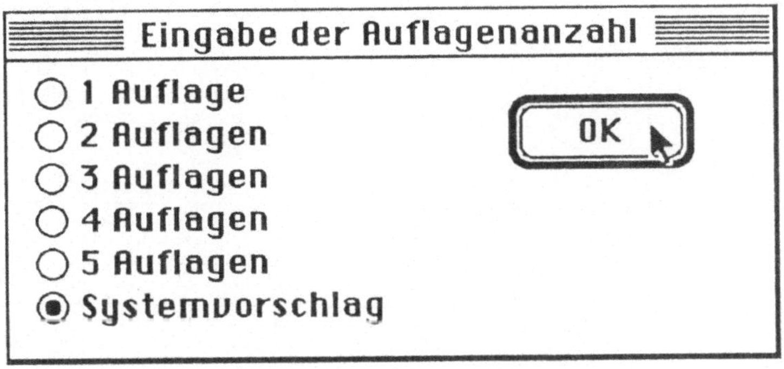

Eingabe der Auflagenanzahl

○ 1 Auflage
○ 2 Auflagen
○ 3 Auflagen
○ 4 Auflagen
○ 5 Auflagen
◉ Systemvorschlag

OK

Abb. 5/30: Eingabe der Auflagenzahl

Weiterhin müssen für die Berechnung die in Abbildung 5/31 aufgeführten titelspezifischen Herstellkosten eingegeben werden.

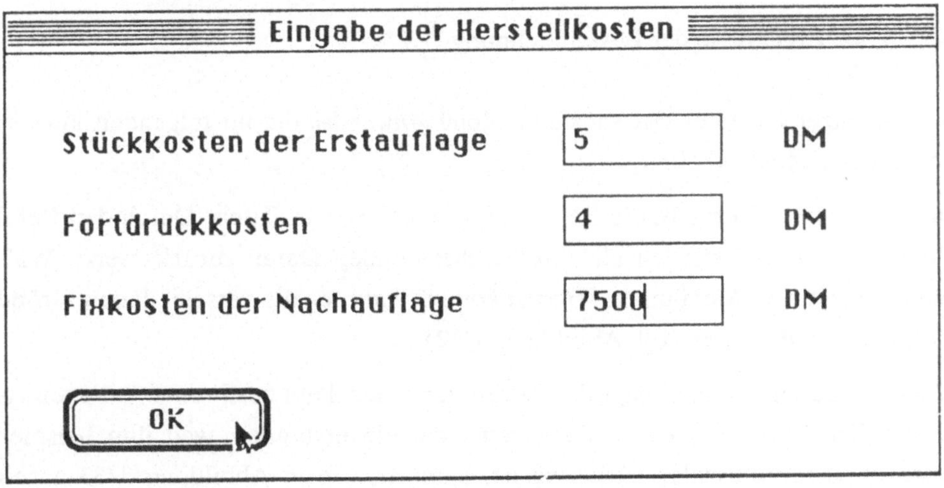

Eingabe der Herstellkosten

Stückkosten der Erstauflage 5 DM

Fortdruckkosten 4 DM

Fixkosten der Nachauflage 7500 DM

OK

Abb. 5/31: Eingabe der variablen und fixen Herstellkosten

Nach Ablauf einiger Makros schlägt das System schließlich eine oder mehrere Auflagen vor, die den Gesamtbedarf decken, eine ausreichende Lieferbereitschaft garantieren (der Bestand sinkt während des Angebotszeitraums nie auf 0) und den für das jeweilige Segment geplanten Wareneinsatz nicht überschreiten (siehe Abbildung 5/32).

	A	B	C	D	E	F	G	H	I	J
34				Bestellrechnung				Datum	13.10.89	
35										
36	Titel :	DAS FAHLE PFERD								
37	Titelnr. :	2740	Vorquarta	NE-QU.	Folge-	Folge-	Folge-	Folge-	Folge-	Summe
38	NE-Zeitpkt.:	901		incl. VQ	Quartal 1	Quartal 2	Quartal 3	Quartal 4	Quartal 5	Laufzeit
39	Einlieferung	1.		0	0	0	0	0	0	
40	(Monat)	2.	20.000	0	0	0	0	0	0	
41		3.	0	17.000	0	0	0	0	0	37.000
42										
43	Bestand	1.		9.080	9.200	3.180	0	0	0	
44	(Monat)	2.	20.000	750	6.925	1.325	0	0	0	
45		3.	18.600	11.800	5.300	0	0	0	0	
46										
47	Absatz Club-D.		1.100	20.100	5.000	4.100	0	0	0	29.200
48	Absatz GH		300	5.100	1.500	1.200	0	0	0	7.800
49	Summe Absatz		1.400	25.200	6.500	5.300	0	0	0	37.000
50										
51	kumuliert:									Grenzkst.
52	Warenwirtschaftskst.			4.303 DM	4.936 DM	5.069 DM	5.069 DM	5.069 DM	5.069 DM	5.185 DM
53	Lagerumschlag			8,02	6,21	6,30	6,01	5,84	5,73	5,471754
54	Wareneinsatz			17,25%	17,80%	18,09%	18,09%	18,09%	18,09%	18,09%
55	Deckungsbeitrag			134 TDM	168 TDM	195 TDM	195 TDM	195 TDM	195 TDM	195 TDM
56	Deckungsbeitr. %			67,75%	67,20%	66,91%	66,91%	66,91%	66,91%	66,91%
57										
58	quartalsbezogen :									
59	Warenwirtschaftskst.			4.303 DM	633 DM	133 DM	0 DM	0 DM	0 DM	5.069 DM
60	Lagerumschlag			8,02	3,13	8,65	0,00	0,00	0,00	5,73
61	Wareneinsatz			17,25%	19,98%	19,90%	0,00%	0,00%	0,00%	18,09%
62	Deckungsbeitrag			134 TDM	34 TDM	28 TDM	0 TDM	0 TDM	0 TDM	195 TDM
63	Deckungsbeitr. %			67,75%	65,02%	65,10%	0,00%	0,00%	0,00%	66,91%

Abb. 5/32: Ergebnisse der Bestellrechnung

Der Benutzer hat über das spezielle Menü *Anwender* die im folgenden kurz beschriebenen Möglichkeiten.

Die *"Titelauswahl"* erlaubt die Berechnung eines anderen Titels. Durch den Befehl *"Titel zurücksetzen"* werden alle titelbeschreibenden Daten zurückgesetzt. Wählt der Benutzer den Menüpunkt *"Herstellkosten"*, kann er die verschiedenen Größen titelspezifisch eingeben (vgl. Abbildung 5/32).

Wie oben beschrieben, schlägt das System für jeden Titel bestimmte Auflagen vor. Ist der Benutzer mit diesem Vorschlag nicht einverstanden, weil ihm beispielsweise der Lagerumschlag zu gering ist, kann er, wie in Abbildung 5/33 gezeigt wird, die Auflage ändern.

Durch Auswahl von *"Auflage System"* im Menü *Anwender* wird der Systemvorschlag wiederholt.

Eingabe von Auflagen

	Vor-Q	NE-Q	Folge1-Q	Folge2-Q	Folge3-Q	Folge4-Q	Folge5-Q
1. Monat		8000	0	0	0	0	0
2. Monat	15000	0	6000	0	0	0	0
3. Monat	0	8000	0	0	0	0	0

OK

Abb. 5/33: Auflage ändern

Im Menüpunkt *"Konstanten"* werden feste Planungsgrößen des Systems gepflegt (siehe Abbildung 5/34).

Konstanten

Zinsfuß (der Kapitalbindung)	7
Lagerhaltung (DM pro Stück)	0,05
Einlieferungskosten (DM pro Stück)	0,07
Mwst (%)	7
Standardkosten (%)	25
Rabatt DL (%)	45
Rabatt CH (%)	40
geplanter WE Belletristik	18
geplanter WE Sachbuch	22
geplanter WE Reihen-Serien	20
geplanter WE KJ-Buch	15
Mindestauflage	6000

OK

Abb. 5/34: Konstanten

Die nächsten beiden Menüpunkte erlauben das *"Abspeichern"* und *das "Ausdrucken"* der Ergebnisse.

"Fenster fixieren" wird nur nach Veränderungen von Makros benötigt, die lediglich von sehr erfahrenen Benutzern mit guten EXCEL-Kenntnissen vorgenommen werden sollten.

5.4 Datenbank-Pflegedialoge

Nach dem Start der Datenbank-Pflegedialoge erscheint das in Abbildung 5/35 dargestellte Hauptmenü.

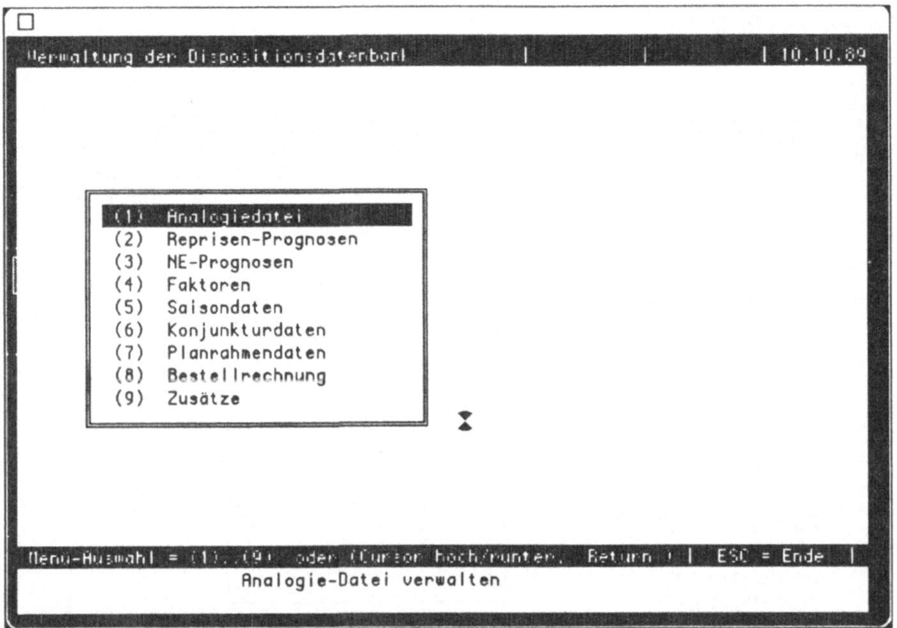

Abb. 5/35: Hauptmenü Datenbank-Pflegedialoge

Alle in ELIED verwandten Datenbanken können von hier aus gepflegt werden:

- Die *Analogiedatei* enthält einzelne Titelbeschreibungen für alle in den vergangenen 4 Jahren im "Bertelsmann Buch-Club" erschienenen Titel.
- Die *Reprisen-Prognosen* werden aus DISPO übernommen und beziehen sich auf die geplanten Reprisen.

- In der *NE-Prognose*-Datei befinden sich alle Titelbeschreibungen und Prognosen der in den nächsten Quartalen (im allgemeinen 3-4) neu erscheinenden Titel.
- Die titelbeschreibenden Merkmale sind unter *Faktoren* zusammengefaßt, so daß Änderungen nicht in den Wissensbasen vorgenommen werden müssen.
- Die Datei *Saisondaten* enthält Informationen über die Einflüsse der Saison auf den Absatz.
- Die *Konjunkturdaten* beschränken sich auf die Aufzeichnung der Mitgliederentwicklung unterteilt nach verschieden Käufergruppen wie z.B. CC-Kunden.
- In den *Planrahmendaten* sind Planwerte für den Absatz, Umsatz und Wareneinsatz, bezogen auf die einzelnen Segmente, zusammengefaßt.
- Mit dem Aufruf der *Bestellrechnung* wird die oben beschriebene Umwandlungsroutine für die Datenformate aufgerufen.
- Unter *Zusätze* werden Informationen zur externen Speicherauslastung gegeben.

Für die einzelnen Datenbanken lassen sich verschiedene Funktionen aufrufen. Wählt der Benutzer in Abbildung 5/36 z.B. "*Analogiedaten*", bekommt er den typischen Pflegedialog angeboten.

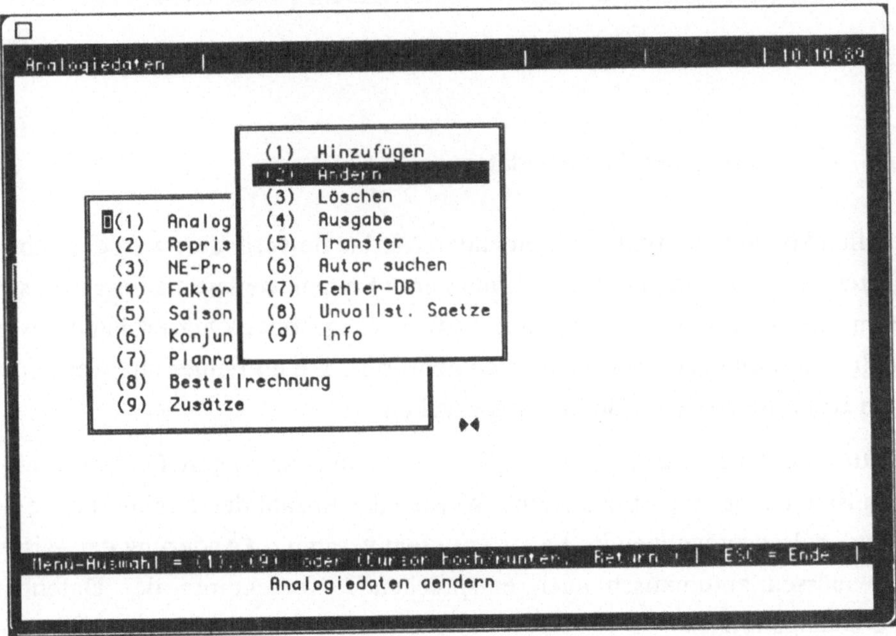

Abb. 5/36: Pflegedialog Analogiedaten

Möchte der Benutzer, wie in Abbildung 5/37 gezeigt, einen konkreten Titel verändern, muß er zunächst dessen Titelnummer eingeben. Ist der entsprechende Titel in der Analogiedatenbank vorhanden, wird er sofort angezeigt, ansonsten erscheint eine entsprechende Fehlermeldung, und der Benutzer wird zur Korrektur aufgefordert.

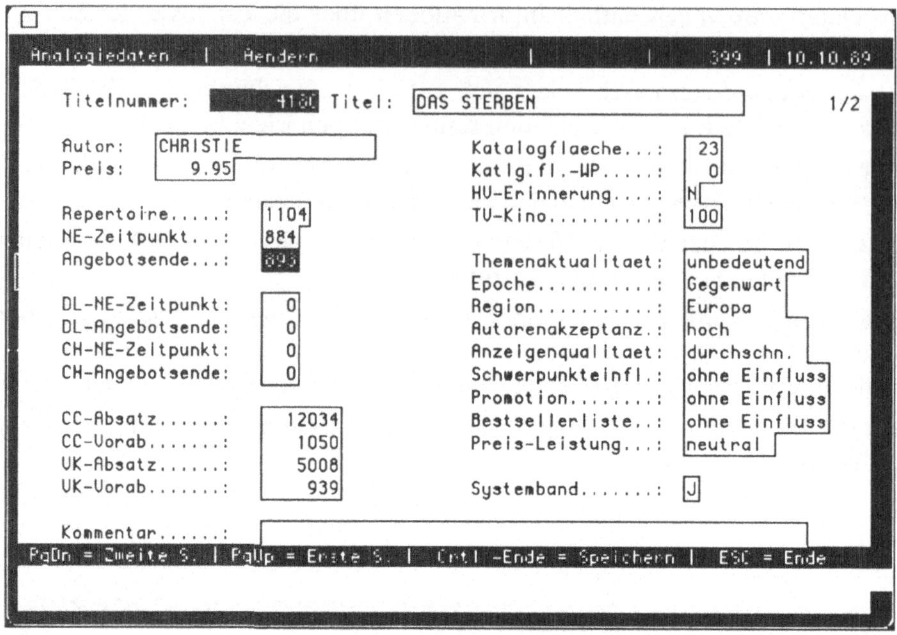

Analogiedaten | Aendern | | 399 | 10.10.89

Titelnummer: 4180 Titel: DAS STERBEN 1/2

Autor:	CHRISTIE	Katalogflaeche...:	23
Preis:	9.95	Katlg.fl.-WP.....:	0
		HV-Erinnerung....:	N
Repertoire.....:	1104	TV-Kino..........:	100
NE-Zeitpunkt...:	884		
Angebotsende...:	895	Themenaktualitaet:	unbedeutend
		Epoche...........:	Gegenwart
DL-NE-Zeitpunkt:	0	Region...........:	Europa
DL-Angebotsende:	0	Autorenakzeptanz.:	hoch
CH-NE-Zeitpunkt:	0	Anzeigenqualitaet:	durchschn.
CH-Angebotsende:	0	Schwerpunkteinfl.:	ohne Einfluss
		Promotion........:	ohne Einfluss
CC-Absatz......:	12034	Bestsellerliste..:	ohne Einfluss
CC-Vorab.......:	1050	Preis-Leistung...:	neutral
UK-Absatz......:	5008		
UK-Vorab.......:	939	Systemband.......:	J

Kommentar......:

PgDn = Zweite S. | PgUp = Erste S. | Cntl-Ende = Speichern | ESC = Ende

Abb. 5/37: Änderung der Analogiedaten

Daraufhin können alle titelbeschreibenden Merkmale verändert werden. Gibt der Benutzer bei Systemband ein "J" ein, muß er auf einem weiteren Bildschirm spezifizieren, um welche Art Systemband (z.B. Package oder Quartalsband) es sich handelt. Alle Benutzereingaben werden überprüft. Treten Fehler auf, werden vom System Hinweise zu deren Beseitigung gegeben.

Die Attribute der hier gepflegten Analogietitel entsprechen den Titelbeschreibungen im Rahmen des Expertensystems. Werden die Anzahl der Titelmerkmale oder die Merkmalsausprägungen im Expertensystem verändert (Änderung der Wissensbasis), müssen automatisch auch entsprechende Korrekturen der Datenbankpflege-Dialoge folgen.

Möchte der Benutzer einzelne Faktoren korrigieren und hat er dazu im Hauptmenü der Datenbank-Pflegedialoge (vgl. Abbildung 5/35) *"Faktoren"* angewählt, muß er sich, wie in Abbildung 5/38 gezeigt, zwischen allgemeinen Faktoren, Preisklassen, Katalogflächen und Lebensdauerkurven entscheiden.

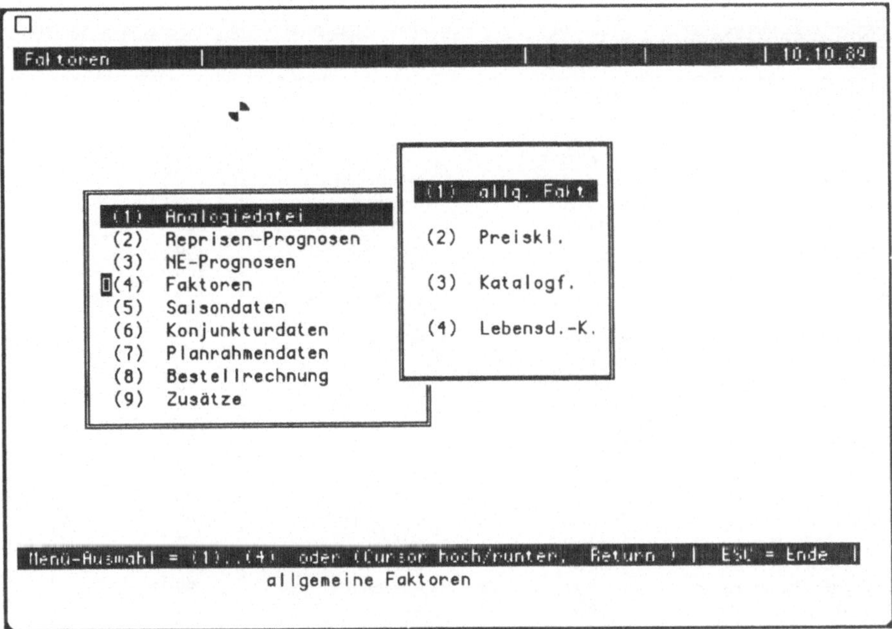

Abb. 5/38: Änderung der Faktoren

Bezogen auf die einzelnen Segmente werden für alle titelbeschreibenden Merkmale wie Autorenakzeptanz oder Anzeigenqualität die verschiedenen Attributausprägungen mit ihren Verschlüsselungen und den jeweiligen Faktoren gepflegt. Da diese Faktoren von entscheidender Bedeutung für die Prognosequalität des Gesamtsystems sind und zudem häufigen Veränderungen unterliegen, wurden sie bei der Entwicklung aus den Wissensbasen extrahiert, so daß sie fortan von den Experten selbst in einfach zu bedienenden Datenbank-Pflegedialogen verändert werden können. Mit dem Beginn der Konsultation des Expertensystems werden die aktuellen Faktoren automatisch aus der Datenbank in den Hauptspeicher eingelesen, so daß sie für die Verarbeitung ständig zur Verfügung stehen. Die Anpassungsfähigkeit einer Expertensystem-Anwendung an eine sich verändernde Umwelt kann durch eine derartige Auslagerung von sich häufig veränderndem Wissen in eine Datenbank mit relativ geringem Aufwand erheblich verbessert werden.

Wie in Abbildung 5/39 dargestellt, erfolgt die Veränderung der Faktoren im sogenannten BROWSE-Modus, in dem zahlreiche Datensätze gleichzeitig angezeigt und verändert werden können. Beim Verlassen des Pflegedialoges werden alle Änderungen automatisch gespeichert.

Faktoren

klasse	segment	wert	faktor	schluessel
Aktualitaetsgrade	Belletristik	unbedeutend	100	1
Aktualitaetsgrade	Belletristik	bedeutend	110	2
Aktualitaetsgrade	Belletristik	hoch	120	3
Aktualitaetsgrade	Belletristik	sehr_hoch	130	4
Aktualitaetsgrade	Sachbuch	unbedeutend	100	1
Aktualitaetsgrade	Sachbuch	bedeutend	110	2
Aktualitaetsgrade	Sachbuch	hoch	120	3
Aktualitaetsgrade	Sachbuch	sehr_hoch	130	4
Aktualitaetsgrade	KJ_Buch	unbedeutend	100	1
Aktualitaetsgrade	KJ_Buch	bedeutend	110	2
Aktualitaetsgrade	KJ_Buch	hoch	120	3
Aktualitaetsgrade	KJ_Buch	sehr_hoch	130	4
Anzeigenqualitaetsgrade	Belletristik	sehr_gering	80	1
Anzeigenqualitaetsgrade	Belletristik	gering	90	2
Anzeigenqualitaetsgrade	Belletristik	durchschnittlich	100	3
Anzeigenqualitaetsgrade	Belletristik	hoch	120	4
Anzeigenqualitaetsgrade	Belletristik	sehr_hoch	130	5
Anzeigenqualitaetsgrade	Sachbuch	sehr_gering	80	1
Anzeigenqualitaetsgrade	Sachbuch	gering	90	2
Anzeigenqualitaetsgrade	Sachbuch	durchschnittlich	100	3
Anzeigenqualitaetsgrade	Sachbuch	hoch	120	4
Anzeigenqualitaetsgrade	Sachbuch	sehr_hoch	130	5
Anzeigenqualitaetsgrade	KJ_Buch	sehr_gering	90	1
Anzeigenqualitaetsgrade	KJ_Buch	gering	95	2
Anzeigenqualitaetsgrade	KJ_Buch	durchschnittlich	100	3
Anzeigenqualitaetsgrade	KJ_Buch	hoch	110	4
Anzeigenqualitaetsgrade	KJ_Buch	sehr_hoch	120	5

Abb. 5/39: BROWSE-Mode bei der Faktorenänderung

Mit Hilfe derartiger Pflegedialoge können von den Benutzern jederzeit problemlos Datenänderungen vorgenommen werden. Die vergleichsweise aufwendige Pflege der Wissensbasis bleibt somit Veränderungen des eigentlichen Expertenwissens vorbehalten.

Neben den Datenbank-Pflegedialogen sorgen Batch-Programme für die Übernahme und Aufbereitung der Daten aus den großrechnerbasierten Anwendungssystemen DISPO und TITELINFO.

6 Zusammenfassung

Im Rahmen eines Pilotprojektes wurde mit ELIED ein Expertensystem für Lizenzeinkauf und Erstauflagendisposition entwickelt, das nunmehr seit Juli 1989 für den Bertelsmann "Buch-Club" erfolgreich Absatzprognose-, Bedarfs- und Bestellrechnungen durchführt. Neben dem Sammeln von Erfahrungen bei der Entwicklung von Expertensystemen bestand die Zielsetzung im wesentlichen in einer Reduzierung des Abschreibungsbedarfs auf Produktions- und Vertriebslizenzen von Büchern und Vorräten sowie in einer Verbesserung der Entscheidungsgrundlage bei der Disposition von Neuerscheinungstiteln.

Wesentlich für den Erfolg des Projektes war das Vorhandensein einer systematischen Entwicklungsmethodik. Auf Basis des Prototyping und des modellbasierten Ansatzes wurde das Konzeptionelle Prototyping als Methode zur Entwicklung von Expertensystemen in der Praxis entworfen, das u.a. die Einhaltung fester Entwurfsphasen und damit auch ein systematisches Projektmanagement ermöglicht.

Die Aufgabenstellung eignete sich in idealer Weise für eine Realisierung als Expertensystem. Es handelte sich um in langen Jahren gewachsenes diffuses Wissen, das auf die Bereiche Disposition, Programm und Marketing verteilt war und jetzt in einem Expertensystem verdichtet werden konnte.

Für die Realisierung des Pilotprojektes mußte in einem mehrstufigen Auswahlprozeß eine geeignete Entwicklungs- und Einsatzumgebung gefunden werden, die ein hohes Maß an Übersichtlichkeit und Flexibilität gewährleistete. Das Werkzeug sollte über möglichst viele KI-Features verfügen, d.h. beispielsweise die regel- und die objektorientierte Programmierung unterstützen, ohne dabei unübersichtlich und schwer erlernbar zu sein. Hard- bzw. software-technische Einschränkungen sollten bei der Realisation von ELIED von vornherein umgangen werden, so daß z.B. DOS-basierte Entwicklungswerkzeuge ausgeschlossen werden mußten.

Die Verfügbarkeit auf zahlreichen Rechnerarchitekturen, der große Funktionsumfang einer hybriden Shell, die relativ gute Integrierbarkeit in die konventionelle DV und die ausgezeichnete Entwickleroberfläche gaben zum damaligen Entscheidungszeitpunkt den Ausschlag für NEXPERT OBJEKT als Expertensystem-Entwicklungswerkzeug in einer Apple-Macintosh-Umgebung.

Auf Basis von NEXPERT OBJEKT mußte ELIED in ein komplexes Umfeld eingebettet werden, in dem weitere Informationsquellen und Programme vorhanden waren. Dabei wurde deutlich, welche große Bedeutung die hard- und softwaremäßige Integration der Expertensysteme in die DV-Umgebung der Unternehmung hat. Lassen sich die Expertensysteme nicht auf Standardrechnern einsetzen und sind mit vertretbarem Aufwand keine Schnittstellen zu den vorhandenen Datenbanken und -programmen der Unternehmung realisierbar, ist die Wirtschaftlichkeits- und Akzeptanzschwelle der neuen Technologie sehr hoch.

Auch am Markt spiegelt sich diese Entwicklung wider. Es gibt einen starken Trend weg von den speziellen Hardware-Umgebungen wie LISP-Maschinen zu weitverbreiteten Standardrechnern. Im PC-Bereich dürfte es künftig eine besonders rege Nachfrage nach Shells für High-End-PCs zwischen 6.000 DM und 20.000 DM geben. Hier zeichnet sich eine Entwicklung zu hybriden Werkzeugen ab. Auch Umgebungen zum Preis zwischen 60.000 DM und 200.000 DM für Minirechner und 200.000 DM bis 600.000 DM für Mainframes wachsen überproportional. Wichtiger als die ausgefeilteste KI-Systemtechnik sind hier die Integration in existierende Anwendungssysteme, die Datensicherheit und bei Groß- und Minirechnern außerdem eine gute Performance im Mehrplatz- und Transaktionsbereich /HAW 89, S. 37/.

Für die Entwicklung von Expertensystemen auf PC-Basis spricht im Vergleich zum Großrechner eindeutig die erheblich bessere Benutzerschnittstelle, die im wesentlichen auf einer einfachen Einbindung von Grafiken, einer Mausunterstützung und einer relativ leichten Bedienbarkeit beruht. Die bisher von den Entwicklungswerkzeugen standardmäßig angebotenen Erklärungsmöglichkeiten für den Endbenutzer müssen in künftigen Releases der Werkzeuge noch verbessert werden, um dem Anspruch einer guten Erklärungsfähigkeit gerecht werden zu können.

Aber nicht nur das Vorhandensein einer Entwicklungsmethode für ein geordnetes Projektmanagement, die Integrationsfähigkeit der Anwendung und die Eignung der Entwicklungsumgebung sind entscheidend für den Erfolg eines Projektes, sondern auch die Möglichkeit einer zweckorientierten Wissenserfassung, u.a. bedingt durch die Verfügbarkeit der Experten sowie die Unterstützung durch das Management und eine gute Abgrenzbarkeit des Anwendungsgebietes.

Die größte Schwierigkeit bei der Entwicklung eines wissensbasierten Systems liegt in der Beschaffung des für die beabsichtigte Anwendung erforderlichen Wissens. Gelingt es nicht, die Experten für das Vorhaben zu begeistern und sie in sehr starkem Maße in das Projekt zu involvieren, wird es häufig zu Doppelarbeiten und unbefriedigenden Resultaten kommen, so daß das System schließlich auf Ablehnung stoßen kann. Selbst wenn sich ein menschlicher Experte bereitwillig für die Mitwirkung beim Bau eines Expertensystems zur Verfügung stellt, bleibt es eine sehr anspruchsvolle Aufgabe, das von ihm bei der Lösung von Problemen verwendete Wissen zu erfassen und in einer für die maschinelle Verarbeitung geeigneten Form darzustellen /BAR 89, S. 19; HAY 86, S. 318/.

Die Unterstützung durch das Management gewährleistet rasche Entscheidungen in kritischen Projektsituationen, die nötige Priorität des Projektes und damit die Bereitstellung von Personal- und Sachmitteln sowie eine gewisse Akzeptanzbereitschaft bei den Benutzern.

Die Abgrenzbarkeit des Anwendungsgebietes ist sehr wichtig für die Zielsetzung und Planung des Projektes. Nur wenn von Anfang an genau umrissen wird, *was genau* in *welcher Zeit* mit *welchem Aufwand* getan werden soll, wird das Management bereit sein, Personal- und Sachmittel zur Verfügung zu stellen. Nur dann kann aber auch der Erfolg nach Abschluß des Projektes überhaupt festgestellt werden.

Im Rahmen des Pilotprojektes war auch zu prüfen, inwieweit sich Expertensysteme durch die Experten selbst pflegen lassen. Aus heutiger Sicht können Anwendungssysteme in einer mit ELIED vergleichbaren Komplexität nicht durch Experten aus den Fachabteilungen gewartet bzw. gepflegt werden. Zielsetzung muß es daher sein, künftig Experten während des Projektes so weit freizustellen, daß sie von Anfang an mit der Programmierung in dem für die spätere Pflege notwendigen Umfang vertraut gemacht werden können. Parallel dazu muß die Handhabung der Entwicklungswerkzeuge derart vereinfacht werden, daß künftig auch "DV-Laien" mit der Systempflege zu betrauen sind.

Der Erfolg des Projektes und zahlreiche Präsentationen führten nicht nur zu einer Nachfrage anderer nationaler und internationaler Unternehmungsbereiche nach einem derartigen Absatzprognosesystem, sondern auch zu einem Anwachsen der Bedeutung und damit verbunden zu einer Verbreitung der Entwicklungsbasis für Expertensysteme im Hause Bertelsmann.

Literaturverzeichnis

/ALE 88/ Alexander, S.M.; Evans, G.W.: The Integration of Multiple Experts - A review of Methodologies. In: Turban, E.; Watkins, P.R.: Applied Expert Systems. Amsterdam/New York/Oxford/Tokyo 1988, S. 47-53.

/ALL 87/ Allgeyer, K.: Expertensysteme. In: Mertens, P. u.a. (Hrsg.): Lexikon der Wirtschaftsinformatik, Berlin/Heidelberg/New York/Tokyo 1987, S. 151-152.

/ALT 87/ Altenkrüger, D.E.: Wissensdarstellung für Expertensysteme. Mannheim/Wien/Zürich 1987.

/ANG 86/ Angelos, T.K.: Machine Learning. Byte 11, Heft 12, November 1986, S. 225-231.

/APP 85/ Appelrath, H.-J.: Von Datenbanken zu Expertensystemen. Informatik Fachberichte Nr. 102, Berlin/Heidelberg/New York/Tokyo 1985.

/BAD 89/ Bade, D.: Expertensysteme: Anwendungen und Werkzeuge - Erweiterung der traditionellen EDV. In: Krems, J. (Hrsg.): Expertensysteme im praktischen Einsatz. Erfahrungsberichte der 1. Generation. München/Wien 1989, S. 23-34.

/BAR 88a/ Barth, G.: Nichtprozedurale Programmierung, was ist das? Informationstechnik 30, Heft 6, 1988, S. 385-386.

/BAR 88b/ Barth, G.; Welsch, C.: Objektorientierte Programmierung. Informationstechnik 30, Heft 6, 1988, S. 404-421.

/BAR 89/ Barth, G.: Entwicklungstendenzen von Expertensystemen. HMD 26, Heft 147, 1989, S. 19-26.

/BAS 87/ Bartsch-Spörl; B.: Ansätze zur Behandlung von fallorientiertem Erfahrungswissen in Expertensystemen. KI 1, Heft 4, 1987, S. 32-36.

/BAW 83/ Barstow, D.R.; Aiello, N.; Duda, R.O. u.a.: Languages and Tools for Knowledge Engineering. In: Hayes-Roth, F.; Waterman, D.A.; Lenat, D.B. (Hrsg.): Building Expert Systems. London/Amsterdam/Sydney/Tokyo 1983, S. 283-345.

/BEH 88/ Behrendt, R.: Expert System Engineering - Produktionsmodell für Expertensysteme. In: Schmitz, P. (Hrsg.): Expertensysteme in der Unternehmung III - Methoden des Knowledge Engineering. BIFOA-Fachseminar, Köln Dezember 1988, S. 8-1 bis 8-16.

/BEN 83/ Bender, H.; Fuhrmann, R.; Kittel, H.-U.; Menze, B.; Müller, J.-E.; Nadolny, D.: Software-Engineering in der Praxis. München 1983.

/BIE 89/ Biebinger, H.; Mertens, P.: Entwicklungsphasen wissensbasierter Systeme. KI 3, Heft 3, 1989, S. 64-67.

/BRA 86/ Brakemeier, F.; Weissenfluth, D. v.: Vergleich von Expertensystem-Tools auf Personal Computern. Arbeitsbericht Nr. 7, Institut für Wirtschaftsinformatik, Universität Bern, 1986.

/BRE 85/ Breuker, J.; Wielinga, B.: KADS, Structured Knowledge Acquisition for Expert Systems. Proceedings of the Fifth International Workshop of Expert Systems and their Applications, Vol. 2, Avignon 1985, S.887-900.

/BRE 87/ Breuker, J.; Wielinga, B.: Use of Models in the Interpretation of Verbal Data. In: Kidd, A.L. (Hrsg.): Knowledge Acquisition for Expert Systems - A practical Handbook. New York/London 1987, S. 17-42.

/BRE 88/ Breuker, J.; Bredeweg, B.; Schreiber, G.; Wielinga, B.: Modelling in KBS Development. In: Boose, J.H.; Gaines, B.R.; Linster, M. (Hrsg.): Proceedings of the European Knowledge Acquisition Workshop (EKAW'88), GMD-Studien Nr. 143, 1988, S. 7-1 bis 7-15.

/BRO 75/ Brooks, F.P.: The Mythical Man-Month. Reading/Menlo Park/London/Amsterdam 1975.

/BRW 89/ Brewka, G.: Nichtmonotone Logiken - Ein kurzer Überblick. KI 3; Heft 2, 1989, S. 5-12.

/BUC 83/ Buchanan, B.G.; Bartstow, D.; Bechtal, R.; Bennett, J.; Clancey, W.J.; Kulikowski, C.; Mitchell, T.; Waterman, D.A.: Constructing an Expert System. In: Hayes-Roth, F.; Waterman, D.A.; Lenat, D.B. (Hrsg.): Building Expert Systems. London/Amsterdam/Sydney/Tokyo 1983, S. 127-167.

/BUH 87/ de Buhr, E.: Das Projekt WEREX: Ein Ansatz für die Integration der Expertensysteme in die kommerzielle Datenverarbeitung. In: Cremers, A.B.; Becks, K.H. (Hrsg.): Anwender-Forum Expertensysteme, Wuppertal 1987, S. 95-100.

/BUM 89/ Buschmann, H: Entwurf eines kreativen Expertensystems. Angewandte Informatik 12, Heft 2, 1989, S. 63-75.

/CLA 83/ Clancey, W.J.: The epistemology of a rule-based expert system. Artificial Intelligence 1, Heft 20, 1983, S. 215-251.

/CLA 85/ Clancey, W.J.: Heuristic Classification. Artificial Intelligence 3, Heft 27, 1985, S. 289-350.

/CUP 88/ Cupello, J.M.; Mishelevich, D.J.: Managing Prototype Knowledge Expert System Projects. Communication of the ACM 31, Heft 5, 1988, S. 534-541.

/DAM 85/ D'Ambrosio, B.: Insight - A Knowledge System. Byte 10, Heft 4, 1985, S. 345-347.

/DAV 89/ Davis, R.: Expert Systems - How far can they go? AI Magazine 10, Spring 1989, S. 61-67.

/DIE 87/ Diedrich, J.: Wissensakquisition. Arbeitspapiere der GMD, Nr. 245, Sankt Augustin 1987.

/DIP 86/ Di Primio, F.G.; Brewka, G.; Wittur, K.: Formalismenintegration in BABYLON. GMD, BABYLON Projekt: Technical Report No.2, Sankt Augustin 1986.

/DRE 89/ Dressler, O.; Freitag, H.: Truth Maintenance Systeme. KI 3; Heft 2, 1989, S. 13-19.

/DUD 83/ Duda, R.O.; Shortliffe, E.H.: Expert System Research. Science, S. 261-276.

/ECK 89/ Eckerlein, A.R.: Ein Expertensystem zur Angebotserstellung und Risikokalkulation in einem mittelständischen Unternehmen. In: Krems, J. (Hrsg.): Expertensysteme im praktischen Einsatz. Erfahrungsberichte der 1. Generation. München/Wien 1989, S. 129-141.

/ESF 88/ Esfahani, L.; Teskey, F.N.: A Self Modifying Rule-Eliciter. In: Boose, J.H.; Gaines, B.R.; Linster, M. (Hrsg.): Proceedings of the European Knowledge Acquisition Workshop (EKAW' 88). GMD-Studien Nr. 143, June 19-23 1988, S. 16-1 bis 16-16.

/FEL 89a/ Felgentreu, K.-U.; Krasemann, H.; Meßling, J.: Entwicklungsstrategien. HMD 26, Heft 147, 1989, S. 35-43.

/FEL 89b/ Felgentreu, K.-U.; Mankel, M.; Schnoor, A.: Entwicklungsumgebungen. HMD 26, Heft 147, 1989, S. 44-52.

/FRD 88/ Freudenberg, H.: Erfahrungen mit der Expertensystemshell ES/P-Advisor, KI 2, Heft 2, 1988, S. 49-57.

/FRE 85/ Freiling, M.; Alexander, J.; Messick, S.; Rehfuss, S.; Shulman, S.: Starting a Knowledge Engineering Projekt: A Step-by-Step Approach, AI Magazine 6, Heft 3, 1985, S. 150-164.

/FRÖ 88/ Fröhlich, R.; Schütte, R.: Wissensbasiertes Projektmanagement grosser DV-Vorhaben, KI 2, Heft 3, 1988, S. 64-68.

/GAI 88a/ Gaines, B.R.: Second Generation Knowledge Acquisition Systems. In: Boose, J.H.; Gaines, B.R.; Linster, M. (Hrsg.): Proceedings of the European Knowledge Acquisition Workshop (EKAW' 88), GMD-Studien Nr. 143, June 19-23 1988, S. 17-1 bis 17-14.

/GAI 88b/ Gaines, B.R.: Acquiring the Knowledge Base in Fifth Generation Systems. Proceedings of the International Conference on Fifth Generation Computer Systems, Tokyo November 28-December 2 1988, S. 1-19.

/GAI 88c/ Gaines, B.R.: An overview of knowledge-acquisition and transfer. In: Gaines, B.R.; Boose, J.H. (Hrsg.): Knowledge Acquisition for Knowledge-Based Systems - Knowledge-Based Systems Volume 1. San Diego 1988, S. 3-22.

/GAM 84/ Gammack, J.G.; Young, R.M.: Psychological techniques for eliciting expert knowledge. In: Bramer, M.A. (Hrsg.): Research and Development in Expert Systems. Cambridge, 1984, S. 105-112.

/GAS 83/ Gaschnig, J.; Klahr, P.; Pople, H.; Shortliffe, E.; Terry, A.: Evaluation of Expert Systems - Issues and Case Studies. In: Hayes-Roth, F.; Waterman, D.A.; Lenat, D.B. (Hrsg.): Building Expert Systems. London/Amsterdam/Sydney/Tokyo 1983, S. 241-280.

/GIE 88/ Giegler, A.: Wissenserhebung - Techniken und Probleme. In: Schmitz, P. (Hrsg.): Expertensysteme in der Unternehmung III - Methoden des Knowledge Engineering. BIFOA-Fachseminar, Köln Dezember 1988, S. 5-1 bis 5-14.

/GIL 87/ Gilb, T.: Evolutionäres Entwickeln. Computer Magazin 16, Heft 1/2, 1987, S. 17-19.

/GRO 83/ Grover, M.D.: A Pragmatic Knowledge Acquisition Methodologie. In: Bundy, A. (Hrsg.): Proceedings of the Eight International Joint Conference on Artificial Intelligence. Karlsruhe 8.-12. August 1983, S. 436-438.

/GRU 86/ Gruber, T.; Cohen, P.: Design for Acquisition: Principles of Knowledge System Design to Facilitate Knowledge Acquisition. In: Boose, J.H.; Gaines, B.R. (Eds.): AAAI Workshop: Knowledge Acquisition for Knowledge Based Systems. Banff November 2-7 1986, S. 17-0 - 17-22.

/HAH 85/ Hahn, W. v.: Künstliche Intelligenz. SEL-Stiftung für technische und wirtschaftliche Kommunikationsforschung, Essen 1985.

/HAM 88/ Harmon, P.: PC-Based Hybrid Tools - An Overview. Expert System Strategies 4, No. 2, 1988, S. 1-12.

/HAM 89a/ Harmon, P.; King, D.: Expertensysteme in der Praxis - Perspektiven, Werkzeuge, Erfahrungen. 3. Auflage, München/Wien 1989.

/HAM 89b/ Harmon, P.; Maus, R.; Morissey, W.: Expertensysteme - Werkzeuge und Anwendungen. München/Wien 1989.

/HAM 89c/ Harmon, P.: Thirty successful systems. Expert System Strategies 5, No. 5, 1989, S. 1-7.

/HAM 89d/ Harmon, P.: Mainframe Tools. Expert System Strategies 5, No. 6, 1989, S. 1-6.

/HAM 89e/ Harmon, P.: Knowledge Acquisition. Expert System Strategies 5, No. 7, 1989, S. 1-6.

/HAM 89f/ Harmon, P.: Knowledge Acquisition Tools. Expert System Strategies 5, No. 7, 1989, S. 7-15.

/HAM 89g/ Harmon, P.: U.S. Expert System Building Tools. Expert System Strategies 5, No. 8, 1989, S. 1-13.

/HAM 89h/ Harmon, P.: What happened at IJCAI. Expert System Strategies 5, No. 9, 1989, S. 1-8.

/HAM 89i/ Harmon, P.: OOPS, CASE, and Expert Systems. Expert System Strategies 5, No. 10, 1989, S. 1-13.

/HAN 86/ Hansen, H.R.: Wirtschaftsinformatik I, 5. Auflage, Stuttgart 1986.

/HAR 89a/ Harris, L.R.: Woran erkennen Sie eine KI-Anwendung? AICORP, 1989.

/HAR 89b/ Harris, L.R.: Anbindung von Expertensystemen an die Datenbank. AICORP, 1989.

/HAR 89c/ Harris, L.R.: Wie implementiert man Expertensysteme mit hoher Performance? AICORP, 1989.

/HAT 87/ Hart, A.: Role of Induction in Knowledge Elicitation. In: Kidd, A.L. (Hrsg.): Knowledge Acquisition for Expert Systems - A practical Handbook. New York/London 1987, S. 165-190.

/HAW 89/ Hattwig, J.: KI - Keine Integration. Online, Heft 4, 1989, S. 36-38.

/HAY 83/ Hayes-Roth, F.; Waterman, D.A.; Lenat, D.B.: An Overview of Expert Systems. In: Hayes-Roth, F.; Waterman, D.A.; Lenat, D.B. (Hrsg.): Building Expert Systems. London/Amsterdam/Sydney/ Tokyo 1983, S. 1-29.

/HAY 86/ Hayes-Roth, F.; Klahr, P.; Mostow, D.J.: Knowledge Acquisition, Knowledge Programming, and Knowledge Refinement. In: Klar, P.; Waterman, D.A. (Hrsg.): Expert Systems - Techniques, Tools, and Applications, Reading/Menlo Park/Don Mills u.a 1986, S. 310-349.

/HED 89/ Henderson, J.; Bartman-Gatt, A.: Feasibility Study Report: Acquiring a Knowledge-based System Tool. State of California - Health and Welfare Agency Data Center, Sacramento 1989.

/HEN 85/ Hennings, R.-D.; Munter, H.: Expertensysteme - Grundlagen, Entwicklungen, Anwendungen, Trends, Konsequenzen. Berlin 1985.

/HIL 89/ Hilber, J.; Morelli, F.: Erfahrungen beim Einsatz einer PC-Shell. HMD 26, Heft 147, 1989, S. 95-104.

/HOF 87/ Hoffman, R.R.: The Problem of Extracting the Knowledge of Experts from the Perspective of Experimental Psychology. AI-Magazine 8, Summer 1987, S. 53-67.

/JAC 87/ Jackson, P.: Expertensysteme - Eine Einführung. Bonn/Reading/ Menlo Park/Don Mills u.a. 1987.

/JCK 85/ Jackson, M.A.: Systementwicklung. München/Wien 1985.

/JOH 88/ Johnson, N.E.; Tomlinson, C.M.: Knowledge Elicitation for Second Generation Expert Systems. In: Boose, J.H.; Gaines, B.R.; Linster, M. (Hrsg.): Proceedings of the European Knowledge Acquisition Workshop (EKAW' 88), GMD-Studien Nr. 143, 1988, S. 23-1 bis 23-10.

/JZG 88/ Johnson, P.E.; Zualkernan, I.; Garber, S.: Specification of Expertise. In: Gaines, B.R.; Boose, J.H. (Hrsg.): Knowledge Acquisition for Knowledge-Based Systems - Knowledge-Based Systems Volume 1, San Diego 1988, S. 125-145.

/KAH 85/ Kahn, G.; Nowlan, S.; McDermott, J.: Strategies for knowledge acquisition. IEEE Transactions on Pattern Analysis and Machine Analysis, Machine Intelligence 7, Heft 5, September 1985, S. 511-522.

/KAR 88a/ Karbach, W.: Entwurfsmethodiken für wissensbasierte Systeme - Ein Überblick. Verbundvorhaben WEREX, Bericht Nr. 22, GMD, Sankt Augustin 1988.

/KAR 88b/ Karbach, W.: Methoden und Techniken des Knowledge Engineering. Arbeitspapiere der GMD, Nr. 338, Sankt Augustin September 1988.

/KAR 88c/ Karbach, W.; Voß, A.; Tong, X.: Filling in the knowledge acquisition gap - via KADS'modells of expertise to ZDEST-2's expert system. In: Boose, J.H.; Gaines, B.R.; Linster, M.(Hrsg.): Proceedings of the European Knowledge Acquisition Workshop (EKAW'88), GMD-Studien Nr. 143, 1988, S. 31-1 bis 31-17.

/KAR 89/ Karbach, W.: KI-Lexikon - Modellbasierte Wissensakquisition. KI 3, Heft 4, 1989, S. 13.

/KID 87/ Kidd, A.L.: Knowledge Acquisition - An Introductory Framework. In: Kidd, A.L. (Hrsg.): Knowledge Acquisition for Expert Systems - A practical Handbook. New York/London 1987, S. 1-15.

/KKP 87/ Karras, D.; Kredel, L.; Pape, U.: Entwicklungsumgebungen für Expertensysteme - Vergleichende Darstellung ausgewählter Systeme. Berlin/New York 1987.

/KLU 88/ Klusmeier, S.: Erfahrungen mit einer induktiven Expertensystem-Shell. KI 2, Heft 4, 1988, S. 46-47.

/KOE 88/ König, W.: Computerunterstützung zur Bearbeitung komplexer Problemstellungen - Zum Einsatz wissensbasierter Systeme in Unternehmensplanung und Unternehmensführung. In: Henzler, H. (Hrsg.): Handbuch strategische Führung, Wiesbaden 1988, S. 743-776.

/KOE 89/ König, W.; Behrendt, R.: Die Produktion von Expertensystemen. Angewandte Informatik 12, Heft 3, 1989, S. 95-102.

/KOL 88/ Ko, Ch.-E.; Lin, Th. W.: Multi Criteria Decision Making and Expert Systems. In: Turban, E.; Watkins, P.R. (Hrsg.): Applied Expert Systems. Amsterdam/New York/Oxford/Tokyo 1988, S. 33-46.

/KRA 88/ Krallmann, H.; Erfahrungsbericht über Entwicklung und Einsatz von betriebswirtschaftlichen Expertensystemen. In: Scheer, A.W. (Hrsg.): Schriften zur Unternehmensführung - Betriebliche Expertensysteme 1. Wiesbaden 1988, S. 87-128.

/KRE 89/ Kramer, K.: Die Ausbildung zum Wissensingenieur. In: Krems, J. (Hrsg.): Expertensysteme im praktischen Einsatz. Erfahrungsberichte der 1. Generation. München/Wien 1989, S. 35-44.

/KRI 88/ Krickhahn, R.; Schachter-Radig, M.-J.: Grundkonzepte der regelorientierten Programmierung. Informationstechnik 30, Heft 6, 1988, S. 434-445.

/KUR 87/ Kurbel, K.; Pietsch, W.: Projektmanagement bei Expertensystementwicklungen. Arbeitsbericht Nr. 12, Universität Dortmund, Fachbereich Wirtschafts- und Sozialwissenschaften, Lehrstuhl für Wirtschaftsinformatik, Dortmund 1987.

/KUR 88a/ Kurbel, K.; Pietsch, W.: Ein Ansatz zur Integration von Entwicklungsmethodik, Organisation und Management von Expertensystemprojekten. Arbeitsbericht Nr. 15, Universität Dortmund, Fachbereich Wirtschafts- und Sozialwissenschaften, Lehrstuhl für Wirtschaftsinformatik, Dortmund 1988.

/KUR 88b/ Kurbel, K.; Pietsch, W.: Projektmanagement bei einer Expertensystem-Entwicklung. Information Management 3, Heft 1, 1988, S. 6-13.

/KUR 89a/ Kurbel, K.: Entwicklung und Einsatz von Expertensystemen - Eine anwendungsorientierte Einführung in wissensbasierte Systeme. Berlin/Heidelberg/New York/Tokyo 1989.

/KUR 89b/ Kurbel, K.; Pietsch,W.: Expertensystem-Projekte: Entwicklungsmethodik, Organisation und Management. Informatik Spektrum 12, 1989, S. 133-146.

/LAF 88/ LaFrance, M.: The Knowledge Acquisition Grid: a method for training knowledge engineers. In: Gaines, B.R.; Boose, J.H. (Hrsg.): Knowledge Acquisition for Knowledge-Based Systems - Knowledge-Based Systems Volume 1. San Diego 1988, S. 81-92.

/LAS 89/ Laske, O.E.: Ungelöste Probleme bei der Wissensakquisition. KI 3, Heft 4, 1989, S. 4-12.

/LAU 87/ Laurent, J.-P.; Ayel, J.; Thome, F.; Ziebelin, D.: Comparative Evaluation of three Expert System Development Tools - KEE, Knowledge Craft, Art. Knowledge Engineering Review, Bd. 1, Heft 4, 1987, S. 18-29.

/LEB 87/ Lebsanft, E.W.; Gill, U.: Expertensysteme in der Praxis - Kriterien für die Verwendung von Expertensystemen zur Problemlösung. In: Savory, S.E. (Hrsg.): Expertensysteme - Nutzen für Ihr Unternehmen - Ein Leitfaden für Entscheidungsträger. München/Wien 1987, S. 135-149.

/LEB 88a/ Lebsanft, E.W.: Entwicklungsmethodik für Expertensysteme - Über Projektmanagement und Software Engineering in Expertensystem-Projekten. Industrielle Organisation 57, Heft 2, 1988, S. 87-91.

/LEB 88b/ Lebsanft, E.W.: Projektmanagement und Software-Engineering in Expertensystemprojekten. In: Scheer, A.W. (Hrsg.): Schriften zur Unternehmensführung - Betriebliche Expertensysteme 1. Wiesbaden 1988, S. 68-85.

/LEN 83/ Lenat, D.; Randall, D.; Doyle, J.; Genesereth, M.; Goldstein, I.; Schrobe, H.: Reasoning about Reasoning. In: Hayes-Roth, F.; Waterman, D.A.; Lenat, D.B. (Hrsg.): Building Expert Systems. London/Amsterdam/Sydney/Tokyo 1983, S. 219-239.

/LEZ 88/ Lenz, A.: Knowledge Engineering: Gestaltung von Expertensystemen. In: Schmitz, P. (Hrsg.): Expertensysteme in der Unternehmung III - Methoden des Knowledge Engineering. BIFOA-Fachseminar, Köln Dezember 1988, S. 2-1 bis 2-16.

/LIN 88a/ Linster, M.: A Knowledge Elicitation Tool for Expert Systems. In: Boose, J.H.; Gaines, B.R.; Linster, M. (Hrsg.): Proceedings of the European Knowledge Acquisition Workshop (EKAW' 88), GMD-Studien Nr. 143, 1988, S. 4-1 bis 4-9.

/LIN 88b/ Linster, M.: Einsatzmöglichkeiten und Verfahren von rechnergestützten Wissensakquisitionswerkzeugen. In: Schmitz, P. (Hrsg.): Expertensysteme in der Unternehmung III - Methoden des Knowledge Engineering. BIFOA-Fachseminar, Köln Dezember 1988, S. 7-1 bis 7-18.

/LIT 88/ Littman, D.C.: Modeling human expertise in knowledge engineering - some preliminary observations. In: Gaines, B.R.; Boose, J.H. (Hrsg.): Knowledge Acquisition for Knowledge-Based Systems - Knowledge-Based Systems Volume 1. San Diego 1988, S. 93-104.

/LUC 87/ Luckfiel, W.: Die Einbettung von KI-Systemen in die vorhandene DV-Landschaft. Mega, Sonderheft 250, 1987, S. 39-43.

/MÄH 87/ Mähler, V. u.a.: Experten über Expertensysteme. Computer Magazin 16, Heft 7/8, 1987, S. 12-16.

/MAR 88/ Martin, J.: Expert Systems and AI Tool Kits. James Martin Productivity Series 7, 1988.

/MAS 88/ Masud, A.S.M.; Hommertzheim, D.: Selecting a Knowledge-based System Application - Considerations and Experiences. In: Turban, E.; Watkins, P.R. (Hrsg.): Applied Expert Systems. Amsterdam/New York/Oxford/Tokyo 1988, S. 3-16.

/MEN 85/ Mensel, G.; Michel, J.: Entwicklung und Konstruktion eines wissensbasierten betriebswirtschaftlichen Beratungs- und Konfigurationssystems im Bereich der Lagerwirtschaft und Fertigungsorganisation, Proceedings COMPAS 85, Berlin 1985, S. 981-995.

/MER 86/ Mertens, P.; Allgeyer, K.; Däs, H.: Betriebliche Expertensysteme in deutschsprachigen Ländern. ZfB 56, Heft 9, 1986, S. 904-941.

/MER 88a/ Mertens, P.; Borkowski, V.; Geis, W.: Betriebliche Expertensystem-Anwendungen - Eine Materialsammlung. Berlin/Heidelberg/New York/Tokyo 1988.

/MER 88b/ Mertens, P.: Expertensysteme in den betrieblichen Funktionsbereichen - Chancen, Erfolge, Mißerfolge. In: Scheer, A.W. (Hrsg.): Schriften zur Unternehmensführung - Betriebliche Expertensysteme 1. Wiesbaden 1988, S. 29-66.

/MES 85/ Mescheder, B.: Funktionen und Arbeitsweise der Expertensystem-Shell TWAICE. In: Savory, S. (Hrsg.): Künstliche Intelligenz und Expertensysteme, 2. Auflage, München/Wien 1985, S. 57-90.

/MES 88/ Mescheder, B.; Westerhoff, Th.: Offene Architekturen in Expertensystemshells. Angewandte Informatik 11, Heft 9, 1988, S. 390-398.

/MIC 84/ Michalski, R.S.: Carbonell, J.G.; Mitchell, T.M.: Machine Learning - An Artificial Intelligence Approach. Berlin/Heidelberg/New York 1984.

/MIL 88/ Milling, P.: Expertensysteme zur Unterstützung betrieblicher Entscheidungsprozesse. Beitrag Nr. 8815, Universität Osnabrück, Fachbereich Wirtschaftswissenschaften, Osnabrück 1988.

/MIN 68/ Minsky, M. (Hrsg.): Semantic Information Processing. Cambridge MA 1968.

/MIT 85/ Mittal, S.; Dym, C.L.: Knowledge Acquisition from multiple Experts. AI Magazine 6, Summer 1985, S. 32-36.

/MOR 89/ Morgoev, V.K.: ARIADNA - A Knowledge Elicitation Support System. AI Communications 2, Heft 3/4, S. 131-141.

/MÜL 85/ Müller, C.D.: Lisp und Prolog - Konzepte und Trends. HMD 26, Heft 126, 1985, S. 129-137.

/NOE 85/ Noelke, U.: Das Wesen des Knowledge Engineering. In: Savory, S. (Hrsg.): Künstliche Intelligenz und Expertensysteme. 2. Auflage, München/Wien 1985, S. 109-123.

/NON 89/ Nonhoff, J.: Entwicklung eines Expertensystems für das DV-Controlling. Berlin/Heidelberg/New York/Tokyo 1989.

/NOT 86/ Noth, T.; Kretschmar, M.: Aufwandschätzung von DV-Projekten - Darstellung und Praxisvergleich der wichtigsten Verfahren, 2. Auflage, Berlin/Heidelberg/New York/Tokyo 1986.

/OLE 88/ O'Leary, D.E.: Expert System Prototyping as a Research Tool. In: Turban, E.; Watkins, P.R. (Hrsg.): Applied Expert Systems. Amsterdam/New York/Oxford/Tokyo 1988, S. 17-32.

/PET 89/ Petrie, C.J.: Reason Maintenance in Expert Systems. KI 3; Heft 2, 1989, S. 54-60.

/PFE 87/ Pfeifer, R.: Knowledge Acquisition und Lernen - Zwei fundamentale Probleme. In: Savory, S.E. (Hrsg.): Expertensysteme - Nutzen für Ihr Unternehmen - Ein Leitfaden für Entscheidungsträger. München/Wien 1987, S. 251 - 267.

/PIE 88/ Pieroth, G.K.: Expertensysteme, Einsatzgebiete: Risiken und Chancen. Gabler Magazin, Heft 10, 1988, S. 16-26.

/PRE 85/ Prerau, D.S.: Selection of an Appropriate Domain for an Expert System. AI Magazine 6, Summer 1985, S. 26-30.

/PRS 88/ Press, L.: Eight-Product Wrap-up: PC Shells. AI Expert 3, Heft 9, September 1988, S. 1-5.

/PUP 86/ Puppe, F.: Expertensysteme. Informatik Spektrum 9, Heft 1, 1986, S. 1-13.

/PUP 88/ Puppe, F.: Einführung in Expertensysteme. Berlin/Heidelberg/New York/Tokyo 1988.

/PUP 89/ Puppe, F.: Wissensrepräsentation und Inferenzstrategien. HMD 26, Heft 147, 1989, S. 27-34.

/RET 84/ Retti, J. u.a.: Artificial Intelligence - Eine Einführung. Stuttgart 1984.

/REU 87/ Reuter, A.: Kopplung von Datenbank- und Expertensystem. Informationstechnik 29, Heft 3, 1987, S. 164-175.

/RIS 88/ Risch, T.; Reboh, R.; Hart, P.; Duda, R.: A Functional Approach to Integrating Database and Expert Systems. Communication of the ACM 37, Heft 12, Dezember 1988, S. 1424-1437.

/ROL 88/ Rolston, D.W.: Principles of Artificial Intelligence and Expert Systems Development. New York/St. Louis/San Francisco 1988.

/ROM 87/ Rome, E.; Uthmann, Th.: KI-Workstations - Überblick, Marktsituation, Entwicklungstrends. GMD Studien Nr. 118, Sankt Augustin 1987.

/SAM 85/ Sammut, C.A.: Concept Development for Expert System Knowledge Bases. Australian Computer Journal 17, Heft 1, 1985, S. 49-55.

/SAV 85/ Savory, S.E.: TWAICE - Die Expertensystem Shell von Nixdorf. In: Brauer, W.; Radig, B. (Hrsg.): Wissensbasierte Systeme, GI-Kongreß 1985, IFB 112, 1985, S. 289-293.

/SAV 87a/ Savory, S.E.: Expertensysteme - Welchen Nutzen bringen sie für Ihr Unternehmen? In: Savory, S.E. (Hrsg.): Expertensysteme - Nutzen für Ihr Unternehmen - Ein Leitfaden für Entscheidungsträger. München/Wien 1987, S. 123-134.

/SAV 87b/ Savory, S.E.: Werkzeuge zur Erstellung von Expertensystemen. In: Savory, S.E. (Hrsg.): Expertensysteme - Nutzen für Ihr Unternehmen - Ein Leitfaden für Entscheidungsträger. München/Wien 1987, S. 123-134.

/SCA 85/ Schachter-Radig, M.-J.: Wissenserwerb und -formalisierung für den kommerziellen Einsatz wissensbasierter Systeme. In: Brauer, W.; Radig, B. (Hrsg.): Wissensbasierte Systeme, GI-Kongreß 1985, IFB 112, 1985, S. 314-332.

/SCA 87/ Schachter-Radig, M.-J.: Entwicklungs- und Ablaufumgebungen für die Künstliche Intelligenz - Arbeitsplatzrechner für die Wissensverarbeitung. Informationstechnik 29, Heft 5, 1987, S. 334-349.

/SCD 87/ Schild, H.G.: Kosten von Expertensystemen, Proceedings 8. Internationaler Kongreß: Datenverarbeitung im europäischen Raum "Quo vadis EDV? - Realität und Vision", Wien April 1987, S. 265-275.

/SCE 88/ Scheer, A.W.; Steinmann, D.: Einführung in den Themenbereich Expertensysteme. In: Scheer, A.W. (Hrsg.): Schriften zur Unternehmensführung - Betriebliche Expertensysteme 1. Wiesbaden 1988, S. 5-27.

/SCI 88/ Schirmer, K.: Techniken der Wissensakquisition. KI 2, Heft 4, 1988, S. 68-71.

/SCI 89/ Schirmer, K.: Wissensakquisition II - Die Wahl der Techniken. KI 3, Heft 1, 1989, S. 53-55.

/SCL 89/ Schliep, W.; Womann, W.: Vorgehensweise und Erfahrungen bei der Entwicklung von wissensbasierten Systemen. In: Krems, J. (Hrsg.): Expertensysteme im praktischen Einsatz. Erfahrungsberichte der 1. Generation. München/Wien 1989, S. 11-22.

/SCM 86/ Schmitz, P.; Lenz, A.: Abgrenzung von Expertensystemen und konventioneller ADV. BFuP, Heft 6, 1986, S. 499-516.

/SCN 87/ Schnupp, P.; Nguyen Huu, C.T.: Expertensystem-Praktikum, Berlin/Heidelberg/New York/Tokyo 1987.

/SCR 86/ Schreier, U.: Die Beziehung zwischen Datenbanken und Expertensystemen. State of the Art - Expertensysteme, Heft 1, 1986, S. 30-37.

/SCW 88/ Schweneker, O.: Ein Leitfaden für die Entwicklung von Expertensystemen. Beitrag Nr. 8804. Universität Osnabrück, Fachbereich Wirtschaftswissenschaften, Osnabrück 1988.

/SFR 89/ Shafer, D.: Developers wise up in AI tool market. Computerworld, 7. August 1989, S. 65.

/SHA 88a/ Shaw, M.L.G.: Problems of Validation in a Knowledge Acquisition System using Multiple Experts. In: Boose, J.H.; Gaines, B.R.; Linster, M. (Hrsg.): Proceedings of the European Knowledge Acquisition Workshop (EKAW' 88). GMD-Studien Nr. 143, June 19-23 1988, S. 5-1 bis 5-15.

/SHA 88b/ Shaw, M.L.G.; Gaines, B.R.: A Methodology for Recognizing Consensus, Correspondence, Conflict and Contrast in a Knowledge Acquisition System. In: Boose, J.H.; Gaines, B.R. (Hrsg.): Proceedings of the Workshop on Knowledge Acquisition for Knowledge Based Systems, Banff Nov. 7.-11 1988.

/SOB 88/ Sobkowski, I.; Tischler, F.: Four-Product Wrap-Up: Mainframe Expert Systems, AI Expert 3, Heft 9, September 1988, S. 6-9.

/SPE 87/ Specht, D.; Göbler, T.: Entwicklungsschritte zu Expertensystemprototypen. ZwF 82, Heft 3, 1987, S. 118-121.

/STA 89/ Stahlknecht, P.: Einführung in die Wirtschaftsinformatik. 4. Auflage, Berlin/Heidelberg/New York/Tokyo 1989.

/STH 88/ Steinhoff, V.: Benutzerschnittstellen für Expertensysteme. In: Schmitz, P. (Hrsg.): Expertensysteme in der Unternehmung III - Methoden des Knowledge Engineering. BIFOA-Fachseminar, Köln Dezember 1988, S. 4-1 bis 4-20.

/STH 89/ Steinhoff, V.: Kriterien zur Auswahl von Expertensystem-Entwicklungswerkzeugen. In: Schmitz, P. (Hrsg.): Expertensysteme in der Unternehmung II - Entwicklungswerkzeuge. BIFOA-Fachseminar, Köln Juni 1989, S. 1-1 bis 1-31.

/STO 87/ Stoyan, H.: Sprachen und Systeme. Computer Magazin 16, Heft 3, 1987, S. 69-77.

/STR 86/ Struss, P.: Gibt es Expertensysteme? Computer Magazin 15, Heft 5, 1986, S. 49-53.

/TAN 88/ Tank, W.: Entwurfsziele bei der Entwicklung von Expertensystemen. KI 2, Heft 3, 1988, S. 69-76.

/THU 86/ Thurn, K.: Objektorientierte KI-Programmierung mit der Sprache SMALLTALK. Markt & Technik, Heft 18, 1986, S. 65-68.

/VOL 86/ Volk, O.K.: Expertensysteme für den betrieblichen Einsatz - Ansätze und Probleme. BFuP 38, Heft 6, 1986, S. 550-564.

/WAH 87/ Wahlster, W.: Tutorium Expertensysteme. GI - Jahrestagung, 22.-23. Oktober München 1987.

/WAT 83/ Waterman, D.A.; Hayes-Roth, F.: An Investigation of Tools for Building Expert Systems. In: Hayes-Roth, F.; Waterman, D.A.; Lenat, D.B. (Hrsg.): Building Expert Systems. London/Amsterdam/ Sydney/Tokyo 1983, S. 169-215.

/WAT 86/ Waterman, D.A.: A Guide to Expert Systems. Reading/Menlo Park/Don Mills u.a. 1986.

/WEI 89/ Weitzel, J.R.; Kerschberg, L.: Developing Knowledge-Based Systems - Reorganization the system development life cycle. Communications of the ACM 32, Heft 4, 1989, S. 482-488.

/WEL 83/ Welbank, M.: A Review of Knowledge Acquisition Techniques for Expert Systems. British Telecommunications 1983.

/WIN 84/ Winston, P.: Artificial Intelligence. Reading Massachusetts 1984.

Anhang

Kriterienkatalog für die Werkzeugauswahl

	Auswahl-Kriterien / Werkzeuge					
	Sind Objekte mit beliebigen Attributen definierbar?					
W	Wird das Frame- und/ oder Klassenkonzept unterstützt?					
i	Kann man Methoden und Prozeduren an Objekte/ Attribute knüpfen?					
s	Sind lokale Objekte und Variablen definierbar?					
s	Gibt es Defaults und Wertebereiche für Objekte und Variablen?					
e	Welcher Art ist die Regelsprache (deutsch, natürlichsprachlich)?					
n	Gleiche Regelsprache für Vorwärts- und Rückwärtsverkettung?					
s	Ist die Regelgewinnung durch Beispiele (induktiv) möglich?					
b	Wird die Bildung von Regelpaketen unterstützt?					
a	Können Wissensbasen sich untereinander aufrufen?					
s	Kann eine Wissensbasis von anderen Applikationen aufgerufen werd.?					
i	Ist eine Host-Wissensbasis vom PC aufrufbar (verteilte Anwendung)?					
s	Wird die Verarbeitung von Konfidenzfaktoren direkt unterstützt?					
	Werden verschiedene Fuzzy-set-Logiken angeboten?					
	Werden natürlichsprachliche Fragen an das Systems unterst.?					

	Auswahl-Kriterien / Werkzeuge					
	Wird die Rückwärtsverkettung direkt unterstützt?					
	Wird die Vorwärtsverkettung direkt unterstützt?					
I	Werden bidirektionale Verkettungsverfahren direkt unterstützt?					
n	Ist die kontextabhängige Abarbeitung von Regeln vorgesehen?					
f	Gibt es eine Steuerung des Inferenzprozesses durch Metaregeln?					
e	Wird das Feuern einzelner oder mehrerer Regeln unterstützt?					
r	Gibt es Prioritätsfaktoren zur Steuerung der Inferenz?					
e	Wird die Depth-First-Search mit Tiefenangabe unterstützt?					
n	Wird die Breadth-first-Search unterstützt?					
z	Erfolgt Abarbeitung der Regeln nach dem First Found-Prinzip?					
	Kann zuletzt verwandte Regel automatisch die höchste Priorität ha.?					
	Kann die am häufigsten verwandte Regel autom. höchste Priorität ha.?					

	Werkzeuge / Auswahl-Kriterien					
	Ist die Vererbung von Attributen und/oder Eigenschaften möglich?					
	Wird eine multiple Vererbung unterstützt?					
I	Ist eine explizite Steuerung der Vererbung möglich?					
n	Wird ein uneingeschränktes Message Passing unterstützt?					
f	Ist ein uneingeschränktes Pattern Matching möglich?					
e	Gibt es Active Values innerhalb des Frame-Konzeptes?					
r	Wird eine benutzerspezifische Steuerung der Konsultation unterst.?					
e	Ist eine prozedurale Steuerung der Inferenz möglich?					
n	Wird die Nicht-monotone Inferenz unterstützt?					
z	Gibt es ein spezielles Truth Maintenance-System?					
	Werden Hypothetical Worlds und/oder Viewpoints unterstützt?					
	Kann vages Wissen direkt verarbeitet werden?					

	Auswahl-Kriterien / Werkzeuge					
E	Menütechnik?					
n	Fenstertechnik?					
t	Wird das Arbeiten mit maussensitiven Feldern unterstützt?					
w	Können Befehle auch als Kurzkommandos eingegeben werden?					
i	Welche farblichen Gestaltungsmöglichkeiten gibt es?					
c k	Gibt es spezielle Editoren für Regeln und Frames?					
l	Wird ein Masken-Editor mitgeliefert?					
e	Sind Report-Generartoren vorhanden?					
r s	Sind die Editoren mit einer Syntaxkontrolle ausgestattet?					
c	Erfolgt eine Konsistenzprüfung bei der Eingabe neuen Wissens?					
h	Kann eine Cross-Referenz-Liste erstellt werden?					
n i	Ist eine Testfalleinrichtung vorhanden?					
t	Wird inkrementelles Compilieren unterstützt?					
t	Kann der Schlußfolgerungsprozeß grafisch dargestellt werden?					
s t	Kann man während der Konsultation Ablaufprotokolle erstellen?					
e	Gibt es eine Möglichkeit, die Agenda anzuzeigen?					
l	Können Break Points oder Interrupts gesetzt werden?					
l e	Können mehrere Entwickler gleichzeitig unterstützt werden?					

	Auswahl-Kriterien / Werkzeuge					
Benutzerschnittstelle	Können variable Texte ausgegeben werden?					
	Können statische Grafiken ausgegeben werden?					
	Können dynamische Grafiken ausgegeben werden?					
	Ist das Laden von Grafiken möglich?					
	Sind bei einer Systemfrage mehrere Antworten möglich?					
	Werden What-Fragen unterstützt?					
	Werden Why-Fragen unterstützt?					
	Werden Why not-Fragen unterstützt?					
	Werden How-Fragen unterstützt?					
	Werden What if-Fragen unterstützt?					
	Können automatisch eigene Fragetexte vom System generiert w.?					
	Können vom Benutzer spezielle Fragetexte definiert werden?					
	Besteht die Möglichkeit spezielle Anfangsfragen zu best.?					
	Sind verschiedene Erklärungsebenen definierbar?					
	Können natürlichsprachliche Erklärungen generiert werden?					
	Werden Review Szenarien unterstützt?					
	Gibt es ein Hilfesystem?					

	Auswahl-Kriterien / Werkzeuge					
Veränderungen	Lassen sich Schlußfolgerungen während der Laufzeit verändern?					
	Können Regeln während der Laufzeit verändert werden?					
	Können Fakten während der Laufzeit verändert werden?					
	Können während der Laufzeit neue Ziele gesetzt werden					
	Gibt es für die verschiedenen Änderungen einen internen Editor?					
	Können Änderungen mit einem externen Editor vorgenommen werden?					
	Ist eine Vorabeingabe von speziellen Antworten möglich?					
Schnittstellen	Welche Datenbankschnittstellen werden angeboten?					
	Ist ein selektiver Zugriff auf Datenbanken vom XPS aus möglich?					
	Können mehrere Datenquellen aus einer Regel aufgerufen werden?					
	Erlaubt der Datenzugriff Retrieval, Update und Löschen?					
	Wie können andere Anwendungsprogramme aufgerufen werden?					
	Können Wissensbasen von anderen Applikationen aufgerufen werd.?					
	Gibt es Pre-Prozessor. für in konv. Sprachen eingebett. Statements?					
	Können Daten von externen Applikationen empfangen werden?					
	Können User-Routinen aufgerufen werden?					
	Welche Schnittstellen zu anderen Softwarepaketen gibt es?					
	Welche Schnittstellen zum Betriebssystem gibt es?					

	Auswahl-Kriterien / Werkzeuge					
	Auf welchen Hardware-Plattformen läuft das System?					
	Unter welchen Betriebssystemen läuft das System?					
	Welche Teleprocessing-Monitore werden wie unterstützt?					
I	Ist Parallelbetrieb bei Entwicklungs- und Laufzeitumgebung mög.?					
n	In welcher Sprache ist das Werkzeug selbst geschrieben?					
s	Existieren bereits vergleichbare Installationen?					
t	Wird eine Probeinstallation angeboten?					
a	Wann erfolgt die erste Installation eines offiziellen Releases?					
l	Welche Sicherheitssysteme werden unterstützt?					
l	Welche Mindestgrößen erfordern Hauptspeicher und Festplatten?					
a	Welche zusätzliche Software ist für den Einsatz erforderlich?					
t	Ist eine PC -> Host- und oder Host -> PC-Portierung möglich?					
i	Wird der maximale Regelumfang durch irgendetwas begrenzt?					
o	Wie ist die Geschwindigkeit des Systems zu beurteilen?					
n	Ist die Performance abhängig von der Größe des Systems?					
	Wird aus den Regeln direkt ausführbarer Code erzeugt?					
	Gibt es ein Online Tutorial?					
	Werden Beispielwissensbasen mitgeliefert?					

	Auswahl-Kriterien / Werkzeuge					
Preise	Welche Kosten fallen für das Entwicklungstool an?					
	Welche Preisstaffellungen gibt es für Mehrfachlizenzen?					
	Welche Preisstaffellungen gibt es für Runtime-Versionen?					
	Welche Kosten fallen für Support und neue Upgrades an?					
	Wie hoch sind die laufenden Kosten für Systemwartung und Pflege?					
	Welche Preisstaffellungen gibt es bei den Schulungsgebühren?					
Sonstiges	Werden Trainings-Seminare angeboten?					
	Gibt es einen Hotline-Service?					
	Ist die Schulung und Einsatzunterstützung vor Ort gewährleistet?					
	Ist das System gut integrierbar in das DV-Konzept der Unterneh.?					
	Wie groß ist der Anbieter (Mitarbeiter in den USA und der BRD)?					
	Welche Erfahrungen hat der Anbieter auf verschiedenen Rechnern?					
	Welche Referenzkunden können in der BRD genannt werden?					

Betriebs- und Wirtschaftsinformatik

Herausgeber: **H. R. Hansen, H. Krallmann, P. Mertens, A.-W. Scheer, D. Seibt, P. Stahlknecht, H. Strunz, R. Thome**

Band 6: **W. Sinzig**

Datenbankorientiertes Rechnungswesen

Grundzüge einer EDV-gestützten Realisierung der Einzelkosten- und Deckungsbeitragsrechnung

3. Aufl. 1990. DM 78,- ISBN 3-540-51786-3

Band 8: **T. Noth, M. Kretzschmar**

Aufwandschätzung von DV-Projekten

Darstellung und Praxisvergleich der wichtigsten Verfahren

2. Aufl. 1985. DM 42,- ISBN 3-540-16069-8

Band 14: **N. Wittemann**

Produktionsplanung mit verdichteten Daten

1985. DM 64,- ISBN 3-540-15665-8

Band 15: **G. Diruf** (Hrsg.)

Logistische Informatik für Güterverkehrsbetriebe und Verlader

1985. DM 48,- ISBN 3-540-15692-5

Band 17: **A. Schulz** (Hrsg.)

Die Zukunft der Informationssysteme Lehren der 80er Jahre

Dritte gemeinsame Fachtagung der Österreichischen Gesellschaft für Informatik (ÖGI) und der Gesellschaft für Informatik (GI). Johannes Kepler Universität Linz, 16.–18. September 1986

1986. DM 106,- ISBN 3-540-16802-8

Band 18: **H. R. Göpfrich**

Bildschirmtext in der Ausbildung

Dargestellt am Beispiel der Wirtschaftsuniversität Wien

1987. DM 74,- ISBN 3-540-17175-4

Band 19: **M. Schumann**

Eingangspostbearbeitung in Bürokommunikationssystemen

Expertensystemansatz und Standardisierung

1987. DM 54,- ISBN 3-540-17369-2

Band 20: **T. Noth**

Unterstützung des Managements von Software-Projekten durch eine Erfahrungsdatenbank

1987. DM 76,- ISBN 3-540-17842-2

Band 21: **H. Demmer**

Datentransportkostenoptimale Gestaltung von Rechnernetzen

1987. DM 69,- ISBN 3-540-17919-4

Band 22: **J. Becker**

Architektur eines EDV-Systems zur Materialflußsteuerung

1987. DM 72,- ISBN 3-540-18349-3

Band 23: **P. Haun**

Entscheidungsorientiertes Rechnungswesen mit Daten- und Methodenbanken

1987. DM 59,- ISBN 3-540-18418-X

Band 24: **E. Plattfaut**

DV-Unterstützung strategischer Unternehmensplanung

Beispiele und Expertensystemansatz

1988. DM 49,- ISBN 3-540-18631-X

Band 25: **R. Brombacher**

Entscheidungsunterstützungssysteme für das Marketing-Management

Gestaltungs- und Implementierungsansatz für die Konsumgüterindustrie

1988. DM 76,- ISBN 3-540-18667-0

Band 26: **F. Schober**

Modellgestützte strategische Planung für multinationale Unternehmungen

Konzeption, Potential und Implementierung

1988. DM 78,- ISBN 3-540-18767-7

Band 27: **J. Hofmann**

Aktionsorientierte Datenverarbeitung im Fertigungsbereich

1988. DM 49,– ISBN 3-540-18798-7

Band 29: **R. Oetinger**

Benutzergerechte Software-Entwicklung

1988. DM 78,– ISBN 3-540-19135-6

Band 31: **P. Mertens, V. Borkowski, W. Geis**

Betriebliche Expertensystem-Anwendungen

2., völlig neu bearb. und erw. Aufl. 1990. DM 78,– ISBN 3-540-52599-8

Band 32: **R. Thome** (Hrsg.)

Systementwurf mit Simulationsmodellen

Anwendergespräch, Universität Würzburg, 10. 12. 1987

1988. DM 59,– ISBN 3-540-19454-1

Band 33: **W. Ruf**

Ein Software-Entwicklungs-System auf der Basis des Schnittstellen-Management Ansatzes

Für Klein- und Mittelbetriebe

1988. DM 78,– ISBN 3-540-50364-1

Band 34: **A. Back-Hock**

Lebenszyklusorientiertes Produktcontrolling

Ansätze zur computergestützten Realisierung mit einer Rechnungswesen-Daten- und Methodenbank

1988. DM 58,– ISBN 3-540-50413-3

Band 35: **J. Nonhoff**

Entwicklung eines Expertensystems für das DV-Controlling

1989. DM 55,– ISBN 3-540-50760-4

Band 36: **G. Schmidt**

CAM: Algorithmen und Decision Support für die Fertigungssteuerung

1989. DM 55,– ISBN 3-540-51088-5

Band 37: **U. Leismann**

Warenwirtschaftssysteme mit Bildschirmtext

1990. DM 90,– ISBN 3-540-51844-4

Band 38: **C. Petri**

Externe Integration der Datenverarbeitung

Unternehmensübergreifende Konzepte für Handelsunternehmen

1989. DM 78,– ISBN 3-540-51849-5

Band 39: **U. Venitz**

CIM-Rahmenplanung

1990. DM 78,– ISBN 3-540-51910-6

Band 40: **M. Klotz, P. Strauch**

Strategieorientierte Planung betrieblicher Informations- und Kommunikationssysteme

1990. DM 58,– ISBN 3-540-52461-4

Band 41: **G. Steppan**

Informationsverarbeitung im industriellen Vertriebsaußendienst

Computer Aided Selling (CAS)

1990. DM 55,– ISBN 3-540-52558-0

Band 42: **K. Hildebrand**

Software Tools: Automatisierung im Software Engineering

Eine umfassende Darstellung der Einsatzmöglichkeiten von Software-Entwicklungswerkzeugen

1990. DM 58,– ISBN 3-540-52628-5

Band 43: **K. G. Götzer**

Optimale Wirtschaftlichkeit und Durchlaufzeit im Büro

Ein Verfahren zur integrierten Optimierung der Büroinformations- und Kommunikationstechnik

1990. DM 69,– ISBN 3-540-52939-X

Springer-Verlag
Berlin Heidelberg New York London
Paris Tokyo Hong Kong Barcelona